Friedel Schardt

Warum denn nicht?

Arbeitsblätter und Materialien
zur Freiarbeit Deutsch

7. und 8. Jahrgangsstufe
(für Real-, Gesamt-,
Mittelschulen und Gymnasien)

mit Kopiervorlagen

Ernst Klett Verlag
Stuttgart München Düsseldorf Leipzig

 Gedruckt auf Papier aus chlorfrei gebleichtem Zellstoff, säurefrei.

1. Auflage 1 5 4 3 2 1 | 2000 99 98 97 96

Dieses Werk folgt der reformierten Rechtschreibung und Zeichensetzung.

Alle Drucke dieser Auflage können im Unterricht nebeneinander benutzt werden, sie sind untereinander unverändert. Die letzte Zahl bezeichnet das Jahr dieses Druckes.

© Ernst Klett Verlag GmbH, Stuttgart 1996
Alle Rechte vorbehalten

Von den Vorlagen „Arbeitsblätter und Materialien zur Freiarbeit" (Teil II) ist die Vervielfältigung für den eigenen Unterrichtsgebrauch gestattet. Die Kopiergebühren sind abgegolten.

Redaktion: Elisabeth Vollers-Sauer, Annelie Werner
Umschlag: Christel Idalinya
Satz: DTP - QuarkXPress
Druck: Druckhaus Beltz, Hemsbach

ISBN 3-12-327080-7

Inhalt

Teil I

Zum Grundkonzept Freiarbeit an weiterführenden Schulen, insbesondere Gymnasien   5
Besondere Merkmale des Konzepts für die Klassenstufe 7/8   5
Probleme, die auftreten   9
Präsentation von Ergebnissen: Öffentlichkeit als Partner   10

Zu den Projekten und Arbeitsbereichen

Kapitel 1
Projekt: Das Gold von Caxamalca   11

Kapitel 2
Projekt: Wir fahren ins Landschulheim   13

Kapitel 3
Projekt: Wir verfassen eine Festschrift   15

Kapitel 4
Projekt: Fremdwörter = fremde Wörter?   17

Kapitel 5
Projekt: Kleider machen Leute – ein Fotoroman   18

Kapitel 6
Projekt: Wir produzieren ein Hörspiel   20

Kapitel 7
Projekt: Erzählen – Erfinden – Ausdenken – Unterhalten   22

Kapitel 8
Projekt: Der Richter und der Skateboard-Dieb   23

Teil II

Arbeitsblätter und Materialien zur Freiarbeit (Kopiervorlagen)

Freiarbeitsplan

Projekt 1: Das Gold von Caxamalca

Planung: Übersicht

1. Eröffnung: Planungsgespräch
2. Das Inkareich:
   Geographie und Geschichte
   Lebensformen
   Der Inka
   Religion
3. Südamerika –
   Die Entdeckung eines Kontinents: Kolumbus
   Die Eroberung eines Kontinents: Cortez, Pizarro und andere
4. Planung: Textarbeit
5. Textarbeit:
   Der Inka
   Die Spanier
   Das Gold
   Der Erzähler
6. Abschluss: Plenum

Projekt 2: Wir fahren ins Landschulheim

1. Eröffnung: Rundgespräch
2. Zielplanung:
   Festlegung des Zielortes
   Informationen zum Zielort
3. Transportfragen:
   Vorklärungen, Planung
   Planung, Kosten
4. Geschäftsbriefe: Zweck und Form
5. Recht und Ordnung: Genehmigungen
6. Planung:
   Finanzierung
   Unterkunft
7. Planung:
   Was tun? Schönes Wetter
   Was tun? Schlechtes Wetter
   Was tun? Etwas gemeinsam auf die Beine stellen
8. Lebenswichtiges:
   Verpflegung
   Packlisten
9. Planung: Was tun? Neues erfahren
10. Recht und Ordnung. Regelungen vor Ort

Projekt 3: Wir verfassen eine Festschrift

1. Festschrift:
   Vorüberlegungen
   Arbeitsorganisation
2. Interview:
   Vorklärungen
   Vorbereitungen
   Auswertung
3. Berichten: Reportage
4. Berichten: Presseberichte
5. Nicht ganz ernst zu nehmen: Satirisches
6. Endredaktion: Redaktionsgruppe

Projekt 4: Fremdwörter = fremde Wörter?

1. Was ist ein Fremdwort?
   Beispiele und Definitionen
2. Fremdwort – warum und wozu?
   Ein Beispiel
3. Einzeluntersuchungen:
   Organisation der Arbeit
4. Einzeluntersuchungen:
   Gruppenarbeit

Projekt 5:
Kleider machen Leute – ein Fotoroman

Terminplanung
1. Eröffnung: Rundgespräch
2. Probleme mit dem Text:
   Arbeitsorganisation
   Die Ankunft des Schneiders
   Die Figuren um Wenzel
   Der Schneider – der Graf
   Das Verlobungsfest – die Entlarvung
   Die Liebesgeschichte
   Die Orte der Handlung
3. Fotoroman:
   Was Bilder erzählen
   Was Bilder nicht sagen können
4. Drehbuch:
   Leseorientierung
   Leseorientierung – Lottchen
   Leseorientierung – Wenzel
   Leseorientierung – Die Bürger von Goldach
5. Drehbuch:
   Die Handlung aufteilen
   Handlungsteile entfalten
   Endgültige Fassung

Projekt 6: Wir produzieren ein Hörspiel

1. Grundsätzliches:
   Theorie
   Theorie – Geräusche, Akustik
   Theorie – Raumdarstellung
   Theorie – Zeit und zeitliche Zusammenhänge
   Theorie – Innere Vorgänge
   Theorie – Sprecher/Erzähler
   Theorie – Blendentechnik
2. Texte
3. Entwerfen: Aufbau
4. Entwerfen: Drehbuch
5. Produktion

Projekt 7: Erzählen – Erfinden – Ausdenken – Unterhalten

1. Anekdoten: Lesen, analysieren
2. Anekdoten: Was ist denn das?
3. Anekdoten: Verfassen

Projekt 8:
Der Richter und der Skateboard-Dieb *(Gerichtsverhandlung)*

1. Einführung in den Fall
2. Zeitung:
   Vorüberlegungen
   Meinungsumfrage
   Kommentar
   Interview
3. Gerichtsverhandlung:
   Stegreifspiel
   Die Wirklichkeit
   Rollenspiel
4. Talkshow:
   Einstiegs-Info
   Durchführung

Übersicht: Lehrplanelemente (die Zahlen bezeichnen die jeweiligen Kapitel)

Anekdote 7
Argumentieren 2

Drehbuch 5, 6, 8

Entscheidungen begründen 2
Erzähler und Perspektive 1, 5

Figuren und ihre Merkmale beschreiben 1, 5
Fotoroman/-erzählung 6
Fragebogen entwerfen 2
Fremdwort 4

Geschäftsbrief 2
Geschichten erzählen 2

Handlungsentwicklung 5, 6
Handlungsmotiv und Handlung 1, 5, 6
Hörspiel 6

Indirekte Rede 3
Informationen beschaffen/auswerten 1, 2
Interview 3, 8

Kochrezept 2
Kommentar 8

Konfiguration 5
Kurzgeschichte 6
Kurzreferat 1

Lehnwort 4

Meinung erkunden, Meinungsumfrage 2, 8
Motiv (Handlungs-) 1, 5, 6

Novelle 1, 5

Perspektive (Erzähler-) 1, 5
Pointe 7
Pressebericht 3

Raum (Funktion des -) 5, 6
Rollenspiel 2, 8

Satirische Texte 3
Spielregeln formulieren 2
Statement 6
Sprache des Rechts 2
Sprachgeschichte 4

Umsetzung in andere Textart 5, 6

Vorlage (Schreiben nach-) 7

Wörterbuch (benutzen) 4

Teil I

Zum Grundkonzept Freiarbeit an weiterführenden Schulen, insbesondere Gymnasien

Es ist nicht beabsichtigt, hier das im ersten Band[1] Ausgeführte zu wiederholen oder zu variieren. Der interessierte Leser wird a. a. O. ausführliche Erläuterungen finden. Ich möchte allerdings, um Missverständnisse zu vermeiden, den Begriff „Freiarbeit" kurz umreißen.

Freiarbeit, wie sie im vorliegenden Konzept vorgeschlagen wird, versteht sich keinesfalls als „Freisetzung" irgendwelcher wie auch immer gearteter Aktivitäten. Es wird vielmehr davon ausgegangen, dass innerhalb eindeutig definierter Rahmen Ziele gesetzt werden, die durch Arbeit zu erreichen sind. Frei ist die Entscheidung des Schülers und der Schülerin für einen Weg, wie das Ziel zu erreichen ist, frei ist die Wahl der Mitarbeiter, mit denen zusammen man sich auf den Weg macht, frei ist die Fixierung der Zeitrahmen, innerhalb derer gearbeitet wird, frei ist die Entscheidung Hilfen in Anspruch zu nehmen, Fehler zu machen und auch sich korrigieren zu lassen.

Die Begriffe „frei" und „Arbeit" sind in gleicher Weise zu beachten. Einerseits gilt die Arbeit einem Ziel. Dieses Ziel können die Schüler als Einzelne in der Regel nicht erreichen. Sie sind auf die Zusammenarbeit mit anderen angewiesen. Andererseits besteht die Freiheit, sich einen Arbeitsbereich bzw. einen Arbeitsgegenstand zu wählen, sich für eine Arbeitsform zu entscheiden, eine Methodik anzuwenden und auch – wenn es um die Präsentation der Ergebnisse geht – eine angemessen erscheinende Form der Vorstellung zu wählen.

Freiarbeit bedeutet demnach für die Schüler/die Schülerinnen Übernahme von Verantwortung. Sie setzt ein hohes Maß an Bereitschaft voraus, sich für ein Ziel zu engagieren und gegebenenfalls auch einmal über längere Passagen Anstrengungen auf sich zu nehmen.

Dies allerdings wird nicht unbedingt als unangenehm empfunden, da im Gegensatz zur „üblichen" Unterrichtsarbeit der Zusammenhang von Arbeit und Ziel immer im Auge behalten wird. Gerade über das (konkret zu erreichende!) Ziel wird einiges an Motivation in den Arbeitsprozess selbst einfließen.[2]

Es war schon von Missverständnissen die Rede. Zwar lassen sich solche nicht alle ausräumen, einiges aber sei doch nochmals betont:

Das hier vorgestellte Modell von Freiarbeit unterscheidet sich prinzipiell von den verschiedentlich vorgelegten Konzepten, wie sie in der Grundschule sinnvoll erscheinen. Solche Konzepte auf eine weiterführende Schule wie etwa das Gymnasium zu übertragen und im SI-Bereich realisieren zu wollen, halte ich für problematisch. Das vorliegende Modell verzichtet auf die Entwicklung von „Modell"-Ideen für „Modell"-Schulen unter „Modell"-Bedingungen. Es ist – das wurde wiederholt erprobt – an jeder Schule realisierbar.

Ich benenne die wesentlichen Vorzüge, die ich in meinem Modell sehe:

1. Minimaler organisatorischer Aufwand:
   Das einzige, was organisatorisch notwendig oder doch günstig ist, wäre eine Blockstunde im Stundenplan. Günstig wäre es auch, wenn ein eigener Klassenraum zur Verfügung stünde, d. h. ein Raum, der nur von der Klasse genutzt wird.
2. Materieller Aufwand:
   Der materielle Aufwand hält sich in Grenzen. Man braucht einen abschließbaren Schrank sowie möglichst viele Pinnwände. Jeder hat einen Ordner, in den die Arbeitsunterlagen eingeordnet werden.
3. Schulartspezifik:
   Das Modell ist schulartspezifisch konzipiert und erlaubt eine schülerangemessene, gleichzeitig aber auch schulartspezifische Binnendifferenzierung.
4. Fachorientierung:
   In engem Zusammenhang mit der schulartspezifischen Orientierung ist zu sehen, dass das Modell fachorientiert konzipiert ist. Damit ist dann – im Unterricht – auch immer der Fachmann gefragt.
   Die Folgen u. a.: Es gibt keine Probleme hinsichtlich der Koordination mit anderen Kolleginnen und Kollegen. (Wenngleich in konkreten Fällen fächerübergreifende Fragestellungen auch fächerübergreifend angegangen werden sollten.)
5. Lehrplan:
   Das Konzept orientiert sich an den Lehrplänen für Gymnasien, Real- und Mittelschulen. Annähernd alle Lehrplanziele werden angesprochen.
6. Verklammerung:
   Das Modell erlaubt eine direkte Verklammerung von „normalem" Unterricht und Freiarbeit.

Besondere Merkmale des Konzepts für die Klassenstufen 7/8

1 Erhöhte Komplexität der einzelnen Projekte

1.1 „Komplexität" betrifft zunächst und vor allem die zu bearbeitenden Sachfelder. In der Sekundarstufe I stehen nicht nur die ersten größeren literarischen Werke an, auch die (sprachlich) zu bewältigenden Situationen liegen nun noch näher an der außerschulischen Wirklichkeit bzw. sie stehen ganz in ihr. Ausgehend von dem Grundsatz, den Schülern und Schülerinnen solle möglichst viel (Spiel-)Raum ge-

---

[1] Friedel Schardt, ...und es geht doch! Arbeitsblätter und Materialien zur Freiarbeit Deutsch 5. und 6. Jahrgangsstufe; Ernst Klett Schulbuchverlag, Stuttgart 1995

[2] Ausführlicher hierzu vergl. Friedel Schardt: Warum denn nicht? Freiarbeit am Gymnasium; in: Gymnasium am Kaiserdom (Hrsg.): Chronik Schuljahr 93–94; Speyer 1994 S. 19–36 und Ders.: Freiarbeit Deutsch: Ja, wie denn nun? in: Doppelpunkt Nr. 19, Herbst 1995; Ernst Klett Schulbuchverlag, Stuttgart 1995 S. 25 ff.

währt werden, ihnen solle all das überlassen werden, was sie, gegebenenfalls auch nur in Ansätzen, selbsttätig bewältigen können, sollen nun auch die aus der Komplexität der Gegenstände resultierenden Schwierigkeiten nicht vorab aus dem Weg geräumt werden. Das bedeutet freilich nicht, dass sie hilflos dieser Komplexität ausgeliefert werden. Sie sollen aber wohl diese Komplexität erfahren und nicht den Eindruck gewinnen, alles sei am Ende doch recht einfach – oft eine fatale Folge der Lehrerlenkung und des auf ein fragend-entwickelndes Verfahren aufbauenden Unterrichts. Zwischen den beiden Extremen Lehrerlenkung und völlige Auslieferung an die „Wirklichkeit" wird ein Mittelweg zu suchen sein, der einerseits als Hilfe verstanden werden soll, der aber andererseits eine Gängelung der Schüler/Schülerinnen weitgehend vermeidet. Das bedeutet für die Konzeption der Arbeitsblätter: Wenn auch nicht zu eng geführt werden soll, so ist doch eine behutsame Hilfe vorzusehen, die meist darin bestehen wird, dass Strukturierungsimpulse geboten werden. Darüber hinaus ist auch daran gedacht, den Aspekt einer angemessenen – jetzt konkret gegenstandsbezogenen! – Binnendifferenzierung zu berücksichtigen. (Siehe hierzu Näheres weiter unten!) Das bedeutet: Schüler/Schülerinnen, die sich in einem Sachgebiet schon mehr oder weniger zu Hause fühlen, sollten von komplexeren Aufgabenstellungen herausgefordert werden, während andere wiederum mehr Hilfen benötigen werden bei der Erledigung ihrer Arbeit. Natürlich wird man bei der Zusammenstellung des Gesamtprogramms eine angemessene Progression einplanen. Das bedeutet: Man sollte mit einfacheren Projekten beginnen (die sind schon komplex genug!) wie z. B. dem „Gold von Caxamalca" und sich erst dann komplexeren Projekten (etwa „Kleider machen Leute") zuwenden. Hier wird deutlich, dass auch die Strukturierungshilfen der Arbeitsblätter noch sehr konkret sind, während sie später zurückgenommen werden bzw. andere Felder betreffen oder im Dienste einer angemessenen Vertiefung stehen.

1.2 Komplexität betrifft so konsequenterweise auch die fachspezifischen Methoden. Es kann nicht Aufgabe der Schule sein, kleine Germanisten heranzuziehen. Wohl aber hat der Deutschunterricht darauf zu achten, dass einwandfreie fachmethodische Zugriffe vermittelt werden. Das wiederum bedeutet: Die von der Fachwissenschaft entwickelten Methoden sind nach entsprechender stufenspezifischer didaktischer Reduktion so anzuwenden, dass sie auch später entsprechend weiter differenziert werden und Geltung beanspruchen können. Drei Bereiche werden von dem hier Angesprochenen betroffen:
– Das Feld der Textanalyse und Interpretation: Einzelne Projekte führen ein in eine fachwissenschaftlich akzeptable, textbezogene und historische Bedingungen einbeziehende Interpretation längerer Texte (Gold von Caxamalca; Kleider machen Leute). Aber auch produktionsorientierte Verfahren werden angemessen berücksichtigt.
– Betroffen ist weiterhin das Feld der Textproduktion: Eine Vielzahl verschiedenster Textsorten muss berücksichtigt werden. Dabei werden Herstellungskriterien zu entwickeln oder vorzugeben sein, die sich an der außerschulischen (Text)-Realität und den jeweiligen zu erwartenden Situationen orientieren.
– Schließlich ist der Bereich „Reflexion über Sprache" betroffen. Hier wird es zunehmend darum gehen, die Schüler und Schülerinnen mehr und mehr vertraut zu machen mit dem Gebrauch wissenschaftlich fundierter Wörterbücher und mit Verfahren etwa der Beschreibung etymologischer Gegebenheiten. Man mag hier einiges für verfrüht halten. Wer aber schon einmal in einer 7. oder 8. Klasse zu einem entsprechenden Thema schülerorientiert gearbeitet hat, wird bestätigen, mit welch' großem Interesse die Schülerinnen und Schüler sich gerade solchen Themen zuwenden.

1.3 Komplexer werden schließlich auch die Arbeitsweisen bzw. die Organisationsformen, die das Arbeiten regulieren. Wenn die Sachgebiete komplexer werden, so werden zwangsläufig auch die Arbeitsprozesse komplexer, die diesen Sachgebieten gelten. Zwar haben wir es in der Regel noch mit linearen Prozessen zu tun, die durch die Anlage der Arbeitsblätter noch in Phasen gegliedert und damit vereinfacht sind, in die Abläufe selbst aber sind immer öfter z. B. Warteschleifen, Wiederholungen, parallele Abläufe u. Ä. eingelagert. Schließlich werden auch vernetzte Prozesse wichtig, die für die Kinder zunächst nicht ohne weiteres zu durchschauen sind. Gerade der Ablauf in der Wirklichkeit bietet eine einmalige Chance, Vernetzungen anschaulich zu erleben, Bedingungen, Folgen und dergleichen zu erkennen und die eigene Aufgabe und ihre Bedeutung in einem solchen Prozess genauer zu bestimmen. Damit wird auch die Verantwortung deutlich, die man mit einer solchen Aufgabe übernommen hat. Beispiel: Im Rahmen des „Projekts Landschulheim" wird die Zustimmung der Eltern benötigt. Die zuständige Gruppe plant einen Elternabend, auf dem informiert, argumentiert, überzeugt oder eben überredet werden soll. Man überlegt. Was werden die Eltern wissen wollen? Natürlich: die Kosten. Die Gruppe „Transportfragen" hat erste Kostenvoranschläge von Busunternehmen, die Gruppe „Zielplanung" kann erst etwas Genaueres sagen, wenn der Zielort festgelegt worden ist, der aber kann erst festgelegt werden, wenn der Termin festliegt. Einen Termin kann man erst bestimmen, wenn man die Zustimmung des Schulleiters hat. Der stimmt erst zu, wenn die Zustimmung der Eltern vorliegt ... Der Kreis hat sich geschlossen. Ein zweiter Kreis:

Die Kosten für Verpflegung: Verschiedene Modelle liegen vor, entschieden kann erst werden, wenn …
Die Schüler sind ratlos – aber sie wollen ins Landschulheim. Und sie finden einen (Aus-)Weg. Zunächst aber müssen sie die Gesamtsituation erfasst und analysiert haben, dann kann der entscheidende Punkt ausgemacht und geklärt werden.
Komplexität der Arbeitsweisen meint aber noch mehr. Es wird nicht mehr genügen, einen Auftrag gewissermaßen von A bis Z auszuführen. (Natürlich wäre das an sich genug, aber das Optimum ist es eben nicht.) Mehr und mehr wird methodische Fantasie gefordert, wenn eine „optimale Lösung" erreicht werden soll. Beispiel: In unserem „Fall Landschulheim" hätte man sich auf die niedrigste Kostenebene einigen, die Eltern schriftlich informieren, eine vorläufige Einverständniserklärung einholen und dann die Genehmigung des Schulleiters erreichen können. Man geht aber einen anderen Weg: Man diskutiert mit dem Schulleiter, holt sich die (vorläufige) Genehmigung (vorbehaltlich der Zustimmung …), lädt die Eltern ein, unterbreitet ihnen den eigenen (erwünschten) Vorschlag und diskutiert, bis alle einverstanden sind. Man hätte auch einen dritten Weg wählen können: Man hätte versuchen können, alle Beteiligten zusammenzubringen und die allgemeine Zustimmung aushandeln können.
Oder aber …

2   **Stärkere Einbeziehung der Schüler in Entscheidungsprozesse auch hinsichtlich der zeitlichen Planung**

Es ist daran gedacht, immer mehrere Projekte parallel laufen zu lassen, wobei jeder Schüler und jede Schülerin an jedem Projekt beteiligt ist, die Gruppenzusammensetzungen aber von Projekt zu Projekt wechseln. Das hört sich zunächst kompliziert an, sieht nach Chaos aus und lässt die Befürchtung entstehen, am Ende gehe dann überhaupt nichts mehr. Zunächst: Etwas Chaos ist tatsächlich beabsichtigt. Nur so kann Ordnung entstehen, innerhalb derer dann noch etwas Produktives erreicht werden kann. Im konkreten Fall wurde folgendermaßen verfahren: Nach der Eröffnung des Projekts „Das Gold von Caxamalca" wurde in der folgenden Sitzung der Landschulheim-Aufenthalt angekündigt. Die ersten Arbeitsblätter wurden ausgegeben. Wiederum eine Sitzung später wurde der Plan angekündigt, eine Festschrift zum 20-jährigen Bestehen des Schülerblasorchesters zu verfassen. Auch jetzt wurden erste Organisationspapiere ausgeteilt und Aufträge formuliert. Schließlich gab es in der folgenden Sitzung noch die Möglichkeit, sich mit Fremdwörtern zu beschäftigen. Natürlich haben sich die Schülerinnen und Schüler immer wieder zunächst auf das Neue gestürzt, wollten sich informieren und in eine entsprechende Gruppe eintragen. Letzteres aber war erst möglich nach einer längeren Phase des Überlegens. Dabei sollte sich dann jeder Einzelne in zwei Gruppen eintragen und vermerken, ob es sich um die erste oder zweite Wahl handelte. (Damit hatte der Lehrer noch etwas Spielraum, nach Leistungsfähigkeit zu differenzieren.) Den Schülern/Schülerinnen lag zunächst die Fahrt ins Landschulheim am meisten am Herzen und so stürzten sie sich mit Eifer in die Arbeit. Bald aber waren sie am Ende: Sie mussten warten. So wurde es bald ruhiger und einige Gruppen kehrten zurück zum „Gold von Caxamalca". Auch nach der Eröffnung des Festschrift-Projekts war Ähnliches zu beobachten. Man war mit Eifer bei der Sache, sah dann aber schnell ein, dass man sich erst Informationen beschaffen musste. Auch jetzt konnten wieder andere Projektteile in Angriff genommen werden. Selbstverständlich waren gerade wichtige Termine fixiert (Abschluss der Vorplanungen für das Landschulheim; Erscheinungstermin der Festschrift), so dass der zeitliche Rahmen, innerhalb dessen man sich bewegen konnte, feststand. Es war nun zu beobachten, dass selbst in Stresszeiten (wenn also z. B. die Endredaktion der Festschrift anstand) die Schüler und Schülerinnen auf die Arbeit an anderen Themen auswichen, wenn sie genug hatten von der immer gleichen Arbeit am selben Gegenstand. Gerade diese Möglichkeit, sich mit etwas ganz Anderem zu beschäftigen, wenn sich Ermüdungserscheinungen bemerkbar machten, wurde immer wieder genutzt. Man beachte: Die Schüler wichen nicht der Arbeit generell aus. Sie hatten nur eben von einer Arbeit genug. Aufs Ganze gesehen hat dieses Abwechseln der Arbeit nicht geschadet: Die Festschrift erschien termingerecht (wenngleich für das Binden noch ein Nachmittag eingelegt werden musste), die Vorplanung für das Landschulheim konnte weitgehend abgeschlossen werden und auch am „Gold von Caxamalca" wurde ernsthaft gearbeitet.
Beim Wechsel entstanden zunächst noch Wartezeiten, da ja neue Gruppen konstituiert werden mussten. Mit Beginn des Projekts „Fremdwörter" konnten solche Wartezeiten überbrückt werden. Später gab es dann weitere Möglichkeiten der Einzelarbeit, als die Texte für die Festschrift verteilt waren.

3   **Einbeziehung aller vom Lehrplan geforderten literarischen Formen sowohl unter rezeptiv-analytischem als auch unter produktionsorientiertem Aspekt**

Prinzipiell ist es möglich, alle im Lehrplan vorgesehenen Formen in Projekte einzubinden. Es wurde hier bewusst eine Auswahl getroffen, die sich leiten ließ vom Gedanken der Lehrplankonformität, dann aber auch von Fragen der Motivation sowie der Praktikabilität, d. h. es sollte möglich sein, ohne allzu große Kosten, aber auch ohne allzu viele

Lehrereingriffe ein Projekt zu bearbeiten. Für den Bereich Lyrik wurde kein eigenes Projekt ausgewiesen. In der Praxis wurde ein kleineres Projekt zum Thema „Gedichte und Bilder" angeboten, das von den Schülerinnen/Schülern erwartete, dass sie zu selbst ausgewählten Gedichten Bilder suchten bzw. anfertigten. In einem eigenen Text sollte jeweils die Bildwahl begründet und der Zusammenhang zwischen Text und Bild erläutert werden. So war es zwanglos möglich, in den Gesamtbereich der Metapher einzuführen, ohne allzu viel Theorie bemühen zu müssen.

4 Stufenangemessene Binnendifferenzierung

In der Orientierungsstufe ging es noch darum, mittels einer inneren Differenzierung auch Schüler/Schülerinnen zu aktivieren, die eigentlich den „falschen" Schulweg eingeschlagen hatten. Ihnen sollten Erfolgserlebnisse vermittelt werden, indem ihnen Leistungen abverlangt wurden, die sie auch erbringen konnten. So sollten sie bzw. ihre Eltern die Chance bekommen, am Ende der 6. Klasse eine angemessene Schullaufbahnentscheidung zu treffen. Nun gibt es eine neue Zielsetzung:
Ich gehe davon aus, dass die Schüler bzw. ihre Eltern am Ende der Orientierungsstufe die „richtige" Laufbahnentscheidung getroffen haben. Nun wird eine Differenzierung notwendig, die die Neigungen und Begabungen der Schüler und Schülerinnen berücksichtigt und Möglichkeiten schafft, gerade in den Bereichen, in denen eine besondere Begabung vorliegt, auch Besonderes, d. h. etwas, das über das übliche Maß hinausgeht, zu leisten. Wohlgemerkt: Es geht nun nicht mehr um eine Differenzierung nach „gut" und „schlecht", „leistungsfähig" und „weniger leistungsfähig", sondern darum, qualitativ verschiedene bzw. verschiedenartige, aber am Ende doch vom Anspruchsniveau her gleichartige Angebote zu machen, die ein breites Begabungsspektrum berücksichtigen. Dabei können natürlich nicht alle Einzel- und Sonderbegabungen bei der Planung berücksichtigt werden. Es wird aber der Lehrerin/dem Lehrer immer unbenommen bleiben müssen, bei Gelegenheit entsprechende Aufgaben auszugrenzen oder auch Teilprojekte zu konzipieren, die auch einmal solchen Begabungen besondere Leistungen abfordern. Im vorliegenden Konzept ist bei einigen Projekten an eine Differenzierung gedacht, die etwa die folgenden „Begabungsrichtungen" berücksichtigt, d. h. Schülern, die in die eine oder andere Richtung tendieren, die Möglichkeit bietet, hier Besonderes zu leisten:

4.1 Kreativ-musisch-schöpferischer Akzent
Für derartige Arbeits(-teil-)projekte sollten sich Schülerinnen und Schüler entscheiden, wenn sie glauben, eigenständige Ideen entwickeln, Vorgegebenes kreativ verändern/verbessern zu können. Aber auch Schüler, deren Stärke etwa darin liegt, sich in Situationen hineinzuversetzen und aus der „Innenperspektive" etwas nachvollziehen und beurteilen zu können, könnten hier ihr Talent entfalten. Beispiel: In „Das Gold von Caxamalca" ist in der zweiten Phase der Aspekt „Inka" zu bearbeiten. Hier ist es erforderlich, sich in die völlig fremde Kultur hineinzudenken und aus der Perspektive des dieser Kultur angehörenden Inka die „Fremden" zu beurteilen, aber auch das eigene Verhalten zu erläutern bzw. zu begründen, ehe den Mitschülerinnen und Mitschülern die Figur verstehbar gemacht werden kann. Oder: Im Projekt „Landschulheim" ist daran gedacht, am Zielort verschiedenste Aktivitäten zu entfalten. Diese Aktivitäten müssen geplant werden. Eine Gruppe wird sich mit der Planung und Gestaltung eines „bunten Abends" beschäftigen. Es dürfte schnell klar werden, dass sich nicht alle von einer solchen Aufgabe angesprochen fühlen. Dass aber gerade ganz bestimmte Schüler hier ein breites Betätigungsfeld finden, dürfte ebenso einleuchten. Natürlich lassen im Rahmen einzelner Projekte einzelne Aufgaben bzw. Aufgabengruppen auch genügend Spielraum, besonders künstlerisch Begabte entsprechend zu fordern und zu fördern. (Hier sei vor allem an die Phasen der Präsentation erinnert, wo sich immer besondere Gestaltungsaufgaben finden lassen.)

4.2 Begabungen, die in Richtung „exakte Beschreibung", experimentelle Erprobung und Erforschung, kurz: in Richtung naturwissenschaftliches Denken gehen.
Hier ist keineswegs daran gedacht, eine „Abteilung Kulissenbauer und -schieber" für die Theater-AG zu eröffnen. Vielmehr wurden bei einer Vielzahl der konzipierten Projekte Aufgabenfelder vorgesehen, die entsprechende Begabungen in besonderer Weise zu fordern und zu fördern. Das geht von der exakten Planung von Wanderungen am Landschulheim-Ort über die gesamte logistische Aufbereitung des Unternehmens Landschulheim (Transportfragen, Verpflegung usw.) bis zur Auswahl einzelner Teilprojekte im Rahmen des Bereichs „Fremdwörter".

4.3 Besondere Begabungen im Bereich Sprache bzw. sprachliche Gestaltung
Hier sind die Schüler und Schülerinnen angesprochen, die sich im Fach Deutsch auch im Frontalunterricht wohl gefühlt haben, die hier zu den Leistungsspitzen gehörten. Sie werden nun entlastet von den Dingen, die sie nicht so sehr interessieren, und können sich infolgedessen noch intensiver um die Dinge kümmern, von denen sie einiges verstehen. So fordern einzelne Projekte Schüleraktivitäten, die, würde man sie im Frontalunterricht behandeln, doch in den Bereich der späten Sekundarstufe I gehören. (Man vergleiche in diesem Zusammenhang etwa einzelne Textsorten im Projekt „Festschrift".)

4.4 Ein Problem wird schon jetzt deutlich: Gerade wenn man in der angedeuteten Art und Weise differenziert, kann es problematisch werden, einen für alle verbindlichen Standard zu gewährleisten. Gerade was den Standard betrifft, ist jetzt schon festzuhalten: Es wäre vermessen, wollte man das, was die Besten im jeweiligen Begabungsfeld zu leisten vermögen, als gültig für alle setzen. Aber es sollte andererseits auch gewährleistet sein, dass zumindest die Lehrplanforderungen als Standard für alle angenommen werden können. Dabei bleibt es – auch das sei betont – den besseren Schülerinnen/Schülern unbenommen, auch einmal weit über dem Standard liegende Leistungen zu erbringen. Wir dürfen uns dann aber durch solche Spitzenleistungen nicht im Blick für die Realität der übrigen Klasse verstellen lassen. So schön und willkommen Einzelleistungen sind: Sie stellen eben nicht das dar, was alle zu leisten vermögen. (Auch so kommen wir der außerschulischen gesellschaftlichen Realität nahe!) Da nun aber in annähernd allen Projekten verschiedenartige Leistungen eingefordert und immer verschiedenartige Spitzenleistungen erbracht werden, ergibt sich so die Möglichkeit, im Gesamtergebnis doch Optimales (oder sagen wir bescheidener: die besonderen Leistungen einzelner) zu bündeln und als Gesamtergebnis vorzulegen. Die Schüler und Schülerinnen erfahren so eindrücklich, was es bedeutet, im Team den eigenen Part einzubringen und dadurch das Gesamtergebnis ebenfalls zu optimieren. (Übrigens: Soll dann Leistung bewertet werden, so empfehle ich, nicht die Einzelbeiträge, sondern eben dieses Schlussergebnis zu bewerten und jedem Beteiligten dieselbe Note zu geben. Nur so wird das Gesamtergebnis auch wirklich ernst genommen.) Wie im Rahmen dieses Konzepts das Problem der Gewährleistung von verbindlichen Standards gelöst werden soll, wird weiter unten erläutert.

Auf ein besonderes Element der verschiedenen Planungen soll hier besonders hingewiesen werden: Es liegt ganz im Sinne des Grundkonzepts, die Schüler/Schülerinnen in die Lage zu versetzen, komplexere Arbeiten planend in Angriff zu nehmen. So sollen ihnen Qualifikationen vermittelt werden, die ihnen ihr späteres Leben abverlangt. Gleichzeitig soll deutlich werden, dass eine einmal erarbeitete Planungsstruktur nicht immer gültig sein kann. Sie mag zwar auf eine Vielzahl von Fällen transferierbar sein (solche Transferleistungen könnten selbstverständlich auch gefordert bzw. eingeübt werden!), aber es ist immer mit Fällen zu rechnen, in denen neue Planungsstrategien erforderlich werden. Dass dieses Konzept darauf angelegt ist, Variationen gegebenenfalls durchzuprobieren, ist daran zu sehen, dass den verschiedenen Projekten ganz verschiedenartig strukturierte Planungsübersichten vorangestellt sind. Dabei geht es einmal um lineare Zeit- und Arbeitsablaufplanungen, zum anderen um eher statische Übersichten und Strukturierungen von verschiedenen Problemfeldern oder auch um die Organisation von themenorientierten Arbeitsgruppen u. Ä. Diese Arbeitsblätter sollten auf jeden Fall mit den Schülern und Schülerinnen besprochen werden. Die jeweilige Eigenart könnte dabei (zumindest gegen Ende der 8. Klasse, wenn der Vergleich verschiedener Versionen möglich wird) herausgestellt und reflektiert werden. Reizvoll wäre es natürlich, am Ende einer Arbeit zurückzukehren zum Ausgangsplan und gegebenenfalls ein verbessertes Planungsmodell zu entwerfen, in das dann die gewonnenen Erfahrungen eingearbeitet werden können.

Probleme, die auftreten

Freiarbeit stellt kein Allheilmittel dar, wiewohl sie sich bewährt hat als eine Methode, gerade durch die Freisetzung bzw. Übertragung von Verantwortung Schüler zu aktivieren. Allerdings: Gerade ein Ernstnehmen der Übertragung von Verantwortung birgt natürlich auch einige Gefahren in sich, die nicht wegzudiskutieren sind. Es ist immer damit zu rechnen, dass einzelne Schülerinnen oder Schüler der Arbeit aus dem Weg zu gehen versuchen, dass sie sich als Nutznießer an andere anhängen. Dem lässt sich etwas entgegensteuern, wenn man darauf achtet, dass der Arbeitsplan sorgfältig ausgefüllt wird im Sinne eines Rechenschaftsberichts. Er lässt dann erkennen, woran wie lange gearbeitet wurde. Weiterhin aber, das hat sich immer wieder gezeigt, sorgen die einzelnen Gruppen dafür, dass ihre Mitglieder bei der Sache bleiben. Man sollte sich allerdings als Lehrer auch nicht davor scheuen, einzelnen, die mit der ihnen gewährten Freiheit nicht umgehen können, dahingehend Hilfestellung zu leisten, dass man ihnen so lange Arbeiten zuteilt, bis sie in der Lage sind, eigenverantwortlich aktiv zu werden. Aber auch andere Probleme werden immer wieder auftreten:

1 Motivationsfragen (in der Regel alters-/entwicklungsbedingt)
   Viele Probleme lassen sich schon dadurch deutlich vermindern, wenn nicht gar ganz vermeiden, dass man Abwechslung schafft. Das bedeutet konkret: Man sollte immer mehrere Arbeitsfelder aus mehreren Projekten parallel offen halten. Die Schüler haben so die Möglichkeit auszuweichen. Die Erfahrung zeigt, dass es sich bei Motivationsdefiziten oft um eine temporäre Angelegenheit handelt. Man „hat halt gerade mal keinen Bock auf Novelle …"
   In einer Woche kann das ganz anders aussehen. Bis dahin sollte der Lehrer auf Zwang verzichten, soweit dies möglich ist, ohne dass ganze Projekte gefährdet werden. Soll die Schülerin/der Schüler, die/der eben nicht motiviert ist für die Arbeit an einem Teilprojekt, an einem anderen Projekt arbeiten, das ihm im Augenblick mehr zusagt.
   Freilich: Solche Aussagen gehen meiner Erfahrung

nach von Schülern und Schülerinnen aus, die die richtige Schullaufbahnentscheidung getroffen haben, bei denen man also so etwas wie eine positive Grundeinstellung und damit eine grundsätzliche Motivation voraussetzen kann. Das Gesagte stellt keinen Freibrief dar für Minimalisten oder Trittbrettfahrer. Es sollte aber bedacht werden, dass eine positive Einstellung zum Stoff die Arbeit selbst (und natürlich auch das Arbeitsergebnis) in entscheidendem Maß beeinflusst, zumal wenn Prozess und Ergebnis weitestgehend in der Verantwortung des Schülers liegen.
Es sollte allerdings auch sichergestellt bleiben, dass einmal festgelegte Termine eingehalten werden.

2 Schaffung eines allen zugänglichen Wissens- und Kenntnisstandes hinsichtlich der Grundfertigkeiten und -kenntnisse, die jedem Projekt zugrunde liegen Konkret heißt das: Wie lässt es sich z. B. gewährleisten, dass, obwohl nur eine Gruppe ein Teilproblem erarbeitet hat, alle die nötigen Kenntnisse erlangen, die sie für ihre eigene Weiterarbeit brauchen?
Das Konzept sieht hier verschiedene Wege vor (die einzelnen Projekte realisieren jeweils einen Weg, selbstverständlich lassen sich die Wege auch kombinieren bzw. austauschen und an die konkreten Arbeitsbedingungen angleichen):

a) Der Gesamtarbeitsprozess ist so zu strukturieren, dass die Grundprobleme (und damit auch die entsprechenden Problemlösungen) in jeder Teilgruppe auftauchen und so auch von jeder Teilgruppe bearbeitet werden müssen. Das kann zeitverschoben und/oder inhaltsverschieden angelegt sein; entscheidend ist, dass die Problemstrukturen und auch die zu erarbeitenden Lösungsstrukturen gleich sind. Beispiel: Im Projekt „Landschulheim" taucht für alle Gruppen das Problem auf, brieflich mit Institutionen, Unternehmen usw. Kontakt aufzunehmen. Es muss also ein Geschäftsbrief entworfen werden, der zwar an die konkreten Bedürfnisse angepasst sein wird, dessen Struktur aber in allen Gruppen identisch ist.

b) Die Gesamtarbeit wird in mehrere Phasen aufgegliedert. In jeder Phase werden die Gruppen neu zusammengesetzt. (Selbstverständlich können auch alte Gruppierungen erhalten bleiben!) In einem Vorlauf wird das Grundwissen erarbeitet und gruppenweise allen präsentiert. Das Nachvollziehen der Präsentationen lässt sich zusätzlich dadurch motivieren, dass man schon die zweite Phase anlaufen lässt und so den Schülern die Gelegenheit gibt, erste Erfahrungen mit ihren Lücken, ihrem „Noch-nicht-Wissen" zu machen. Gerade da werden sehr intensive Rückfragen im Rahmen der Präsentationen den jeweiligen Experten einiges abverlangen. Beispiel: Das Projekt „Hörspiel" ist so angelegt, dass in einer Vorlaufphase wichtige Einsichten in Strukturen und Darstellungsmöglichkeiten des Hörspiels erarbeitet werden. Nun können nicht alle Gruppen sich mit dem Problem „Raumdarstellung" befassen, wiewohl alle später genau Bescheid wissen müssen, wenn sie ein eigenes Hörspiel produzieren wollen. Die entsprechende Arbeitsgruppe wird bei der Präsentation ihrer Ergebnisse zum Problem der Raumdarstellung sehr interessierte Hörer haben, da sie Lösungen anzubieten hat für Probleme, die sich allen stellen.

c) Gruppen arbeiten an verschiedenen Teilen eines Großprojektes. Nun wird eine Redaktionsgruppe gebildet, in die jede Arbeitsgruppe einen Vertreter schickt. Diese Gruppe sorgt für einen angemessenen Informationsfluss. Beispiel: Im Projekt „Festschrift" wird an verschiedenen Teilprojekten gearbeitet. Die Redaktionsgruppe sorgt nicht nur für die Einhaltung des Terminplans und die Beachtung der Rechtschreibregeln, sondern sie informiert auch die einzelnen Arbeitsgruppen über das von den andern Erarbeitete. Dieses Verfahren birgt natürlich die Gefahr in sich, dass am Ende eben doch nur das von der eigenen Gruppe Bearbeitete wirklich erfasst ist, während etwa die Textarten der anderen Gruppen eben noch zur Kenntnis genommen werden, aber die „Strickmuster" schon nicht mehr interessieren. Hier könnte vielleicht eine Ausweitung der Präsentationsaufträge eine Lösung darstellen. Die Gruppen stellen nicht nur ihre (Ergebnis-)Texte vor, sondern erläutern auch sehr konkret (notfalls auch noch mit Hilfe von entsprechenden Arbeitspapieren, die sie erstellt haben!), wie sie zu ihren Texten gekommen sind.

Präsentation von Ergebnissen: Öffentlichkeit als Partner

Die Dokumentation bzw. Präsentation der Ergebnisse spielt im vorliegenden Konzept eine zentrale Rolle. Dabei trifft der Ausdruck „Präsentation der Ergebnisse" nicht in jedem Fall das, was eigentlich gemeint ist. Vielleicht würde man besser sagen: „ernst machen mit den Ergebnissen".
Bei aller Wichtigkeit des Erlernens von methodischem Know-how, von Teamfähigkeit usw. geht es doch bei der Freiarbeit auch immer und gerade um das Ergebnis der Arbeit. Gerade im Zusammenhang mit der Freiarbeit darf es eben nicht heißen: Der Weg ist das Ziel. Durch das Ernstnehmen der Ergebnisse verändert sich der gesamte Arbeitsprozess qualitativ. Schon um dieser Veränderungen willen müssen wir unser besonderes Augenmerk den Ergebnissen zuwenden. Wenn hier von „Präsentation der Ergebnisse" gesprochen wird, so hat das seinen Grund darin, dass es sich in vielen Fällen tatsächlich um eine Präsentation des Arbeitsergebnisses handelt. Dabei kommen ganz verschiedenartige Präsentationsformen und -arten in Frage, je nach Art des Arbeitsbereichs und der

verabredeten Zielsetzungen. Wenden wir uns also zunächst den Fällen zu, in denen die Ergebnisse der Arbeit in schriftlicher oder mündlicher Form präsentiert werden. Bei allen Arbeitsbereichen, die eine Präsentation vorsehen, müssen natürlich auch konkrete Aufgaben formuliert sein, die auf eine solche Präsentation abzielen. Das bedeutet: Die jeweilige Arbeitsgruppe bzw. der Einzelne muss Überlegungen zur Präsentation anstellen und ist für die Präsentation verantwortlich. Dabei wird der Rahmen vorgegeben, während man hinsichtlich der Form so viel Freiheit wie möglich lassen sollte. Wenn wir von „Präsentation" sprechen, so implizieren wir automatisch, es gebe ein Forum, auf dem wir unsere Ergebnisse präsentieren können. Für unsere Präsentationen kommen verschiedene Präsentationsforen in Frage:

a) In jedem Fall haben wir es mit dem Forum der Klassenöffentlichkeit im engeren Sinn zu tun. Bei diesem Forum geht es um die Mitglieder der Klasse als Zielgruppe, wobei verschiedene Formen und Medien der Präsentation genutzt werden können. Das reicht vom referierenden Vortrag bis zur Diskussion oder auch Podiumsdiskussion, außerdem können ganz verschiedene Medien vom Informationspapier über das Plakat bis zur Darstellung im Spiel genutzt werden.

b) Das zweite Präsentationsforum stellt die Klassenöffentlichkeit im weiteren Sinne dar. Hierbei handelt es sich um all diejenigen, die in einer gewissen Weise mit der Klasse zu tun haben, so z. B. die Eltern, nähere Angehörige, aber auch die in der Klasse unterrichtenden Lehrerinnen und Lehrer. Gerade das hier angesprochene Forum sollte recht häufig genutzt werden. Es empfiehlt sich vor allem im Zusammenhang mit dem darstellenden Spiel, aber auch mit schriftlichen Veröffentlichungen verschiedenster Art, diese Öffentlichkeit anzusprechen.

c) Das nächste Forum ist in der Schulöffentlichkeit zu sehen. Damit sind alle Mitglieder der Schule gemeint. Dieses Forum kommt nicht allzu häufig in Frage, allerdings könnte man es schon gelegentlich ins Auge fassen z. B. im Zusammenhang mit Schulfeiern, Sportfesten, Abschlussgottesdiensten usw.

d) Das vierte Forum ist in der Schulöffentlichkeit im weiteren Sinne zu sehen. Dazu gehören neben den Mitgliedern der Schule alle, die mit der Schule zu tun haben, wie Eltern, Freundeskreis usw. Dieser Rahmen wird immer wieder bei größeren Vorhaben in Frage kommen. Ich denke da etwa an Ausstellungen (zu einem Autor, einem Thema …), an Spiele und vergleichbare Aktionen, wie sie sich etwa im Rahmen eines Schulfestes anbieten.

e) Auf ein letztes Forum möchte ich nur kurz eingehen: die allgemeine Öffentlichkeit. Ich denke, wir sollten uns nicht anmaßen, mit vielen unserer Projekte in diese Öffentlichkeit zu drängen und z. B. versuchen, einen Pressebericht im Lokalteil der Tageszeitung unterzubringen. Wir sollten uns nicht zu leichtfertig der Lächerlichkeit preisgeben, sondern uns auf die Öffentlichkeit beschränken, für die wir auch sinnvoll arbeiten können.

In vielen Fällen aber wird es nicht um ein präsentierbares Ergebnis gehen, sondern um eine Aktion, ein Erlebnis, eine Unternehmung. In diesen Fällen steht die Aktion für sich und sollte genügen. Allerdings: Es kann sehr wohl sinnvoll (und auch für die einzelnen präsentierenden Gruppen reizvoll!) sein, wenn den Übrigen mitgeteilt bzw. erklärt wird, was die einzelnen Gruppen alles unternommen haben, wie sie vorgegangen sind, worauf geachtet werden musste, welche Erkenntnisse man gewonnen hat usw.

Zu den Projekten und Arbeitsbereichen

Kapitel 1
Projekt: Das Gold von Caxamalca

1 Gesamtkonzept, thematische Schwerpunkte, didaktische Ziele

Die Erzählung von Jakob Wassermann beschäftigt sich mit der Eroberung Südamerikas, insbesondere des Inkareiches. Ein ganz besonderer Ausschnitt wird herausgegriffen und in den Mittelpunkt gestellt. Pizarro hat den Inka gefangen gesetzt, verspricht ihm, ihn gegen ein gewaltiges Lösegeld freizulassen, hält aber dann sein Versprechen nicht. Interessant an der Erzählung ist vor allem die Perspektive des Erzählers. Ein Soldat Pizarros, später Mönch, berichtet vom Geschehen und bewertet Aktionen und Figuren der Spanier eben nicht aus der Sicht der Europäer, sondern aus der Perspektive des um Objektivität bemühten, gealterten, weltabgewandten Mönchs, der das Tun der Europäer kritisch sieht und viel Sympathie für den Inka und sein Volk zu erkennen gibt. So wird der missionarische Anspruch der spanischen Eroberer schnell entlarvt als Geld- und Machtgier, während der Inka in einem eher positiven Licht erscheint. Gleiches gilt auch für die Organisationsform der Gesellschaft im Inkareich.

Das Gesagte macht die didaktische Schwerpunktsetzung deutlich: Die Schüler und Schülerinnen begegnen erstmals Literatur, in der ein Stück Historie aufgegriffen und be- bzw. verarbeitet wird. Das bedeutet: Ein literarischer Text – das soll den Schülern klar werden – bleibt immer ein literarischer Text, ist immer Fiktion, auch wenn er sich historischer Stoffe annimmt.

Es wird hier bewusst darauf verzichtet, eine einlässigere Interpretation vorzulegen. Sonst könnte der Eindruck entstehen, genau diese Interpretation solle im Rahmen der Arbeit nachvollzogen werden. Ich denke, auch der Lehrer sollte auf das Heranziehen weiterer Sekundärliteratur verzichten und sich zusammen mit seinen Schülern einmal auf das Abenteuer der Interpretation einlassen.

Für die Interpretation bedeutet das:
a) Es wird notwendig, das historische Umfeld des Stoffes wie den Stoff selbst unabhängig von der literarischen Bearbeitung aufzuarbeiten. Dazu bedarf es der Methoden des Historikers, wenn es darum geht, Quellen zu bearbeiten bzw. zu erschließen. (Natürlich ginge es zu weit, von einer 7. Klasse exakte Quellenarbeit zu verlangen, zumal sie das Fach Geschichte gerade erst kennen lernen.) Die Schüler und Schülerinnen sollen Einsicht gewinnen in die Unterschiede zwischen originalen Quellen (dabei kann es sich um ganz verschiedenartiges Material – von Urkunden und Tagebüchern bis zu archäologischen Befunden – handeln), Texten, die diese Quellen aufgearbeitet haben und nun Ergebnisse in Form einer geschlossenen Darstellung bieten (gedacht ist an Texte, wie sie in Geschichtsbüchern oder auch in wissenschaftlichen Darstellungen ihren Platz haben), sowie Texten, die historischen Stoff aufnehmen und neu gestalten (eben Texte, die wir zu den fiktionalen Texten rechnen), damit also neue, eigene Zielsetzungen verfolgen.
b) Der fiktionale Text bleibt, auch wenn er historischen Stoff aufnimmt, doch Fiktion, der Stoff bleibt Mittel im Rahmen einer Darstellungsabsicht des Autors. Im fiktionalen Werk wird der Stoff neu geformt, er erhält eine neue „Perspektivierung", wird neu „modelliert" usw. All dies ist herauszuarbeiten. Mit anderen Worten: Jetzt geht es um Textinterpretation im weitesten Sinn, denn der eigentliche Gegenstand ist nur im Text selbst zu finden. Propädeutische Methoden der Philologie werden angewandt. Nach der Beschreibung und Analyse wird interpretiert. In unserem Fall wird das bedeuten: Unabhängig von den historischen Befunden ist textbezogen zu fragen nach der Konfiguration, nach den Figuren und ihren konstitutiven Merkmalen, ihren Motiven und Zielen, nach Handlungsmotivation und Konfliktanlage bzw. -entwicklung und -lösung. Vor allem aber wird die jeweilige Form der Darstellung als wesentliche, den Inhalt weitgehend bestimmende Komponente in die Betrachtung einzubeziehen sein. Dabei geht es neben einer Untersuchung der Wortwahl (etwas bei berichtenden Passagen) vor allem um die Frage nach der Erzählperspektive bzw. nach dem Erzählerstandort.
c) Ein Vergleich der unter a) und b) erzielten Ergebnisse lässt dann das besonders deutlich hervortreten, was der Autor an Veränderungen vorgenommen hat; seine spezifische Perspektive, seine Bewertung, letztendlich seine Intention werden erkennbar.

Analog zu den drei benannten Feldern werden in dem Projekt besonders drei Ziele ins Auge zu fassen sein:
a) Die Schülerinnen/Schüler erarbeiten einen klar abgegrenzten historischen Bereich mithilfe verschiedenster Quellen. Sie erkennen, dass es nicht ganz einfach ist, historische Gegebenheiten objektiv zu bewerten. Sie bekommen eine Vorstellung von der grundsätzlichen Subjektivität historischer Urteile.
b) Die Schülerinnen/Schüler lernen, textanalystische Verfahren bei längeren literarischen Texten anzuwenden.
c) Die Schülerinnen/Schüler setzen sich mit dem Urteil, das ein Autor über eine Konfliktkonstellation und -lösung gefällt hat, auseinander.

2 Hinweise zur Organisation

Die Arbeit am Gesamtprojekt gliedert sich in drei Phasen. Entsprechend ist dann auch der Ablauf zu gliedern (vgl. Organisationsplan).

Der Einstieg in die Arbeit:
Voraussetzung: Die Schüler haben den Text noch nicht gelesen. Das ist wichtig, denn während der ersten Phase sollte der fiktionale Text noch nicht die Sichtweise auf die historische Situation beeinflussen. Die Schülerinnen und Schüler sollten in häuslicher Arbeit das erste Arbeitsblatt bearbeiten und so das Eröffnungsgespräch vorbereiten. In diesem Gespräch werden dann die notierten Probleme angesprochen, es werden aber auch schon erste Sekundärtexte vorgestellt, herangezogen, genannt, bereitgestellt. Anschließend werden zwei Großgruppen gebildet, die sich dann darüber einigen sollten, wie die Arbeitsprozesse weiter zu gliedern, vielleicht auch aufzuteilen sind. (Das Organisationsblatt deutet schon einiges an, es sollte aber den Schülern genügend Freiheit gelassen werden, auch andere Aufteilungsmöglichkeiten zu bedenken.) Die Organisation der Gruppen wird am besten an der Pinnwand festgehalten. Nun erhalten die Schüler/Schülerinnen auch die weiteren Arbeitsblätter. Es sollte darauf geachtet werden, dass jeder alle Arbeitsblätter erhält, denn bei den späteren Präsentationen sollten diejenigen Schüler, die sich nicht mit dem gerade anstehenden Sachbereich beschäftigt haben, mithilfe des jeweiligen Arbeitsblattes angemessene Notizen machen können.

Das Organisationsgespräch sollte abgeschlossen werden mit der Festlegung eines Termins, zu dem die einzelnen Gruppen ihre Ergebnisse präsentieren sollten. Dabei ist natürlich einzukalkulieren, dass nach und nach noch weitere Projekte und Arbeiten begonnen werden und dann parallel verlaufen.

Nach der Präsentation der ersten Ergebnisse wird die zweite Phase damit eröffnet, dass die Schüler den Text Wassermanns und das erste Arbeitsblatt der zweiten Phase erhalten. Nach einer angemessenen Lesezeit (häusliche Lektüre) werden im Rundgespräch erste Urteile, Stellungnahmen, aber auch Wünsche, Probleme usw. geäußert und festgehalten. Dabei wird wiederum darauf zu achten sein, dass sich der Lehrer weitestgehend zurückhält und den Schülern das Feld überlässt.

Die zweite Arbeitsphase sollte im Anschluss an das Eröffnungsgespräch entsprechend den Gesprächsergebnissen geplant werden. Die weiteren Arbeitsblätter enthalten Anregungen für die Perspektivierung und Gliederung dieses Arbeitstaktes. Sie sind entsprechend den Gesprächsergebnissen zu ergänzen bzw. zu modifizieren.

Natürlich wird man einen Termin für den Abschluss der häuslichen Lektüre wie für den Beginn der Ergebnispräsentationen festlegen.

Den Abschluss sollte eine große Diskussionsrunde bilden. Nachdem alle Gruppen ihre Ergebnisse präsentiert und im Detail erläutert bzw. diskutiert haben, könnten noch einmal bestimmte Themen abschließend erörtert werden.

3 Mögliche Ausweitungen

Vielleicht nimmt man sich im 8. Schuljahr „Gustav Adolfs Page" vor, um dann wiederum zu untersuchen, wie hier mit historischen Fakten verfahren wird. Freilich könnte da eine neue Gestaltungsaufgabe eingebaut werden (Filmerzählung, Drehbuch ...). In der 8. oder 9. Klasse könnte das Thema „Geschichte und ihre Verarbeitung in der Literatur" wiederum etwa anhand von Eichendorffs „Schloss Dürande" aufgegriffen werden. Da wäre die Umsetzung in ein Hörspiel eine reizvolle Aufgabe. (Vor allem könnte so etwa die Französische Revolution und ihre Deutung durch Eichendorff besonders eindringlich dargestellt werden.)

Zum Stoff selbst, den Wassermann bearbeitete, bleibt zu überlegen, ob man nicht wieder einmal Karl May aufgreifen sollte, um nachzusehen, was er zu den Indios Südamerikas, zu Gold- und Machtgier usw. zu sagen hat. (Das muss ja nicht im Unterricht geschehen. Auch Lesehinweise gehören schließlich zur Aufgabe des Deutschlehrers. Und zu Karl May bemerkte schon Max von der Grün sehr positiv, er habe ihm schließlich die Angst vor dicken Büchern genommen.)

Kapitel 2
Projekt: Wir fahren ins Landschulheim

1 Gesamtkonzept, thematische Schwerpunkte, didaktische Ziele

Die Planung und Durchführung eines Landschulheimaufenthalts stellt eine besonders komplexe Aufgabe dar, die allerdings von einer 7. oder 8. Klasse schon weit gehend selbständig bewältigt werden kann. Dabei enthält das Unternhehmen selbst soviel Motivationskraft, dass genügend Energie freigesetzt wird, auch etwas schwierige Probleme zu bewältigen und vor allem sich auch einmal über eine längere Zeitspanne hinweg immer wieder mit demselben Projekt zu beschäftigen. Gerade dieser Gesichtspunkt erscheint angesichts der gesamtgesellschaftlichen und damit auch der pädagogischen Situation besonders wichtig. Es wird heute immer schwieriger, Schüler auch einmal über einen längeren Zeitraum „bei der Stange zu halten". Für sie soll alles möglichst schnell und möglichst reibungslos gehen, notfalls weicht man auf Ersatzhandlungen aus oder wechselt eben die entsprechenden Leute aus. Die Bereitschaft, bei Widerständen zu kapitulieren, wird immer größer; die Fähigkeit, auch einmal Durchhaltevermögen beim Lösen eines Problems zu entwickeln, zeigt sich immer seltener und wird auch immer seltener gefordert. Es soll hier nicht nach Ursachen dieses Phänomens gefragt werden. Es mag genügen festzustellen, dass dem so ist, aber auch, dass die Schülerinnen und Schüler, wenn sie nur genügend motiviert sind, bereit sind, mit größerer Ausdauer an etwas zu arbeiten, auch einmal zu warten, einen zweiten oder dritten Lösungsweg zu suchen usw.

Ein zweites Ziel ergibt sich aus der Komplexität der Situation. Die Schüler/Schülerinnen erkennen, dass Probleme in realen Situationen oft erst gelöst werden können, wenn die Situationen selbst analysiert sind, wenn also feststeht, welche Bedingungen gelten, welche Interessen eine Rolle spielen, welche Festlegungen vorliegen usw. Deshalb steht am Beginn aller Aktionen in diesem Projekt zunächst einmal eine detaillierte Analyse dessen, was ist, was erwartet, gewünscht und nicht gewünscht wird. Erst wenn die Bedingungen, klar sind, kann auch sinnvoll agiert werden.

Der dritte Zielkomplex steht damit in unmittelbarem Zusammenhang. Die Schüler lernen, in komplexen Situationen sprachlich so zu agieren, dass ihre Interessen zweckmäßig verfolgt werden. Sie erkennen dabei, dass es bewährte Aktionsmuster gibt (Textsorten, Argumentationsstrategien usw.), die man sinnvollerweise einsetzen kann, wenn man bestimmte Interessen verfolgt. So lernen die Schüler dann eine Vielzahl von wirklichkeitsbezogenen Textarten analysierend kennen und schreibend einzusetzen. Das vorliegende Projektkonzept geht von einem mehrtägigen Aufenthalt aus, wobei der Zielort noch nicht von Anfang an feststeht. Auch die Möglichkeiten am Zielort sind noch offen gehalten, das reicht von der Unterbringung bis zur Verpflegung. (Hier wird die Möglichkeit der Selbstverpflegung angenommen.) Sollten einzelne der Bedingungen anders sein (Zielort liegt fest, Verpflegung in der Jugendherberge usw.), so ist das Konzept dennoch zu realisieren. Die jeweiligen Arbeitsgruppen werden dann mit anderen Aufgaben betraut. (Es ist sehr wohl möglich, zwei konkurrierende Gruppen an einen Aufgabenbereich zu setzen, etwa: Beschäftigung am Zielort …)

2   Hinweise zur Organisation

Der Einstieg in die Arbeit:
Der Einstieg erfolgt im Plenum. Hier sollte der Lehrer zunächst nur den ganz groben Rahmen (etwa: „Stichwort Landschulheim") vorgeben und dann das sich entwickelnde Chaos ertragen. An der einen oder anderen Stelle wird er Erlebnisse aus früheren Landschulheimaufenthalten erzählen, einige Bilder oder Dias zeigen, im Übrigen aber auf Steuerungen weit gehend verzichten.

Die Schüler und Schülerinnen entwickeln sehr schnell überzogene Vorstellungen, bald aber kommen auch schon recht konkrete Gesichtspunkte zur Sprache. Man wird den Schülern wohl klar machen müssen, dass schon bei der Zielort-Wahl oder bei der Frage der zeitlichen Ausdehnung äußere Bedingungen wie die Genehmigungslage an der Schule, die finanzielle Lage der Eltern usw. zu berücksichtigen sind. Ehe aber detailliert weiter geredet und vielleicht sogar schon konzipiert wird, empfiehlt es sich, zu Hause anfragen zu lassen, wo etwa die finanzielle Obergrenze ist. (So ergeben sich schnell erste Einschränkungen.)

Die eigentliche Arbeit beginnt mit dem nächsten Schritt, wie ihn das erste Arbeitsblatt vorsieht.

Die weitere (Planungs-)Arbeit gliedert sich in zwei Phasen:

In der ersten Phase werden die rechtlichen Voraussetzungen geklärt bzw. geschaffen und logistische Probleme gelöst, nachdem grundlegende Entscheidungen über Zielort, Unterbringung und dergleichen getroffen sind. Natürlich müssen exakte Termine für die Erledigung der entsprechenden Arbeiten gesetzt werden.

Erst dann werden die Arbeitsblätter für die zweite Phase ausgeteilt. Jetzt geht es um die Planung (und schriftliche Fixierung) aller Aktivitäten am Zielort. Diese Aktivitäten reichen von den Vorhaben bei schönem Wetter bis zur Planung für schlechtes Wetter, vom Entwurf einer Hausordnung bis zur Zusammenstellung geeigneter Kochrezepte.

In dieser Phase ist besonders darauf zu achten, dass die jeweiligen Texte allen zugänglich gemacht werden (Pinnwand, Kopien). Selbstverständlich sollten vor einer endgültigen Festlegung alle die Möglichkeit haben, Änderungswünsche zu diskutieren.

Mit der dritten Phase wird es ernst. Hier gilt für den Lehrer die Grundregel: Aus allem heraushalten, so lange nicht die Gesundheit bzw. Sicherheit Einzelner gefährdet ist. Gegebenenfalls muss er auch einmal zusehen, wie etwas schiefläuft! Nur so kann wirklich vom „Ernstfall" gesprochen werden. Die Verantwortung der Schüler soll ernst genommen und auch in ihren Konsequenzen gegebenenfalls erfahren werden. So kann es durchaus einmal sein, dass an einem Nachmittag fürchterliche Langeweile ausbricht, weil die entsprechende Gruppe nicht gut genug gearbeitet hat.

Sollte die Klasse auf Selbstversorgung eingestellt sein, so wird man auch hier so zurückhaltend wie möglich agieren. (Übrigens: Sollte ein Kollege oder eine Kollegin hier Bedenken haben: Es gibt immer wieder Mütter – bisweilen auch mal Väter! – die gern mitfahren und das Kochen überwachen.)

3   Das Ergebnis

Es wurde bei der Phasengliederung bewusst auf die berühmte vierte Phase verzichtet, die den berüchtigten Aufsatz „Mein schönstes Erlebnis…" bringen könnte. Vielleicht aber ergibt sich schon vor Ort bei einer Wanderung, abends am Feuer oder bei einem ähnlichen Anlass die Gelegenheit darüber zu sprechen, ob es nicht doch reizvoll sein könnte, einen größeren Bericht, eine Zusammenschau herzustellen. Es ist so sehr wohl möglich, die Klasse dazu zu animieren, wenigstens für den nächsten Elternabend einen Bericht vorzubereiten, der den Eltern einen Einblick vermittelt in das, was alles geschehen ist. Wenn dann für die Schülerzeitung noch etwas abfällt, sollten wir Ideen in dieser Richtung fördern. (Es müsste ja nicht der obligatorische Bericht über die Klassenfahrt sein. Man könnte ja auch gestalterisch Neues probieren.)

Kapitel 3
Projekt: Wir verfassen eine Festschrift

1   Gesamtkonzept, thematische Schwerpunkte, didaktische Ziele

Auf den ersten Blick mag dieses Projekt vielleicht doch etwas zu abgehoben von der Alltagsrealität erscheinen. Schauen wir uns aber in der außerschulischen Realität einmal etwas genauer um, so stellen wir fest, dass Schriften der Art, wie sie hier ins Auge gefasst werden, gar nicht so selten sind. Jede Institution, die etwas auf sich hält, feiert Jahrestage und Jubiläen, jeder Verein registriert sehr genau seine Geschichte und achtet darauf, dass keine Möglichkeit, ein Jubiläum zu feiern, ausgelassen wird. Schließlich sind auch Schulen keine völlig geschichtslosen Institutionen, sie haben vielmehr eine Geschichte, an die sie sich – wenigstens gelegentlich – erinnern (sollten).

Man sollte in einer Festschrift weniger ein besonders eklatantes Symptom für Vereinsmeierei sehen, sondern eher ein Zeichen für öffentliches Engagement, das sich der Geschichte verpflichtet weiß. Versucht man die Gattung „Festschrift" deskriptiv zu erfassen, so stellt man fest, dass es außer dem ganz groben Rahmen (jemand oder etwas soll gefeiert werden) kaum noch Gemeinsames gibt. Allerdings: Zwei „Grundarten" von Festschriften lassen sich unterscheiden:

a) Eine lose Sammlung von mehr oder weniger wissenschaftlichen Aufsätzen, die zusammengefasst und als ein Band zu Ehren einer zu feiernden Person oder Institution herausgegeben werden. Mit dieser Gruppe von Festschriften werden wir uns bei den weiteren Überlegungen nicht beschäftigen.

b) Unser Interesse gilt ausschließlich der zweiten Gruppe, bei der es darum geht, ein Jubiläum angemessen zu würdigen. So vielfältig die einzelnen Varianten in diesem Bereich auch sind, es lassen sich doch bestimmte Konstanten feststellen, die dann natürlich auch im Unterricht auf der Basis verschiedenster Beispiele herausgearbeitet werden können. So gibt es ein Grußwort, es gibt die Chronik, es gibt die Berichte zu einzelnen Ereignissen und Höhepunkten, es gibt die Erläuterungen und Darstellungen zur Sache, es gibt Meinungen und Ausblicke. Schon diese Zusammenstellung lässt erkennen, welch weites Feld sich hier dem Deutschunterricht eröffnet. Eine Vielzahl journalistischer Formen wird gebraucht, eine Fülle von sprachlichen Strategien der Meinungskundgabe und der Ergründung von Meinungen werden notwendig, will man eine dem Anlass angemessene Festschrift erstellen.

Der thematische Rahmen sollte innerhalb des Feldes Schule angesiedelt werden. Es muss nicht gleich die 450-Jahr-Feier der Schule sein, die zum Anlass eines Festschrift-Projekts wird. Auch andere Anlässe lohnen sich durchaus, wie z. B. das fünfjährige Bestehen des Schulchors, die 10 Jahre alt gewordene Ruder-AG, die zwanzigste Inszenierung der Theatergruppe usw. All das könnten Anlässe sein, einmal kurz innezuhalten, zu feiern, aber auch mal nachzudenken über Erreichtes, Rechenschaft abzulegen über das, was gewollt, was geplant wurde, vielleicht auch mal kritisch nachzudenken über das, was hätte anders sein können.

Entsprechend den hier angedeuteten Ebenen und Dimensionen haben wir es mit verschiedenen Zielen zu tun:

– Die Schüler/Schülerinnen erfahren am konkreten Beispiel, dass Gegenwärtiges auf Vergangenem beruht, auf ihm aufbaut, das Vergangene aufnimmt, weiterentwickelt, aber auch das eine oder andere erneuert, ersetzt oder eben vergisst.

– Die Schüler/Schülerinnen lernen in einem klar abgegrenzten Sachbereich sachorientiert zu recherchieren, Informationen aufzubereiten und sach- wie mediengerecht zu gestalten.

– Die Schüler/Schülerinnen lernen, dass „In einer Tradition stehen" nicht heißt: etwas kritiklos übernehmen. Sie erkennen, dass kritische Auseinandersetzung auch ein wesentlicher Bestandteil von Tradition sein kann.

– Die Schüler/Schülerinnen lernen Textsorten kennen und verwenden, die es ihnen erlauben, neben einer sachgerechten Aufarbeitung von Geschichte auch Kritik zu üben und positive Zukunftsperspektiven zu eröffnen.

– Möglicherweise ist das 7. bzw. 8. Schuljahr noch etwas zu früh für einige Formen satirischen Schreibens, doch sollte man auch hier den Schülern eine Chance bieten, die eben genügend Talent mitbringen. Sie sollten angeleitet werden, ihr Talent zu entfalten. So können sie Satire als Möglichkeit der Kritik kennen lernen. Dabei sollten sie aber lernen, verantwortungsvoll mit den Mitteln der Satire umzugehen.

– Eine öffentliche Institution wie die Schule oder ihre „Teilkörperschaften" steht in der Öffentlichkeit und muss sich natürlich auch darum kümmern, was die „öffentliche Meinung" von ihr hält. So lernen die Schüler und Schülerinnen Verfahrensweisen kennen, Meinungen zu erkunden, ein Meinungsbild zu erstellen, die Meinungen Einzelner in einem Interview zu erforschen, aber auch in Form von Umfragen die Meinung vieler zu erfassen.

2   Hinweise zur Organisation
Der Einstieg in die Arbeit

In einem vorauslaufenden Auftrag erhalten die Schüler die Aufgabe, sich im häuslichen Umkreis umzusehen und Festschriften, soweit sie vorhanden sind, zu sammeln. Gleichzeitig sollen sie schriftlich Meinungen zum Thema „Festschrift" sammeln. Sie sollen also erkunden: Was ist eine Festschrift? Was erwartet man von einer Festschrift? Zu welchen Anlässen gibt es Festschriften?

Zur Eröffnungsstunde im Plenum sollten alle ihr Material mitbringen. Auf jeden Fall sollte der Lehrer verschiedene Festschriften bereit stellen. Hinweis: Eine Anfrage bei den ortsansässigen Vereinen hilft hier schnell weiter. Auch ein Blick in die Schul- bzw. Stadtbibliothek kann zum Erfolg führen.

Die Schüler haben zunächst Gelegenheit, in kleinen Gruppen Festschriften durchzublättern und dabei zu notieren: Was steht drin? Was für Arten von Texten fallen auf? Die Erkenntnisse werden gesammelt und auf Plakaten festgehalten: Texte für eine Festschrift. Nun wird das Thema der zu erstellenden Festschrift bekannt gegeben. Es schließen sich Überlegungen an: Welche der zusammengestellten Textarten kommen für die konkrete Festschrift in Frage? Hinweis: Es muss jetzt noch keine komplette Gliederung oder Gesamtübersicht erarbeitet werden. Es sollen aber diejenigen Textarten aufgenommen werden, bei denen man sich sofort vorstellen kann, was da alles geschrieben werden muss. Den einzelnen Textarten können nun Gruppen zugeordnet werden.

Gerade die Festschrift bietet den berühmten „Einzelkämpfern" Gelegenheit, den einen oder anderen Text an sich zu ziehen und zu schreiben. (Gerade satirische Texte eignen sich gut als Gegenstände solcher Einzelarbeiten, aber auch Reportagen und dergleichen, zumal, wenn es sich um Beteiligte handelt.) Es sollte aber darauf geachtet werden, dass jeder Schüler in einer Gruppe arbeitet und die Einzelarbeiten eben als Sonderarbeiten gelten (als solche werden sie dann auch honoriert!).

Die weitere Arbeit

Die weitere Arbeit gliedert sich in folgende Phasen:
a) Erarbeitung der Texte
   Es geht darum, auf der Basis der Arbeitsblätter Vorarbeiten zu leisten und die Texte selbst dann auch zu formulieren. Die Arbeitsblätter machen nur Vorschläge. Es ist sehr wohl möglich, weitere Textarten einzubeziehen und entsprechende Arbeitsblätter zu erstellen bzw. von den Schülern und Schülerinnen erstellen zu lassen.
b) Die Schüler präsentieren ihre Ergebnisse im Plenum. Dabei sollten sie nicht nur ihre Texte vorstellen, sondern auch erläutern, wie sie zu diesen Texten gekommen sind, d. h. sie sollen in knapper Form die Vorarbeiten darstellen und die Regeln erläutern, nach denen sie ihre Texte erarbeitet haben. Im Zusammenhang mit dieser Präsentation haben die Übrigen die Möglichkeit, Kritik zu üben, Verbesserungsvorschläge zu machen, Alternativen vorzuschlagen usw.
   In einem kurzen Zwischentakt werden die Ergebnisse der Besprechung von den jeweiligen Gruppen in die Texte eingearbeitet. Jetzt beginnt die entscheidende Phase.

c) Redaktionelle Arbeiten
   Jetzt geht es darum, den Texten die endgültige Form zu geben. Dabei bedeutet Form:
   – die sprachliche Form,
   – orthographische Form;
   – äußere drucktechnische Form (das Layout).
d) Den Abschluss bildet die Drucklegung. Das muss nicht unbedingt durch eine Druckerei geschehen. Im Zeitalter des Kopierers aber dürfte es nicht allzu viel Mühe machen, eine ausreichende Anzahl von Exemplaren herzustellen.

3 Hinweise zu den einzelnen Arbeitsblättern: mögliche Modifikationen

Es wurde bewusst darauf verzichtet, allen in Frage kommenden Textsorten Arbeitsblätter zuzuordnen. So fehlt z. B. ein Arbeitsblatt zum „Grußwort". Das bedeutet nicht, dass auf bestimmte Textsorten von vornherein verzichtet werden soll. Es soll vielmehr Wert darauf gelegt werden, dass sich die Schüler in besonderer Weise um die vorliegenden Festschriften und die dort vorhandenen Arten von Texten kümmern sollten, um an ihnen vielleicht auch zu lernen, wie man ähnliche Texte herstellen könnte.

4 Hinweise zur Präsentation; das „Produkt"

Auf das Produkt selbst, also die Herstellung der Festschrift, darf auf keinen Fall verzichtet werden. Auch wenn „nur" die Klassen- oder Schulöffentlichkeit durch diese Festschrift erreicht werden sollte, es muss, das ist eine der Grundbedingungen dieses Projekts, Öffentlichkeit hergestellt werden, es muss ein „handgreifliches Produkt" vorzeigbar sein.

Kapitel 4
Projekt: Fremdwörter = fremde Wörter?

1 **Gesamtkonzept, thematische Schwerpunkte, didaktische Ziele**

Die Arbeit an dem hier vorzustellenden Gegenstand könnte, so wird man vermuten, eine mühselige, trockene Angelegenheit werden. Zwar verlangen Lehrpläne die Beschäftigung mit Fremdwörtern und Lehnwörtern. In annähernd allen Sprachbüchern finden sich auch entsprechende Kapitel. Schaut man aber genauer hin, so ist die Auswahl am Ende doch von Zufällen gesteuert, die Fremdwörter werden eben „abgehandelt". Das vorliegende Konzept versucht einen anderen Weg zu beschreiben. Es geht davon aus, dass die Übernahme fremder Wörter in die eigene Sprache nicht unbedingt eine Modeerscheinung, kein „A-la-mode-Sprechen" ist, sondern in aller Regel einhergeht mit der Übernahme der jeweils durch die entsprechenden Wörter bezeichneten Gegenstände, Zustände, Verhaltensweisen usw. Es handelt sich damit um kulturelle Prozesse, wie sie ablaufen, wenn verschiedene Kulturen sich berühren, sich überlagern, wobei dann das eine oder andere übernommen wird. Dabei handelt es sich in den meisten Fällen nicht um „Einbahnstraßen". Vielmehr gibt es immer auch die Umkehrungen. Es wird also nicht nur von einer Kultur in die andere übernommen, es setzen sich nicht immer die „Sieger" mit ihrem Vokabular durch. Wenn Kulturen sich berühren, dann findet ein Austausch statt. (Das traf selbst für die Berührungen zwischen römischer und germanischer Kultur zu, wie etwa das Beispiel „Flasche" belegt: germ.plok–flechten–lat.flasca–dt.Flasche.) Die übernehmende Sprache hält zwar zunächst noch Distanz zum übernommenen Wort, je länger aber ein Wort in Gebrauch ist, um so mehr wird es an die Sprache, in die es übernommen wurde, angeglichen, bis es am Ende allen grammatischen Regeln dieser Sprache gehorcht und damit zum Lehnwort geworden ist.

Für das Unterrichtsprojekt ergeben sich die folgenden Ziele:
a) Die Schüler/Schülerinnen erkennen, dass bei der Berührung verschiedener Kulturen Wörter übernommen werden zusammen mit den jeweils bezeichneten Gegenständen, Handlungen usw.
b) Die Schüler/Schülerinnen erkennen, dass übernommene Fremdwörter zunächst einmal die ursprüngliche Gestalt weitgehend beibehalten. (Sie prägen sich Schreibweisen häufig vorkommender Fremdwörter ein.) Im Verlauf der Geschichte aber werden die Wörter mehr und mehr in die übernehmende Sprache eingegliedert.
c) Die Schüler/Schülerinnen erkennen, dass nicht nur in einzelnen Sparten bzw. Sachfeldern Fremdwörter zu finden sind (wie z. B. im EDV-Bereich, in der Medizin …), sondern dass letztlich alle Lebensbereiche betroffen sind. Sie erkennen, dass als Herkunftssprachen im Verlauf der Geschichte immer mehrere Sprachen in Frage kamen und kommen.
d) Die Schüler/Schülerinnen lernen, ein Sachfeld zu erkunden und entsprechende Wortlisten zu erstellen. Sie lernen dabei auch, etymologisch zu arbeiten und entsprechende Hilfsmittel zu benutzen.

Ziele, didaktische Absichten und Sachlage legen nun ein bestimmtes Unterrichtsverfahren bzw. ein Vorgehen bei der Erarbeitung nahe. Es kann nicht darum gehen, zufallsgesteuert einige Fremdwörter aneinander zu reihen. Es wird vielmehr umfassender gearbeitet, indem bestimmte Sachbereiche erfasst werden sollen, nachdem der Problemhorizont entsprechend abgegrenzt ist.

2 **Hinweise zur Organisation**

Natürlich könnte hier der Schwerpunkt auf Einzelarbeit gelegt werden, wobei in einer später anzusetzenden Präsentationsphase die Einzelnen ihre Ergebnisse präsentieren sollten. Die Arbeitsblätter könnten sehr wohl in diesem Sinne genutzt werden. Es ist sogar empfehlenswert, dieses Verfahren einzusetzen, wenn man mehrere heterogene Projekte nebeneinander laufen hat und Leerlaufphasen vermeiden möchte, in denen Einzelne warten müssen, bis sich ihre Gruppen konstituieren können.

In der Regel wird man auf eine Mischform von Einzelarbeit, Plenumsgesprächen und Gruppenarbeit zurückgreifen. Folgende Phasen haben sich als sinnvolle Abfolge erwiesen:
a) Der Einstieg in die Arbeit
Vorklärungen zu den Begriffen „Fremdwort" und „Lehnwort". Anhand des Arbeitsblattes kann dieser Schritt in Einzelarbeit vollzogen werden. Das Vorwissen der Schüler zum Begriff wird aktiviert, erste Beispiele demonstrieren den Begriffsinhalt. Ein Plenumsgespräch sollte diesen Schritt abschließen, in dem Unklarheiten beseitigt und weitere Interessen geweckt werden könnten.
b) In einem zweiten Schritt werden die Arbeitsweisen erfahrbar gemacht sowie die Grundstrukturen erkannt, die im Fragehorizont „Fremdwort" eine Rolle spielen. Auch dieser Schritt basiert auf der Arbeit der einzelnen Schüler/Schülerinnen. Es hat sich aber als recht zweckmäßig erwiesen, die Kinder mit einem Partner zusammenarbeiten zu lassen und dann im Plenum die Ergebnisse zu vergleichen. (Die jeweiligen „Plenumsaktionen" stellen so auch „Zieltermine" dar, bis zu denen die Einzelarbeiten erledigt sein sollten.)
c) Erarbeitung einzelner Sachbereiche
Die Entscheidung für das eine oder andere Sachfeld wird bewusst davon abhängig gemacht, wie viele Wörter zu dem jeweiligen Sachbereich schon vorab gefunden wurden. Hinweis: In diesem Bereich sollte man den Schülern wirklich freie Hand bei der Wahl eines Sachbereichs lassen.

Diese Erarbeitung sollte mit einem Partner oder in kleinen Gruppen erledigt werden.

Im Verlauf der Arbeit sollte man die Gruppen auch darauf vorbereiten, dass sie ihre Ergebnisse im Plenum angemessen präsentieren müssen. Die Arbeitspapiere verzichten bewusst auf Vorschläge zur Präsentation. Die Schüler sollen selbst überlegen, was alles möglich ist, um ein Ergebnis den anderen interessant zu machen. Der Lehrer wird zwar den einen oder anderen Tip geben, er sollte sich aber doch weitgehend zurückhalten. Vielleicht beschränkt er sich auf Hinweise wie:
– Herstellung einer alphabetischen Wortliste (recht einfach),
– Zusammenfassung von Sachgruppen (problematisch, wenn verschiedene Herkunftssprachen auftreten)
– Gliederung des Wortschatzes nach Herkunftssprachen.

3 Hinweise zur Präsentation; das „Produkt"

Auf ein wichtiges Problem sollten die Schüler in jedem Fall hingewiesen werden: Bei der Präsentation ihrer Ergebnisse geht es nicht nur darum, Wortlisten usw. vorzulegen. Es sollten auch Hinweise gegeben werden auf die näheren Umstände der Übernahme (Zeit, politische Verhältnisse, Modetrends …).

Die Schüler/Schülerinnen sollten nicht nur ihre Ergebnisse darlegen, sondern auch erläutern, welche Strategien sie angewendet haben, als es darum ging, einzelnen Wörtern auf die Spur zu kommen.

Kapitel 5
Projekt: Kleider machen Leute – ein Fotoroman

1 Gesamtkonzept, thematische Schwerpunkte, didaktische Ziele

In dem Projekt wird versucht, durch eine produktionsorientierte Gesamtaufgabenstellung eine Grundmotivation dafür zu schaffen, sich intensiver mit der Novelle auseinander zu setzen. Darüber hinaus wird selbstverständlich das Genre „Fotoroman" einer kritischen Reflexion unterzogen und auf seine Ausdrucks- und Darstellungsmöglichkeiten hin überprüft.

In Deutschland hat der Fotoroman bzw. die Fotoerzählung nicht die Popularität erreicht wie etwa in Italien. Dennoch können wir feststellen, dass in den meisten Jugendillustrierten Fotoerzählungen zu finden sind. Diese Erzählungen bedienen sich meist der Mittel des Comics, um Geschehen zu gestalten, Abläufe und Vorgänge zu erzählen, innere Zustände, Konflikte und Lösungen darzustellen. Die Fotoerzählung geriet so in die Nähe der Trivialliteratur, vielfach ist sie auch eindeutig als solche identifizierbar.

Natürlich wird man, gerade wenn man sich die Produkte der Massenpresse anschaut, nicht umhin können, die Fotoerzählung zur Trivialliteratur zu rechnen. Allerdings bietet das Medium Bild auch besondere Möglichkeiten künstlerischer Gestaltung bzw. Darstellung. So wird es neben recht pragmatischen (aber auch wahrnehmungsästhetisch wichtigen!) Fragen der Gestaltung des Seitenlayouts um wichtige Fragen der Perspektive, des Bildausschnitts, der Akzentsetzung, der Konturierung usw. gehen müssen.

Die Fotoerzählung kann keine kontinuierliche Handlungsentwicklung anbieten, vielmehr setzt sie eine Segmentierung von Abfolgen voraus. Soll ein Handlungsausschnitt in einem oder in mehreren Bildern dargestellt werden, so ist es unumgänglich, das jeweilige Zentrum des Ausschnitts zu bestimmen. Hier wird bereits deutlich, dass bei der Umsetzung einer Erzählung in einen Fotoroman wichtige Interpretationsarbeit zu leisten ist. Verstärkt gilt das für weitere Bereiche:
– Die Handlungsorte, die dargestellt werden sollen, müssen exakt beschrieben und in typischen Ausschnitten ins Bild gesetzt werden.
– Gerade in „Kleider machen Leute" spielt das Äußere auch der Figuren eine wichtige Rolle, zumal oft vom Äußeren auf innere Qualitäten geschlossen wird. Genau diese Fragen müssen geklärt werden bei einer Umsetzung ins Bild.

Der Sprache kommt eine besondere Bedeutung zu: Das Bild liefert den Ausdruck für Emotion, für Situation, vielleicht auch für einzelne Beziehungen. Handlungsverknüpfungen aber, Handlungsentwicklungen usw. müssen in der Regel durch die Sprache geleistet werden. Auch innere Vorgänge, das Denken und Fühlen, Auseinandersetzungen zwischen Personen und dergleichen müssen durch die Sprache dargestellt und in Zusammenhang gebracht werden mit dem auf den Bezugsbildern Dargestellten. Durch das neue Medium und die Sichtweise, die von ihm erzwungen wird, erhält natürlich auch die Interpretation der Quelle neue Impulse. Man wird wohl die Frage der Handlungssegmentierung ebenso neu durchdenken müssen wie die Frage nach der Zeichnung der Figuren.

2 Hinweise zur Organisation

Die Komplexität des Vorhabens – Interpretation einer Novelle – Umsetzung in eine andere Darstellungs-/Erzählweise – führt zu einer komplexeren Planung. Dabei kann eine klar strukturierte Gliederung des Arbeitsprozesses diesen selbst wesentlich erleichtern. Allerdings setzt das voraus, dass die Schüler die Notwendigkeit bestimmter Arbeitsschritte einsehen. Es gibt verschiedene Wege, diese Einsicht zu erreichen.

Recht Zeit raubend dürfte der Weg über das Ausprobieren sein. Die Schüler und Schülerinnen werden mit dem Problem allein gelassen und können erst einmal probieren, können Ideen sammeln und verwerfen, Versuche anstellen und Alternativen erproben, werden von Darstellungsproblemen auf den Text zurückgeworfen, finden vom Text zu Darstellungsproblemen usw. Wenn genügend Zeit zur Verfügung steht, sollte man sich und den Schülern diesen Weg gönnen. Er führt bestimmt zu neuen, oft überraschenden Einsichten, ist aber auch bisweilen recht schmerzhaft und birgt einige Frustrationen in sich. Bei weniger Zeit sollte man aber doch die eine oder andere Phase über solche Verfahren angehen.

Die Zeit sparende Alternative sieht eine klare Festlegung der einzelnen Arbeitsschritte vor. Dabei könnte man sich an den in den Arbeitspapieren vorgesehenen Ablaufplan halten. Das Verfahren birgt die Gefahr in sich, dass den Schülern zu viel Verantwortung abgenommen wird, sie also wieder zumindest partiell zu „Ausfüllern" werden könnten. Die Einsicht in die Notwendigkeit einzelner Arbeitsschritte wird so nur schwer zu vermitteln sein.

Vielleicht wird man am Ende doch einen Mittelweg wählen. Für diesen Mittelweg selbst bieten sich zwei Alternativen an:

Nach der Zielangabe „Herstellung eines Fotoromans" und einem kurzen Gespräch über die Vorstellungen, die sich die Schülerinnen/Schüler zum Thema machen (hier kann ruhig auf die Erfahrungen mit Produkten aus der Jugendillustrierten-Szene zurückgegriffen werden), wendet man sich zunächst der Interpretation der Novelle zu, arbeitet die Ausgangssituation, die Figuren, die Konfliktentwicklung und Handlungsführung heraus, beschreibt die Orte, die für das Geschehen eine Rolle spielen, und fragt dann nach den Möglichkeiten einer Umsetzung in eine Fotoerzählung. Dabei wird wohl der eine oder andere Zwischentakt einzuschalten sein, in dem die besonderen Bedingungen des Mediums (Perspektive, Bildausschnitt, Bildzeichnung, Funktionen des Textes ...) erarbeitet werden. Die Arbeitspapiere geben für diesen Weg Anregungen.

Eine zweite Möglichkeit sei kurz umrissen: Die Schüler haben in häuslicher Lektüre die Novelle gelesen. Der Unterricht setzt ein mit einer Erörterung des Genres Fotoroman. In einzelnen Arbeitsgruppen werden genretypische Besonderheiten erarbeitet und ausprobiert. Diese Vorarbeiten münden in die Umsetzung eines Erzählausschnitts in eine kurze Fotoerzählung, an der die einschlägigen Mittel demonstriert werden können.

In der zweiten Teilphase wird auf die Novelle zurückgegriffen, allerdings: Man steigt gleich mit der Frage nach einer Umsetzung ein, d. h.: Von den Problemen her, die sich bei dieser geplanten Umsetzung ergeben, werden Fragen an den Text gestellt. So wird man z. B. nach dem Aussehen der Figuren fragen, man wird die Orte genau zu beschreiben haben usw. Aber auch Fragen der Handlung bzw. der Handlungssegmentierung werden so anzugehen sein.

Auch diese Version lässt sich mithilfe der vorgelegten Arbeitspapiere realisieren, doch müssten die Arbeitsblätter neu arrangiert werden. (Reizvoll wäre es natürlich, wenn man die Organisation und das Arrangement weitgehend den Schülern überlassen könnte.)

Hinweis: Es wäre schon sehr zu begrüßen, wenn der Kollege/die Kollegin, der/die das Fach Bildende Kunst unterrichtet, am Projekt mitarbeiten könnte. Dabei würde es nicht nur um Layout-Fragen oder der Gestaltung des Titelblattes gehen, sondern auch und vor allem um Fragen der Bildgestaltung, also etwa um Fragen der Perspektive, des Bildausschnitts, der fotografischen Mittel, die eingesetzt werden können (Weichzeichnung, verschiedene Linsen, Retusche ...).

Für die Phase der Erprobung wäre ein Experimentieren mit Fotografien vielleicht doch etwas zu teuer. Als kostengünstige Alternative hat sich die Arbeit mit der Videokamera herausgestellt. (Freilich: Auf Bewegung muss verzichtet werden. Es dürfen nur stehende Bilder festgehalten werden!)

3 Hinweise zur Präsentation; das „Produkt"

Zwar kann man bereits das entstandene Drehbuch als ein Produkt der Arbeit ansehen, allerdings sollte man wenigstens einige Seiten des Fotoromans selbst produzieren. Wenn man sich dann auch nicht zur Vervielfältigung entschließen kann, so könnte man wenigstens in Form einer Wandzeitung allen einen Einblick in das Ergebnis der Arbeit bieten.

Kapitel 6
Projekt: Wir produzieren ein Hörspiel

1 Gesamtkonzept, thematische Schwerpunkte, didaktische Ziele

Es kann hier nicht darum gehen, eine wissenschaftliche Analyse des Hörspiels oder ein geschlossenes didaktisches Konzept zu einer eigenen Gattung zu liefern. Hier sei auf die immer noch gültigen Ausführungen von Werner Klose (Didaktik des Hörspiels, Stuttgart[2] 1977) verwiesen. Es mag genügen, wenn die wesentlichen Aspekte des Hörspiels kurz in Erinnerung gerufen werden.

a) Das Hörspiel gehorcht Gesetzen des Dramas, ohne dass es die dem Bühnenspiel inhärente Gesetzlichkeit übernimmt.
   - Meistens gibt es Spieler und Gegenspieler. Es ist aber auch sehr wohl möglich, ein Spiel „im Innern einer Figur" anzusiedeln.
   - Das Hörspiel ist darstellendes Spiel, verzichtet aber auf den visuellen Kanal. Darüber hinaus kann es eine Menge Elemente übernehmen, die in referentiellen Funktexten ihren Platz haben. (Schon bei den ersten Hörspielen ging das so weit, dass ihr fiktionaler Charakter in Vergessenheit geriet und fast so etwas wie Panik entstand.)
   - Es gibt Handlungsabläufe; diese müssen aber nicht unbedingt einer Chronologie folgen. Es wird möglich, durch spezielle Montagen auf ganz bestimmte Beziehungen (etwa zwischen einzelnen Teilvorgängen) hinzuweisen und dabei die chronologische Reihenfolge zu durchbrechen.

b) Das Hörspiel bildet als darstellendes Spiel Aktion und Interaktion ab im Sinne einer Mimesis, doch ist es immer wieder möglich, auch epische Elemente aufzunehmen, Ereignisse in Form von Erzählerberichten zu referieren, zu verbinden, zu kommentieren.

c) Die Konzentration auf den akustischen Kanal bringt bestimmte Restriktionen mit sich, eröffnet aber auch völlig neue Möglichkeiten.
   - Das Darstellen von Aktionen und Ereignissen wird stark reduziert. Mit Geräuschen lassen sich nur ganz grob wichtige Ereignisse andeuten. Alles andere muss über die Sprache mitgeteilt werden.
   - Die Technik bietet heute Möglichkeiten der Modulation, die es erlauben, Sprache auf verschiedenartigste Weise „einzufärben". Das reicht von einer harten Artikulation bis zu weichen Intonationen, von der „flachen" Sprechweise bis zur Hinzufügung von Hall. So wird es nicht nur möglich, die Illusion verschiedener Räume dadurch darzustellen, dass man Stimmen erklingen lässt, als ob sie in solchen Räumen gesprochen würden. Es wird auch möglich, durch bestimmte Sprachklänge – gegebenenfalls noch unterstützt durch weitere akustische Signale – völlig neue Räume zu erzeugen und auch „Innenräume" zugänglich zu machen und innere Vorgänge laut werden zu lassen.
   - Da auf visuelle Elemente ganz verzichtet werden muss, ist es erforderlich, schnelle Verknüpfungen zwischen Räumen akustisch herzustellen oder durch die Montage einzelner Szenen nahe zu legen.

d) Im Hörspiel findet zwar Handlung statt, doch muss diese Handlung nicht mehr den Gesetzen zeitlicher Abläufe folgen. Ähnlich wie Räume miteinander verknüpft werden können, können nun auch verschiedene Handlungsteile miteinander verknüpft werden, ohne dass chronologische Zusammenhänge oder Reihenfolgen besonders beachtet werden müssen. Es wird so möglich, etwa Ursache-Wirkungsrelationen besonders deutlich herauszuarbeiten und als Strukturprinzipien zugrunde zu legen.

Es ergeben sich die folgenden Ziele:
- Die Schüler und Schülerinnen lernen die Darstellungsmöglichkeiten des Genres „Hörspiel" kennen.
- Sie lernen Möglichkeiten kennen, innere Vorgänge, Zustände, Stimmungen usw. mediengerecht und dramaturgisch sinnvoll darzustellen.
- Sie lernen verschiedene Möglichkeiten kennen, räumliche und zeitliche Beziehungen und Zusammenhänge darzustellen.
- Sie lernen, ein Handlungsgerüst entsprechend den dramaturgischen Möglichkeiten des Hörspiels aufzubauen, wobei die chronologische Abfolge nicht das entscheidende Kriterium sein muss.

Die vorgeschlagenen Texte, die in ein Hörspiel umgesetzt werden sollen, bieten schon selbst einige Herausforderungen für den Interpreten. So ist dann auch Textinterpretation eine wichtige Vorarbeit. Die Texte sind so gewählt, dass sie eine Differenzierung nach verschiedenen Schwierigkeitsgraden ermöglichen. Natürlich können sie auch ersetzt werden durch Texte aus dem aktuellen Lesebuch. Dabei sollte man aber darauf achten,
- dass die Texte nicht zu einfach sind und etwa durch Vorgabe von ausführlichen Dialogen oder Monologen auf den ersten Blick einfach erscheinen und zur Kopie verleiten;
- dass die Texte nicht zu sehr verknappt sind und so zu viel an Interpretationsleistung (vielleicht auch an Ergänzungen) fordern;
- dass die Texte nicht nur äußere Handlung wiedergeben, sondern auch schon Hinweise auf innere Vorgänge enthalten. (Gerade auf dieser Ebene ließe sich dann eine innere Differenzierung recht einfach bewerkstelligen.)

Der unterrichtsmethodische Ansatz geht davon aus, dass die Schüler zwar schon eine Menge Hörspielerfahrungen mitbringen, dass aber diese Erfahrungen bisher kaum aufgearbeitet sind.

Wir gehen davon aus, dass heute wohl jedes Kind einige als Hörspiel vorliegende Kinder- und Jugendbücher kennt, dass die Hörkassette die Märchen erzählende Oma ersetzt hat. Allerdings sei hier schon vermerkt: ein Großteil dieser Produkte lässt gerade unter dem Aspekt „Hörspiel" viel zu wünschen übrig. Und so wird es eine wichtige Aufgabe des Unterrichts sein, den wohl doch engen, auf mehr oder weniger triviale Produkte oder Formen ausgerichteten Horizont der Kinder zu erweitern. Weiterhin gehen wir davon aus, dass die Kinder noch nicht über allzu viele Kenntnisse hinsichtlich der Möglichkeiten des Hörspiels verfügen. Es wird darum in der Einstiegsphase notwendig sein, dieses Wissen für alle verfügbar zu machen.

2 Hinweise zur Organisation

Hat die Lehrerin/der Lehrer genügend Zeit, so ist eine vorausgehende Behandlung eines Hörspiels im Klassenverband zu empfehlen. In diesem Zusammenhang kann z. B. „Das Schiff Esperanza" empfohlen werden, welches zum einen als günstige Reclam-Ausgabe vorliegt, zum andern auch als Klett-Hörkassette verfügbar ist.

Der Einstieg in die Arbeit

Das Projekt selbst wird mit einer Phase eröffnet, in der es darum geht, einzelne Möglichkeiten des Genres „Hörspiel" kennen zu lernen, Möglichkeiten der Darstellung von Raum und Zeit und deren Verknüpfung sowie die technische Umsetzung von Darstellungsabsichten zu erproben. Die Frage nach der Notwendigkeit eines Erzählers sollte ebenso reflektiert werden wie die Möglichkeiten, innere Vorgänge darzustellen. Die Arbeit wird thematisch gebunden in einzelnen Gruppen erledigt entsprechend den vorliegenden Arbeitsblättern. Dabei ist an einen Wechsel zwischen der Bearbeitung theoretischer Texte, dem Suchen nach geeigneten Hör- bzw. Textbeispielen und dem Produzieren geeigneter Beispiele gedacht. Möglicherweise sind einzelne Passagen der theoretischen Texte etwas schwierig. Vielleicht werden einige von manchen Schülern nicht verstanden. Hier ergeben sich verschiedene Möglichkeiten des Weiterarbeitens: Entweder man übergeht einfach die nicht verstandenen Teile oder der Lehrer übernimmt in den einzelnen Gruppen die Detailerläuterung. Aufgabe der Gruppe ist es dann, diese Erläuterungen so umzusetzen, dass den übrigen Klassenmitgliedern die Verstehensprobleme abgenommen werden.

Die Phase schließt mit einer Präsentation der Ergebnisse ab. Diese Präsentation hat entsprechend den Arbeitsebenen selbst wiederum mindestens die dort vorhandenen drei Dimensionen:
- Es muss einiges zu den theoretischen Zusammenhängen gesagt werden. (Vielleicht werden zu diesem Teil Stichpunkte notiert, Skizzen angefertigt o. ä.)
- Es wird einiges an Texten erläutert bzw. vorgeführt werden müssen. (Hier könnten schon einzelne Drehbuchausschnitte herangezogen werden.)
- Einiges wird als Hörbeispiel vorgestellt werden müssen.

Diese Phase ist besonders wichtig, denn hier wird allen Schülern und Schülerinnen die Gelegenheit geboten, die wesentlichen Elemente des Hörspiels kennen zu lernen.

Die weitere Arbeit

Für die Arbeit in der zweiten Phase werden neue Gruppen entsprechend den umzusetzenden Texten gebildet. Die zweite Phase wird in drei Schritten ablaufen:

a) Erster Schritt: Interpretation des Textes
Dabei wird man insbesondere den thematischen Kern herausarbeiten. Auch die Segmentierung der Handlungsteile sollte ausführlich vorgenommen werden.

b) Zweiter Schritt: Entwurf eines Drehbuchs
Hierzu wird es nötig sein, ausgehend vom Handlungskern die Handlungselemente anzuordnen, sich zu verständigen über die Rollen und ihre Gestaltung, sich zu verständigen über die inneren Vorgänge, die Motive und die Ziele sowie deren Darstellung.

c) Dritter Schritt: Die Produktion des Hörspiels
Hinsichtlich der möglicherweise notwendig werdenden Geräusche kann auf Archive zugegriffen werden. Entscheidend ist, dass ein Hörspiel produziert wird. Man wird allerdings eine Zeit (etwa am Nachmittag) wählen, in der nicht allzu viele Störgeräusche die Aufnahme behindern oder verzögern.

3 Hinweise zur Präsentation; das „Produkt"

Zwar stellt das Drehbuch bereits ein Produkt dar, doch sollte auf keinen Fall darauf verzichtet werden, wenigstens einzelne Szenen zu produzieren. Man wird nicht unbedingt eine perfekte Version anstreben, doch sollte man schon einige technische Möglichkeiten nutzen. (Die Schüler/Schülerinnen sind da oft schon weiter in ihren technischen Möglichkeiten als die Lehrer/Lehrerinnen.) Hinweis: Sollte es am Ort einen „Offenen Kanal" geben, so könnte man ja dort nachfragen, wie weit technische Unterstützung möglich ist.

Kapitel 7
Projekt: Erzählen – Erfinden – Ausdenken – Unterhalten

1 Vorbemerkung

Im Rahmen der in diesem Band vorgestellten Projekte und Unterrichtsvorhaben beschäftigen sich die Schüler mit einer Vielzahl von Textarten. Wenn es aber darum geht, selbst Texte zu verfassen, dann handelt es sich meist um referentielle Texte, Texte der täglichen Praxis, oder aber um komplexere Formen, die dann in Zusammenarbeit mit einer Gruppe erstellt werden sollen. Das Erzählen wird kaum berücksichtigt. Ein Blick in die Lehrpläne und Sprachbücher macht deutlich, dass, was die Textproduktion betrifft, die fiktionalen Texte nach der Orientierungsstufe mehr und mehr verschwinden. Ungeklärt bleibt dabei vorläufig, ob das wirklich daran liegt, dass die Kinder nicht mehr so gern erzählen, oder ob nicht doch „die normative Kraft des Faktischen" sich auch in der Didaktik schon so breit gemacht hat, dass immer weniger Raum bleibt für gestaltende Tätigkeit. Dazu kommt noch, dass wir es spätestens mit Beginn der Pubertät mit einer anderen Spontaneität zu tun haben als vorher. So wird es dann nicht ganz einfach, die Schüler mit kreativen Formen des Schreibens sinnvoll zu beschäftigen. Wenn wir es aber dennoch wagen, zaghafte Schritte in diese Richtung zu unternehmen, so sollte einiges beachtet werden:

Unter didaktischen Gesichtspunkten wird man darauf achten, dass Fortschritte gemacht werden. Wir werden uns nicht mit einer einfachen Reproduktion dessen zufrieden geben dürfen, was schon in der Grundschule und der 5. und 6. Klasse immer wieder gemacht wurde. Wie sollten solche Fortschritte aussehen?

– Zum einen wird man von „Fortschritten auf der Stoffebene" sprechen dürfen. Es geht dabei um die Weiterentwicklung, um die Erfindung und Neukombination von Stoffen. Dabei wird es möglich, zumindest vordergründig sich mehr und mehr der Realität anzunähern und ganz gezielt auf diese Realität hin Stoffe zu erfinden oder auszuwählen und zu montieren.
– Zum andern wird es auf der Ebene der Form um einen Fortschritt gehen. Dabei ist zunächst einmal daran gedacht, vorhandene Formen zu beschreiben, sie zu übernehmen und vielleicht auch abzuwandeln und mit eigenen Ideen zu kombinieren.

Die Anekdote könnte beide Ebenen verbinden und dafür eingesetzt werden, solche Fortschritte zu erzielen.

a) Es ist wohl möglich, Stoffe aus der Wirklichkeit zu übernehmen. Dabei wird schnell deutlich, dass diese Stoffe ausgewählt, verändert, eben neu modelliert werden müssen. Weiterhin kann deutlich werden, dass solche der Wirklichkeit entnommenen Stoffe natürlich auch Aussagen über diese Wirklichkeit zulassen und schließlich wird es möglich zu sehen, dass diese Stoffe auf die Wirklichkeit zurückwirken können.

b) Auf der formalen Ebene stellt sich die Anekdote als eine Textart dar, die nach einem beschreibbaren Gesetz aufgebaut ist. Sie kennt keine Nebenhandlung, gibt die Ausgangslage klar als Handlungsansatz zu erkennen, kommt mit einem geringen Figureninventar aus und kommt schnell „auf den Punkt". Man stellt fest, dass es sich um eine stark verknappte, sachlich orientierte Darstellung handelt. Außerdem fordert sie eine Reduktion auf das im äußersten Fall Notwendige, eine fast übertriebene Prägnanz und schließlich am Ende eine fast überdeutliche Pointierung.

2 Gesamtkonzept, thematische Schwerpunkte, didaktische Ziele

Die Ziele, die das Unterrichtsvorhaben verfolgt, entsprechen dem zur Sache Gesagten:

– Die Schüler und Schülerinnen erkennen in der Anekdote eine Möglichkeit, Wirklichkeit aufzunehmen, zu verarbeiten und vielleicht auch Erkenntnisse, die die Wirklichkeit betreffend gewonnen wurden, auf den Punkt zu bringen. Sie lernen somit, Personen bzw. Personengruppen, Situationen, Zustände oder Verhältnisse zu analysieren und (über)pointiert darzustellen.
– Die Schüler und Schülerinnen entdecken und entwickeln ihre Fähigkeit, nach einem vorgegebenen (literarischen) Muster zu gestalten.
– Die Schüler und Schülerinnen entwickeln ihre Bereitschaft, die eigenen Gestaltungsversuche kritisch zu sehen, sie zur Diskussion zu stellen und dann auch zu überarbeiten.

Hinweis: Das Vorhaben ist als Unternehmen für die Einzelarbeit gedacht. Es könnte für einzelne Schüler schon im 7., für die Mehrheit wohl im 8. Schuljahr eingesetzt werden.

Man sollte sich allerdings davor hüten, Schüler und Schülerinnen dazu zu zwingen, Texte der hier vorgesehenen Art zu schreiben. Allerdings sollten doch alle wenigstens einen Versuch unternehmen.

3 Hinweise zur Organisation
Der Einstieg in die Arbeit

Als Einstieg in das Vorhaben hat es sich als sinnvoll erwiesen, mit dem Lesebuch zu arbeiten und dort vorhandene Texte zu besprechen. So kann dann ein nahtloser Übergang geschaffen werden in die Einstiegsphase der Freiarbeit. Die Schüler werden jetzt sowohl auf das zugreifen, was sie gerade im Unterricht erfahren haben, als auch auf das, was die Arbeitsblätter anbieten. Gleichzeitig müssen sie sich einarbeiten in die Fragestellungen des ersten Arbeitsblattes.

Die weitere Arbeit
Nach dem Einstieg ist es zu empfehlen, eine kurze Phase der Arbeit im Plenum einzuschieben, in der die bisherigen Erkenntnisse und Ergebnisse ausgetauscht und besprochen werden. Hier ist dann auch der Ort, an dem eine Zielsetzung angegeben werden kann im Sinne des oben Ausgeführten.
Die weitere Arbeit sollte dann als Einzelarbeit ohne zu enge Terminierung vorgesehen werden.

4 Hinweise zu den einzelnen Arbeitsblättern
Die Arbeitsblätter enthalten zunächst einzelne Analyse- und Beobachtungsaufgaben, anhand derer Einsichten in Strukturen der Textart gewonnen werden. Die Definitionsausschnitte sind vielleicht im einen oder anderen Fall etwas (zu) schwierig. Man sollte aber hier zum einen die Fähigkeiten der Klasse ruhig einmal etwas überfordern und auch gute Schüler und Schülerinnen an ihre Grenzen gelangen lassen. Im Übrigen steht der Lehrer gerade hier immer wieder als Berater zur Verfügung und gibt Auskunft. Er wird von vorn herein darauf hinweisen, dass diese Texte nicht leicht zu verstehen und Fragen sehr wohl erlaubt sind.
Weiterhin bieten die Arbeitsblätter Stoffe, die übungshalber in Anekdoten umgesetzt werden können. Damit wird ein weiterer Zweck verfolgt: Mit ihrer Hilfe lässt sich erkennen, welche Wirklichkeitselemente zu echten Anekdotenstoffen werden können. Es soll so deutlich werden, dass Anekdoten eben nicht in der Wirklichkeit passieren, sondern gestaltete Erzählungen sind, die Stoff aus der Wirklichkeit aufnehmen und formen.
Die Arbeitsblätter enthalten keine Hinweise zur Korrektur bzw. zur Überarbeitung. Hier wird auf das zurückgegriffen, was die Schüler sich in den vorausgehenden Jahren an Methoden angeeignet haben. Bewährt hat sich das folgende Vorgehen: Einer liest seinen Text einem Partner vor, der notiert, was ihm gefallen und was weniger gefallen hat. Gemeinsam werden Verbesserungen gesucht, ehe der Autor oder die Autorin eine Überarbeitung vornimmt. Die Rolle des zuhörenden Partners kann natürlich auch von einer Gruppe übernommen werden. So könnte es eben sein, dass man in einer Gruppe sich gegenseitig die Texte vorliest, sie bespricht und verbessert, ehe die Überarbeitung durch den Einzelnen beginnt. Auch der Lehrer/die Lehrerin wird immer wieder die eine oder andere Anekdote lesen und mit dem jeweiligen Schreiber durchgehen.

5 Hinweise zur Präsentation; das „Produkt"
Die Schüler lassen sich wohl zusätzlich motivieren, wenn man die einzelnen Anekdoten thematisch eingrenzt (Raum Schule …) und einen Rahmen vorgibt, innerhalb dessen die Anekdoten präsentiert werden sollen. Dieser Rahmen könnte eine Anekdotensammlung sein (gewissermaßen als Erinnerung an die Mittelstufe; dann könnte die Motivation bis ins 9./10. Schuljahr tragen) aber auch eine Veröffentlichung der einzelnen Texte in der Wandzeitung der Klasse oder der Schülerzeitung könnte vorgesehen werden.

Kapitel 8
Projekt: Der Richter und der Skateboard-Dieb

1 Gesamtkonzept, thematische Schwerpunkte, didaktische Ziele
Vorbemerkung:
Die Sequenz lässt sich in der vorgelegten Form realisieren, sie ist aber so angelegt, dass die Zeitungsmeldung durch einen bzw. mehrere aktuelle Texte ersetzt werden kann. So kann auf Fälle zugegriffen werden, die die Schülerinnen und Schüler einbringen.

Didaktische Absicht
Die Schüler sollen im Rahmen dieses Projekts die Komplexität eines Problems erfahren und auch erste Bekanntschaft machen mit verschiedenen Möglichkeiten, sich mit einzelnen Problemaspekten/-ausschnitten zu befassen und auseinander zu setzen.

Zur Sache
Auf den ersten Blick enthält die kurze Zeitungsnotiz kaum ein Problem, das zu einer Auseinandersetzung und Lösung herausfordern könnte. Das Verhalten des Diebes wird zwar wahrscheinlich negativ gewertet, aber immerhin gibt es einen („einsichtigen") Grund für diese Tat. Der Richter lässt Gnade vor Recht ergehen und hat so die Leser auf seiner Seite, zumal er durch die Bestrafung so etwas wie Erziehungsarbeit leistet. Der Schluss schließlich krönt in einem „Happy End" die gesamte Aktion. Was also will man mehr? Beim zweiten Hinsehen allerdings tauchen dann doch einige Fragen auf, noch nicht drängend, aber doch so, dass die Harmonie, die man beim ersten Lesen empfand, doch etwas gestört wird.
– Wie war das? Hatte der Junge nicht schon vorher ein oder sogar zwei Skateboards?
– Warum hat er nun das Skateboard gestohlen?
– Wie bewertet der Richter (juristisch) diese Tat?
– Hat der Richter Recht, wenn er gerade diese Strafe ausspricht?
– Warum taucht der Richter am Ende auf dem Spielplatz auf?
– …

So kommen wir mehr und mehr zur Erkenntnis, dass eine Situation immer komplexer Natur ist und entsprechend viele verschiedenartige Reaktionen und damit auch Texte zulässt oder gar erfordert. Das bedeutet gleichzeitig: Es gibt ganz verschiedene Möglichkeiten, sprachlich auf eine Situation zu reagieren bzw. sich mit ihr auseinander zu setzen und sie dann gegebenenfalls auch zu bewältigen. Dabei handelt es sich zwar um qualitativ verschiedene Arten des Zugriffs, doch ist mit der „Qualität" keine höhere oder niedrigere Bewertung verbunden.

Ideal wäre es, wenn wir für unseren Unterricht einen richtigen Fall, wie er sich gerade aus der unmittelbaren Umgebung ergibt, heranziehen könnten. Dann wäre vielleicht noch mehr Engagement zu erwarten. Darüber hinaus wäre ein unmittelbarer Zugang möglich, da ein solcher Fall noch nicht durch einen Berichterstatter gefiltert und sprachlich aufbereitet (und damit auch: gewertet) wäre. Kann man auf einen solchen authentischen Fall zugreifen, so sollte man das tun und die vorliegenden Arbeitsblätter entsprechend modifizieren.

2 Hinweise zur Organisation
Der Einstieg in die Arbeit

Die Strukturübersicht deutet einige der möglichen Arbeitsperspektiven an. Man wird zunächst im Klassenverband die Sachlage erörtern, ohne einzelne Aspekte schon zu vertiefen. Die Arbeit sollte aber doch schon so weit vorangetrieben werden, dass auch das Verhalten des Richters problematisiert wird. Dann wird man Überlegungen zu möglichen Arbeitsansätzen anstellen. Hier kann man ruhig ein Beispiel vorgeben, ehe die Schüler/Schülerinnen ihre Vorstellungen entwickeln und zusammentragen. Im Verlauf des Sammelns kann die Strukturübersicht mehr und mehr als „Gerippe" herangezogen werden als eine mögliche Vorgehensweise. Die einzelnen Teile sollten erläutert und durch weitere Vorschläge ergänzt/ersetzt werden.

Die weitere Arbeit

Mit Hilfe des ersten Arbeitsblattes wird man das Problem aufbereiten, wobei Einzelarbeit, Gruppengespräch und Unterrichtsgespräch entsprechend der jeweiligen Problemlage abwechseln.
In einem zweiten Schritt wird man – zunächst von der Sache her kommend – Problemhorizonte abgrenzen und beschreiben. Dabei geht es darum,
– Teilthemen und Fragen zu formulieren;
– Teilprobleme auszugrenzen (sowohl hinsichtlich der Thematik als auch hinsichtlich des Verfahrens der Bearbeitung).

Man wird sodann Fragenkataloge formulieren lassen. Dabei wird es darum gehen, diese Fragen möglichst konkret zu formulieren. (Es sollte also nicht gefragt werden: „Wie schreibt man ein Drehbuch?" sondern: „Was muss alles hinein in ein Drehbuch? Wie ordnet man die einzelnen Teile zweckmäßig an?" usw.)

Diese Fragenkataloge bieten die Basis der Materialerstellung bzw. -bereitstellung. Darüber hinaus aber – und das ist das Wichtigere! – machen sich die Gruppen klar, was sie eigentlich wollen, welche Hilfsmittel für sie in Frage kommen und welche Probleme auftauchen könnten.

3 Hinweise zur Präsentation; das „Produkt"

Hier kann nicht in allen Fällen von einem „Produkt" im engeren Sinn gesprochen werden. Wir sollten aber auch die Vorbereitung und Durchführung des Besuchs einer Gerichtsverhandlung, die Durchführung einer sachgerechten Diskussion und Ähnliches als sinnvolles Projekt(teil)ergebnis akzeptieren. Ein Hinweis sei in diesem Zusammenhang noch gestattet: Es ist durchaus nicht immer angebracht, die Öffentlichkeit zu suchen. Es wird sehr oft schon genügen, in der Klasse etwas erreicht zu haben. Die Dokumentation eines Prozesses (etwa: Herstellung einer Videodokumentation) kann zwar als Motivation oder auch als methodischer Trick eingesetzt werden, sie darf sich aber nicht so weit verselbständigen, dass etwa eine Präsentation ein zweites Mal durchgespielt wird, weil die Videokamera „klemmte".

Im Fall unseres Projekts wird jede Gruppe über die Form ihrer Präsentation zu entscheiden haben. Wichtig ist aber immer, dass diese Form in Einklang steht mit dem Stoff, mit den vorausgegangenen Arbeiten und mit dem Gesamtziel des Projekts, d. h.: Es dürfen sich nicht einzelne Teile zu sehr verselbständigen. Dennoch: Auch das darf nicht zu eng gesehen werden. Es kann schon sein, dass die Gruppe „Talkshow" sich so sehr in die Arbeit kniet, dass da eine beachtliche Sache herauskommt, die schon Eigenwert beanspruchen kann.

Man wird aber am Ende – nach allen Präsentationen – vielleicht ins Plenum zurückkehren und
– den ursprünglichen Fall nochmals bedenken (Was hat sich an der Sehweise infolge der intensiven Beschäftigung geändert?);
– die eigene Einstellung reflektieren (Wie weit hat die Einstellung die Arbeit beeinflusst?);
– die angewandten Methoden reflektieren (Gibt es Zusammenhänge zwischen Methoden und erreichten Zielen?).

Teil II

**Arbeitsblätter und
Materialien zur Freiarbeit**

– Kopiervorlagen –

Name: _____

Das kannst du wählen:	Hier solltest du eintragen, was, wann und wie lange du gearbeitet hast:					Das sollte bis _____ fertig sein:
Projekt 1: Das Gold von Caxamalca						
Arbeit in der Gruppe						
Einzelarbeit						
Projekt 2: Wir fahren ins Landschulheim						
Arbeit in der Gruppe						
Einzelarbeit						
Projekt 3: Wir verfassen eine Festschrift						
Arbeit in der Gruppe						
Einzelarbeit						
Projekt 4: Fremdwörter = fremde Wörter?						
Arbeit in der Gruppe						
Einzelarbeit						

Name: _____

Das kannst du wählen:	Hier solltest du eintragen, was, wann und wie lange du gearbeitet hast:					Das sollte bis fertig sein:
Projekt 5: Kleider machen Leute – ein Fotoroman						
Arbeit in der Gruppe						
Einzelarbeit						
Projekt 6: Wir produzieren ein Hörspiel						
Arbeit in der Gruppe						
Einzelarbeit						
Projekt 7: Erzählen – Erfinden – Ausdenken – Unterhalten						
Arbeit in der Gruppe						
Einzelarbeit						
Projekt 8: Der Richer und der Skateboard-Dieb						
Arbeit in der Gruppe						
Einzelarbeit						

Projekt 1:

Das Gold von Caxamalca

Projekt 1: Das Gold von Caxamalca

Planung: Übersicht

Wenn ihr den Text von Jakob Wassermann richtig verstehen wollt, empfehlen wir euch die Arbeit in zwei große Abschnitte zu untergliedern: Im ersten Abschnitt solltet ihr euch Hintergrundinformationen beschaffen. Im zweiten Abschnitt kann dann die Auseinandersetzung mit dem eigentlichen Text erfolgen. Die Gruppen können sich in beiden Abschnitten jeweils neu zusammensetzen. Eine besonders wichtige Aufgabe für alle Gruppen wird sein zu überlegen, wie man das Erarbeitete den Klassenkameraden besonders wirkungsvoll präsentieren kann. Ihr solltet auch gleich zu Beginn Termine vereinbaren, bis zu denen die einzelnen Arbeiten abgeschlossen sein müssen.

Eröffnung: erstes Planungsgespräch
(Plenum)

Das Inkareich
(Gruppenarbeit)

Geographie	Lebensform	Der Inka:	Religion
Städte...	Ernährung	absoluter	Glaube
	Gesellschaft...	Herrscher	Opfer...

Die Entdeckung und Eroberung Südamerikas
(Gruppenarbeit)

Kolumbus   Azteken   Pizarro und Peru

Ergebnispräsentation
(Plenum)

weitere Planung: der Text
(Plenum)

Der Inka
Gruppe:

Die Spanier
Gruppe:

Das Gold
Gruppe:

Der Erzähler
Gruppe:

Präsentation
(Plenum)

Projekt 1: Das Gold von Caxamalca

Eröffnung: Planungsgespräch

1. *Ihr könnt mit der Arbeit an diesem Projekt schon beginnen, ehe ihr den Text von Jakob Wassermann gelesen habt. Einiges solltet ihr für das erste Gespräch allerdings schon vorbereitet haben:*

a) Notiere: Was weißt du alles über Südamerika?

b) Was hast du schon gehört oder gelesen über die Entdeckung und Eroberung Südamerikas?

c) Was kannst du zu Kolumbus sagen?

d) Was weißt du über die Inkas? (Wo haben sie gelebt? Wie haben sie gelebt?)

e) Besitzt du Bücher oder anderes Material (Zeitschriften ...), die über Südamerika, die Inkas, die Eroberung von Südamerika usw. informieren? Notiere die Titel:

f) Notiere auch Fragen, die sich beim Überlegen eingestellt haben.

Blatt 1

Projekt 1: Das Gold von Caxamalca

2   *Ihr solltet nun in der Klasse über eure Notizen und Überlegungen sprechen. Dabei wird jeder in seinen Aufzeichnungen ergänzen, was er von anderen an Neuem erfährt. Ihr solltet nun eure ersten Ergebnisse ordnen und dann zu den einzelnen Problembereichen möglichst viele Fragen formulieren, die euer weiteres Arbeiten bestimmen können.*
Das folgende Raster kann beim Ordnen helfen. Ihr könnt aber auch nach eigenen oder zusätzlichen Gesichtspunkten ordnen.

1. Die Entdeckung und Eroberung Südamerikas

   a) Kolumbus

   b) Erste Eroberungen: Absichten und Begründungen

   c) Pizarro und Peru

2. Das Inkareich

   a) Geographie, Geschichte

   b) Lebensform, Ernährung ...

   c) Der Inka: Herrscher ...

   d) Religion, Glaube ...

Zum Schluss des Eröffnungsgesprächs solltet ihr erste Termine vereinbaren und euch einer Arbeitsgruppe anschließen (siehe Planungsübersicht). Vielleicht vereinbart ihr auch, wer welches Material beschaffen soll.

Projekt 1: Das Gold von Caxamalca

Das Inkareich: Geographie und Geschichte

Vorbemerkung: Bedenkt bei eurer Vorbereitung, dass ihr den andern eure Ergebnisse ansprechend mitteilen sollt. Besorgt euch also auch Wandkarten, bereitet Folien vor usw. Daneben solltet ihr auch Kartenkopien bereitstellen, in die eure Klassenkameraden bestimmte Dinge selbst eintragen können.

1. Verschafft euch einen Überblick über die geographischen Gegebenheiten Südamerikas. Übertragt die Umrisse Südamerikas von einer Atlaskarte auf eine Folie. Auf weiteren Folien, die ihr bei der Präsentation auf die Grundfolie auflegt, könnt ihr dann bestimmte Themen darstellen.

   a) Zeichnet auf einer Folie die heutigen Landesgrenzen ein.

   b) Bereitet eine Folie vor, die die Gegebenheiten des Inkareiches erkennen lässt. (Hierzu braucht ihr historische Karten. Vielleicht findet ihr auch in Geschichtsbüchern Skizzen.)

   c) Erläutert die Lage der wichtigsten Siedlungen und der Verkehrsverbindungen im Inkareich.

   _____

   _____

   _____

2. Wie ist das Inkareich entstanden?

   a) Stellt fest, wo der ursprüngliche Herrschaftsraum war.

   b) Welche Räume wurden – wann? – erobert? Wie ist das geschehen?

   _____

   _____

   _____

3. Bereitet die Präsentation eurer Ergebnisse vor.

   a) Stellt das Material zusammen:
      - Was wollt ihr auf Folien darstellen? (Bereitet auch den Tageslichtprojektor vor!)
      - Was sollen eure Klassenkameraden mitbringen bzw. vorbereiten? (Atlas ...)
      - Welche Land-/Wandkarten braucht ihr?
      - Was könntet ihr in Form einer Wandzeitung präsentieren?
      - Welche Merkhilfen habt ihr vorgesehen? (Zusammenfassungen, Arbeitspapiere ...)

   b) Legt fest, wer für welchen Teil der Präsentation zuständig ist. (Empfehlung: Arbeitet immer auch mit „Zweitbesetzungen", falls mal jemand krank wird!)

Projekt 1: Das Gold von Caxamalca

Das Inkareich: Lebensformen

Vorbemerkung: Bedenkt bei eurer Arbeit, dass ihr die Ergebnisse auch euren Klassenkameraden vorstellen sollt. Wenn ihr also Material sammelt, überlegt, wie ihr das in ansprechender Form in eine Präsentation einbinden könnt.

1. Wie war die Gesellschaft organisiert?

    a) Wer hatte das Sagen?

    _____

    b) Welche Gruppierungen gab es?

    _____

    c) Welche Siedlungsformen gab es?

    _____

2. Wovon haben die Leute gelebt?

    a) Welche Berufe konntet ihr in Erfahrung bringen?

    _____

    _____

    b) Was hat man gegessen/getrunken?

    _____

    _____

3. Wie war der Stand der Technik?

    a) Ackerbau/Jagd/Fischfang

    _____

    _____

    b) Handwerker/Künstler

    _____

    _____

    c) Haus-/Tempelbau

    _____

    _____

    d) Fortbewegung/Verkehr

    _____

    _____

Am besten versucht ihr zu den wichtigsten Themen einige Wandtafeln herzustellen.

Projekt 1: Das Gold von Caxamalca

Das Inkareich: Der Inka

Vorbemerkung: Bedenkt bei eurer Arbeit, dass ihr die Ergebnisse auch euren Klassenkameraden vorstellen sollt. Wenn ihr also Material sammelt, überlegt, wie ihr das in ansprechender Form in eine Präsentation einbinden könnt. Vielleicht fasst ihr auch die wichtigsten Ergebnisse auf einem Merkblatt zum Kopieren zusammen.

1. Wer war der Inka?

   a) Was waren die Aufgaben des Inka?

   b) Wie war das Verhältnis Inka – Volk?

   c) Wie begründete sich die Macht des Inka?

   d) Wie übte er seine Macht aus?

   e) Wie lebte der Inka?

Was könnt ihr über die Inkas zur Zeit der Eroberung in Erfahrung bringen?

   a) Wie waren die Machtverhältnisse?

   b) Wer herrschte, als Pizarro kam? Wie kam er an die Macht?

Am besten versucht ihr zu den wichtigsten Themen eine Wandtafel herzustellen. Ihr könnt dann auch das gesammelte Anschauungsmaterial verwenden.

Projekt 1: Das Gold von Caxamalca

Das Inkareich: Religion

Vorbemerkung: Ihr habt zu eurem Thema sicher viel Material zusammengetragen. Überlegt euch,
– was eure Aussagen am besten veranschaulichen kann,
– welche Präsentationsform jeweils die beste ist (Dia, Bildwand, Arbeitspapier, Übersicht, Folie ...).

Ehe ihr euch an die konkrete Aufbereitung der Präsentation macht, solltet ihr aber zuerst
– das Sachgebiet bearbeiten,
– einzelne Teilthemen bearbeiten,
– eine sinnvolle Anordnung festlegen.

1. Welche Götter verehren die Inkas? Untersucht genauer:

Gott	Bedeutung	Form der Verehrung

2. Welche Gotteshäuser/Tempel gab es? Wie sahen sie aus? Was war jeweils das Besondere?

3. Worin bestand der Gottesdienst?

4. Was war die religiöse Bedeutung des Inka?

Projekt 1: Das Gold von Caxamalca

Südamerika – Die Entdeckung eines Kontinents: Kolumbus

Vorbemerkung: Bedenkt bei eurer Vorbereitung, dass ihr den andern eure Ergebnisse ansprechend mitteilen sollt. Besorgt euch also Wandkarten, bereitet Folien vor usw. Daneben könnt ihr auch Kartenkopien bereitstellen, in die eure Mitschülerinnen und Mitschüler bestimmte Dinge selbst eintragen können.

1. Ihr habt sicher schon vieles von Kolumbus gehört. Welche Idee verfolgte er?

2. Kolumbus war von Hause aus Genueser. Wie kam es, dass er für die Spanier nach Westen segelte?

3. Beschreibt die wichtigsten Stationen seiner Entdeckungsreise:
   a) Wie gelang es ihm, die Spanier von seiner Idee zu überzeugen?
   b) Unter welchen Umständen segelte er los?
   c) Welche Schwierigkeiten hatte er unterwegs?

4. Beschreibt die näheren Umstände seiner Landung.
   a) Verschafft euch einen Überblick über die geographischen Gegebenheiten Mittel- und Südamerikas. Übertragt die Umrisse Mittel- und Südamerikas von einer Atlaskarte auf eine Folie. Zeichnet den letzten Teil des Wegs von Kolumbus und seinen Landeplatz ein.
   b) Wie wurde er aufgenommen?
   c) Wie verhielten sich Kolumbus und seine Leute?

Was waren die Ergebnisse seiner ersten Reise?

Wie verlief das weitere Leben des Kolumbus?

Projekt 1: Das Gold von Caxamalca

Südamerika – Die Eroberung eines Kontinents: Cortez, Pizarro und andere

Vorbemerkung: Bedenkt bei eurer Vorbereitung, dass ihr den andern eure Ergebnisse ansprechend mitteilen sollt. Besorgt euch also Wandkarten, bereitet Folien vor usw. Außerdem könnt ihr auch Kartenkopien bereitstellen, in die eure Mitschüler und Mitschülerinnen bestimmte Dinge selbst eintragen können.

1. Verschafft euch einen Überblick über die geographischen Gegebenheiten Südamerikas. Übertragt die Umrisse Südamerikas von einer Atlaskarte auf eine Folie. Auf weiteren Folien, die ihr bei der Präsentation auf die Grundfolie auflegt, könnt ihr dann bestimmte Themen darstellen.

   a) Zeichnet auf einer Folie die Eroberungszüge von Cortez ein.

   b) Zeichnet auf einer Folie die Eroberungszüge des Pizarro ein.

   c) Umreißt auf einer dritten Folie das „Herrschaftsgebiet" der Spanier.

2. Beschreibt genauer die Unternehmungen des Cortez:

   a) Was waren seine Ziele?

   _____

   _____

   b) Welcher Mittel bediente er sich?

   _____

   _____

   c) Notiert in Stichpunkten die Abfolge der Ereignisse.

   _____

   _____

3. Was wollte und erreichte Pizarro in Peru?

   a) Mit welchen Zielen begann er seine Unternehmungen? (Unterscheidet zwischen Scheinbegründungen und tatsächlichen Gründen!)

   _____

   _____

   _____

   b) Wie verlief sein erstes Vorhaben?

   _____

   _____

   c) Beschreibt die einzelnen Stationen seines zweiten Unternehmens.

   _____

   _____

Projekt 1: Das Gold von Caxamalca

Planung: Textarbeit

Vorbemerkung: Ehe ihr hier weitermacht, müssen alle den Text von Jakob Wassermann gelesen haben. Hinweise zur Lektüre:

1. *Lest mit dem Bleistift. Unterstreicht, was euch wichtig erscheint, setzt Fragezeichen, wo euch etwas unklar ist. (Ihr könntet sogar schon mit mehreren Farben verschiedene Themen unterscheiden. Das ist allerdings beim ersten Lesen etwas schwierig.)*

2. *Führt beim Lesen ein Lesetagebuch.*
   a) *Fasst das jeweils Gelesene (die einzelnen Großabschnitte) in wenigen Sätzen zusammen.*
   b) *Notiert die Dinge, die euch als besonders wichtig oder auffällig erschienen sind.*
   c) *Notiert, wie ihr spontan auf die einzelnen Figuren und ihre Verhaltensweisen reagiert (da kann dann schon mal „fieser Typ" stehen!).*
   d) *Haltet auch eure Gesamtbewertung fest.*

Das Gespräch:

1. Bestimmt einen Gesprächsleiter.

2. Jeder beteiligt sich am Gespräch (und wenn er nur vorliest, was er sich notiert hat!). Eure Aufzeichnungen und Unterstreichungen sollten die Grundlage für das erste Gespräch über den Text sein. Natürlich sollte dieses Gespräch nicht chaotisch durcheinander laufen. Wir schlagen hier einige Gesichtspunkte vor, nach denen ihr das Gespräch thematisch gliedern könnt. Wir haben Platz gelassen, damit ihr euch auch Notizen machen könnt.
Bedenkt, dass ihr in dem Gespräch „nur" eure ersten Eindrücke wiedergeben und Vorschläge für die weitere Arbeit machen sollt. Ergebnisse werden noch nicht erwartet!
Die folgenden Themenvorschläge könnten auch als Arbeitsgebiete für die Gruppenarbeit herangezogen werden. Ihr könnt dann aus dem Gespräch heraus entsprechende Arbeitsaufträge formulieren.

Themenvorschläge:

1. Der Inka

___

___

2. Die Spanier

___

___

3. Das Gold

___

___

4. Der Erzähler

___

___

Projekt 1: Das Gold von Caxamalca

Textarbeit: Der Inka

Vorbemerkungen:

1   Bei der hier zu erledigenden Arbeit ist es erforderlich, dass ihr alle eure Ergebnisse am Text belegt. Dazu müsst ihr
   – den Text genau lesen,
   – entsprechende Stellen anstreichen,
   – bei mehrteiligen Aufgaben mit mehreren Farben arbeiten.

2   Die Ergebnisse eurer Überlegungen solltet ihr festhalten. Wir haben hier nur wenige Zeilen Platz gelassen. Das genügt zum Festhalten von Stichpunkten und von Textstellen (Seite und Zeilennummer).

3   Ehe ihr euren Klassenkameraden die Ergebnisse präsentiert, solltet ihr
   – eure Stichpunkte in eine sinnvolle Ordnung bringen (die Anordnung kann von unserer Reihenfolge abweichen),
   – nach Möglichkeiten einer anschaulichen Darstellung suchen (Skizzen, Tabellen ...).

Der Inka

1   Tragt Textstellen zusammen, die den Inka Atahuallpa charakterisieren. Ihr könnt euch an folgenden Fragen orientieren:

a)   Wie weit reicht die Macht des Inka?

_____

_____

b)   Wie steht der Inka zu seinen Untertanen? Wie sehen die Untertanen den Inka?

_____

_____

c)   Was denkt der Inka über sich selbst? Wie sieht er seine Rolle?

_____

_____

2   Stellt gegenüber: Wie bewertet der Inka die Spanier? Wie bewerten die Spanier den Inka?

„Spanier-Sicht" der Inka	„Inka-Sicht" der Spanier

Projekt 1: Das Gold von Caxamalca

Textarbeit: Die Spanier

Vorbemerkungen:

1 *Bei der hier zu erledigenden Arbeit ist es erforderlich, dass ihr alle eure Ergebnisse am Text belegt. Dazu müsst ihr*
   – *den Text genau lesen,*
   – *entsprechende Stellen anstreichen,*
   – *bei mehrteiligen Aufgaben mit mehreren Farben arbeiten.*

2 *Die Ergebnisse eurer Überlegungen solltet ihr festhalten. Wir haben hier nur wenige Zeilen Platz gelassen. Das genügt zum Festhalten von Stichpunkten und von Textstellen (Seite und Zeilennummer).*

3 *Ehe ihr euren Klassenkameraden die Ergebnisse präsentiert, solltet ihr*
   – *eure Stichpunkte in eine sinnvolle Ordnung bringen (die Anordnung kann von unserer Reihenfolge abweichen!),*
   – *nach Möglichkeiten einer anschaulichen Darstellung suchen (Skizzen, Tabellen...)*

Die Spanier

1. Stellt zusammen, was für Menschen(-gruppen) in der Erzählung eine Rolle spielen.

_____

_____

2. Welche typischen Merkmale lassen sich jeweils feststellen? Beachtet: Merkmale kann man auf ganz verschiedene Weisen feststellen:
   a) Sie werden direkt genannt.
   b) Man erschließt sie aus den Verhaltensweisen.
   c) Andere Figuren nennen sie.

Figur(en)	Merkmale

3. Was bestimmt jeweils das Handeln?

Figur	Motiv(e)

4. Beschreibt genauer: Wie verhalten sich die Spanier gegenüber den Eingeborenen?

_____

_____

_____

5 Blatt 2

Projekt 1: Das Gold von Caxamalca

Textarbeit: Das Gold

Vorbemerkungen:

1. *Bei der hier zu erledigenden Arbeit ist es erforderlich, dass ihr alle eure Ergebnisse am Text belegt. Dazu müsst ihr*
   - *den Text genau lesen,*
   - *entsprechende Stellen anstreichen,*
   - *bei mehrteiligen Aufgaben mit mehreren Farben arbeiten.*

2. *Die Ergebnisse eurer Überlegungen solltet ihr festhalten. Wir haben hier nur wenige Zeilen Platz gelassen. Das genügt zum Festhalten von Stichpunkten und von Textstellen (Seite und Zeilennummer).*

3. *Ehe ihr euren Klassenkameraden die Ergebnisse präsentiert, solltet ihr*
   - *eure Stichpunkte in eine sinnvolle Ordnung bringen (die Anordnung kann von unserer Reihenfolge abweichen!),*
   - *nach Möglichkeiten einer anschaulichen Darstellung suchen (Skizzen, Tabellen ...).*

Das Gold

1. Was wollte Pizarro in Peru? Unterscheidet:

   a) Was gab er vor zu wollen? Was war sein angeblicher Auftrag?

   _____

   b) Was wollte er tatsächlich? Was war sein tatsächlicher Auftrag?

   _____

2. In welcher militärischen Situation befanden sich die Spanier in Caxamalca? Was erforderte diese Situation? Wie verhielten sie sich tatsächlich?

   _____

3. Sucht Textbeispiele für Situationen, in denen plötzlich Gold auftauchte und den Soldaten greifbar erschien. Beschreibt die Reaktionen.

   _____

4. Das Gold und seine Eigenschaften: Stellt gegenüber:

Bedeutung für die Spanier	Gold „an sich"	Bedeutung für die Peruaner
Symbolik:		Symbolik:

Projekt 1: Das Gold von Caxamalca

Textarbeit: Der Erzähler

Vorbemerkungen:

1 Bei der hier zu erledigenden Arbeit ist es erforderlich, dass ihr alle eure Ergebnisse am Text belegt. Dazu müsst ihr
 – den Text genau lesen,
 – entsprechende Stellen anstreichen,
 – bei mehrteiligen Aufgaben mit mehreren Farben arbeiten.

2 Die Ergebnisse eurer Überlegungen solltet ihr festhalten. Wir haben hier nur wenige Zeilen Platz gelassen. Das genügt zum Festhalten von Stichpunkten und von Textstellen (Seite und Zeilennummer).

3 Ehe ihr euren Klassenkameraden die Ergebnisse präsentiert, solltet ihr
 – eure Stichpunkte in eine sinnvolle Ordnung bringen (die Anordnung kann von unserer Reihenfolge abweichen!),
 – nach Möglichkeiten einer anschaulichen Darstellung suchen (Skizzen, Tabellen ...).

5
Blatt 4

Der Erzähler

1. Sammelt Textstellen, aus denen man etwas über den Erzähler erfährt. Unterscheidet dabei:

Erzähler zur Zeit des Geschehens	Erzähler zur Zeit des Erzählens

2. Untersucht genau den Weg des Erzählers vom Soldaten zum Mönch.

 a) Wie hat er sich als Soldat verhalten?

 b) Was bewirkt seinen Wandel?

 c) Worin besteht sein Wandel?

3. Wie bewertet der Erzähler die Organisation von Besitz und Arbeit im Inkareich?

4. Wie bewertet der Erzähler den Heiden Inka?

Projekt 1: Das Gold von Caxamalca

Abschluss: Plenum

Hinweise zum Abschlussgespräch:

Das Abschlussgespräch sollte stattfinden, nachdem die einzelnen Gruppen ihre Ergebnisse präsentiert haben. In dem Gespräch solltet ihr versuchen,
– noch offene Fragen zu klären,
– übergreifende Zusammenhänge herzustellen,
– eure bisherige Arbeitsweise kritisch zu überdenken.

Es ist daher notwendig, dass ihr bei der Präsentation der Ergebnisse eurer Mitschülerinnen und Mitschüler euch nicht nur Notizen „zur Sache" macht, sondern auch zu den angesprochenen Punkten.
Wir geben hier noch einige Hinweise für ein übergreifendes Gespräch. Ihr könnt sie nutzen, ihr könnt aber auch eigene Wege gehen und Probleme in den Vordergrund stellen, die für euch wichtig sind.

Mensch und Macht/Besitz

1 Der Einfluss von Geld/Besitz auf das Verhalten (man könnte auch sagen: die „Moral")

2 Wie werden die Verhaltensweisen vom Erzähler bewertet?

Geschichtliche Wirklichkeit und literarische Darstellung

1 Wassermann erzählt aus der Perspektive eines Erzählers, der dem Geschehen nicht neutral gegenübersteht. Dennoch hat man den Eindruck, es werde ein historisch richtiger Bericht gegeben.

   a) Wie kommt der Eindruck zustande?

   b) Was bewirkt dieser Eindruck?

2 Vergleicht historische Gegebenheiten, so weit ihr sie erarbeitet habt, mit der Darstellung in der Erzählung.

   a) Die Gegebenheiten im Inkareich

   b) Der Inka

   c) Das Verhalten der Spanier

3 Sprecht über das Verfahren (vielleicht auch: über die Absichten) Wassermanns: Welche Wirkung hat er bei euch selbst erzielt? Wie bewertet ihr ein solches Verfahren?

Projekt 2:

Wir fahren ins Landschulheim

Projekt 2: Wir fahren ins Landschulheim

Eröffnung: Rundgespräch

Das Projekt, das ihr nun in Angriff nehmt, ist eine etwas längerfristige Sache. Da muss vieles vorbereitet und geplant, überlegt und bedacht werden. Deshalb solltet ihr euch rechtzeitig an die Planung machen. (Unser Vorschlag: Lasst euch wenigstens ein halbes Jahr Zeit für die Arbeit. Dann gibt es weniger Pannen und weniger Hektik.)

Mit der ersten Planung solltet ihr auch gleich einen groben Zeitrahmen vereinbaren, der festlegt, wann die einzelnen Arbeitsabschnitte abgeschlossen sein sollten.

Einige Arbeiten sind recht schnell erledigt, für andere muss mehr getan werden. Deshalb wird es zu wechselnden Gruppenzusammensetzungen kommen. Auch das Problem lässt sich bewältigen, wenn ihr einen Übersichtsplan erstellt, auf dem festgehalten ist, wer in welcher Gruppe bzw. in welchen Gruppen an welchen Problemen arbeitet.

Nun solltet ihr anfangen mit dem

Eröffnungsgespräch

1. Auf dieses Gespräch sollte sich jeder vorbereiten. Am besten, ihr denkt vorher nach und macht euch zu folgenden Punkten Notizen:

   a) Was stelle ich mir unter einem Landschulheimaufenthalt vor?

   b) Was erwarte/erhoffe ich von einem solchen Aufenthalt?

   c) Was muss alles vorbereitet werden?

   d) Wie könnte man alles vorbereiten?

2. Führt nun das Rundgespräch. Bestimmt einen Gesprächsleiter, der das Wort erteilt und bestimmt, wann ein Thema abgeschlossen wird. Im Gespräch muss jeder mindestens einmal in einer längeren Ausführung seine Meinung sagen (Dazu habt ihr euch ja Stichpunkte notiert! „Das wollte ich auch sagen!" gilt nicht!). Macht euch, während ihr miteinander sprecht, ausführliche Notizen.

3. Erstellt ein gemeinsames Verhandlungsprotokoll. Dieses Protokoll sollte alle Stichpunkte nach übergeordneten Gesichtspunkten gegliedert enthalten. Hier findet ihr einen Vorschlag für diese Ordnungspunkte. (Sie könnten dann auch Aufgaben für mögliche Arbeitsgruppen sein!) Natürlich könnt ihr diese Gesichtspunkte verändern und/oder ergänzen.

   1. Zielplanung (falls das Ziel noch nicht festliegt. Liegt das Ziel bereits fest: **Informationen über den Zielort**)

Projekt 2: Wir fahren ins Landschulheim

2. Transportfragen und -probleme

3. Alles soll seine Ordnung haben ... (Genehmigungen, Regelungen ...)

4. Finanzen

5. Essen und Trinken (Falls ihr euch selbst verpflegt; andernfalls nur: Was wird benötigt? Kleidung ...)

6. Was tun vor Ort? Spiel und Unterhaltung (Hier sollt ihr noch nicht alles Mögliche zusammentragen, sondern euch überlegen, wie man Ideen sammeln könnte usw.)
a) bei schönem Wetter

b) bei weniger schönem Wetter

7. Was tun vor Ort? Man kann nicht immer nur spielen ...
a) Neues erfahren, Neues lernen

Projekt 2: Wir fahren ins Landschulheim

b) Gemeinsam etwas auf die Beine stellen

_____

_____

_____

8. Noch einmal: Ordnung muss sein (Verhaltensregeln ...)

_____

_____

_____

4. Stellt nun euren Arbeitsplan zusammen.

a) Legt die Arbeitsgruppen und Themen fest. (Empfehlung: Beschränkt euch zuerst einmal auf die Planungsphase, also auf die Punkte 1–3.)

b) Sprecht die ersten Termine ab. Also: Bis wann muss welche Arbeit erledigt sein?...

_____

_____

_____

_____

_____

Projekt 2: Wir fahren ins Landschulheim

Zielplanung: Festlegung des Zielortes

Vorbemerkung: Dieses Arbeitsblatt braucht ihr nur zu bearbeiten, falls der Zielort noch nicht festliegt.

1. Ihr solltet euch darum bemühen, bei der Festlegung des Zielortes den Wünschen möglichst vieler Beteiligter entgegenzukommen. Deshalb müsst ihr diese Wünsche erst einmal erfassen. Am besten, ihr entwerft einen Fragebogen, auf dem eure Klassenkameraden um ihre Meinung gefragt werden.
Überlegt: Welche Gesichtspunkte werden bei der Wahl des Zielortes wichtig?
(Hinweis: Ihr könnt natürlich auch auf einem „Vorfragebogen" eure Mitschüler fragen, welche Gesichtspunkte bei der Festlegung des Zielortes unbedingt berücksichtigt werden sollen!)

2. Überlegt zu jedem eurer Stichpunkte: Welche Fragen kann man stellen, wenn man die Meinung eines anderen zu diesem Punkt erfahren möchte?
Beispiel: Stichpunkt „sportliche Betätigungen"
Fragen: Wie viel Wert legst du auf sportliche Betätigung? Nenne eine Zahl zwischen 0 (gar keinen) und 6 (ohne geht nicht).
Welche sportlichen Möglichkeiten sollte der Zielort mindestens bieten?
Welche Kosten dürfen dabei entstehen?
…

3. Entwerft den Fragebogen und teilt ihn aus. Wertet die Antworten aus. Ihr erhaltet so ein „Wunschprofil" des künftigen Zielortes. Allerdings: Ihr werdet bestimmt nicht alle Wünsche berücksichtigen können. Manche Meinungen schließen sich auch gegenseitig aus. (Beispiel: Der eine will ans Meer, der andere will Berge.) Da ist es am besten, ihr stellt mehrere Möglichkeiten zur Wahl.

Stellt die wichtigsten Merkmale zusammen und überlegt, welche (konkreten!) Zielorte in Frage kommen könnten. (Bedenkt dabei aber auch die Kostenfrage!) Ehe ihr die Zielorte zur Wahl stellt, solltet ihr euch noch über die Möglichkeiten informieren, die sich an den einzelnen Orten bieten. Dazu solltet ihr das nächste Arbeitsblatt heranziehen und bearbeiten. Für die Wahl könntet ihr dann zu jedem Zielort eine kleine Wandzeitung mit den wichtigsten Informationen herstellen.

Projekt 2: Wir fahren ins Landschulheim

Zielplanung: Informationen zum Zielort

1. Überlegt: Welche Informationen über euren Zielort sind besonders wichtig
   a) für die erste Planung?

   b) für die weitere Planung?

   c) für wichtige Entscheidungen?

2. Überlegt: Wie/wo könntet ihr euch die Informationen beschaffen? (Notiert eure Vorschläge in der zweiten Spalte.)
   Hinweis: Ihr werdet wohl einige Briefe schreiben müssen. Wie man einen Geschäftsbrief schreibt, findet ihr auf einem eigenen Arbeitsblatt. Seht im Zweifelsfall dort nach.

3. Bildet Kleingruppen, die zu einzelnen Themen Informationen beschaffen. Jede Gruppe sollte ihre Informationen auf einem Informationspapier zusammenstellen.
   Vorschlag für einzelne Themen (ihr könnt selbstverständlich weitere Gruppen bilden!):
   a) Genaueres zur Unterkunft bzw. zu einer möglichen Unterkunft
   b) Der Ort und seine Sehenswürdigkeiten
   c) Möglichkeiten sportlicher Betätigung
   d) Wanderungen in der Umgebung
   e) Sehenswertes in der (erreichbaren!) Umgebung
   f) Besondere Angebote
   g)
   h)
   i)

Blatt 2

Projekt 2: Wir fahren ins Landschulheim

Transportfragen: Vorklärungen, Planung

Vorbemerkung: Ihr könnt mit eurer Arbeit erst beginnen, wenn der Zielort festliegt. Allerdings könnt ihr vorher schon einiges klären.

1. Stellt zusammen, welche Verkehrsmittel notwendig werden bzw. in Frage kommen.
   Wenn der Zielort noch nicht festliegt, könnt ihr unterscheiden:
   nicht weit entfernte Orte

   _____

   mit öffentlichen Verkehrsmitteln leicht zu erreichende Orte

   _____

   etwas abgelegenere Orte

   _____

2. Überlegt, welche Konsequenzen sich aus der Benutzung der einzelnen Verkehrsmittel ergeben. (Beispiel: Weniger Gepäck, falls Fußmarsch notwendig wird ...)

   _____

3. Erfragt die „Kostengrenze" (Jeder Schüler fragt zu Hause nach, wie hoch die Transportkosten werden dürfen.) und geht die Transportmöglichkeiten durch. Welche Zielorte und/oder Transportmöglichkeiten scheiden aus? Welche wären vorzuziehen? (Die Bahnpreise könnt ihr am Bahnhof erfragen. Hinsichtlich der Buspreise solltet ihr euch mit einer groben Schätzung begnügen. Euer Lehrer oder eure Lehrerin kann euch vielleicht sagen, mit wie viel DM pro Kilometer ihr rechnen solltet. Genauere Preise werdet ihr erst später einholen.)

   _____

4. Stellt eure Ergebnisse übersichtlich zusammen und gebt sie an die Gruppe „Zielplanung" weiter.

   _____

5. Falls euer Zielort schon festliegt, werdet ihr einige der Aufgaben 1–4 entsprechend verändert bearbeiten. (Bestimmte Verkehrsmittel scheiden unter Umständen schon aus.) Versucht in jedem Fall die „Kostengrenze" zu erfassen und festzustellen, welches Verkehrsmittel euren Klassenkameraden am liebsten wäre. Bedenkt auch, welche Möglichkeiten und Einschränkungen sich jeweils ergeben. (Endgültige Entscheidungen solltet ihr noch zurückstellen, bis die Kostenfrage geklärt ist.)

   _____

   _____

3 Blatt 1

Projekt 2: Wir fahren ins Landschulheim

Transportfragen: Planung, Kosten

1. Wenn die Vorklärung abgeschlossen ist, müsst ihr, ehe ihr eine Entscheidung herbeiführen könnt, die Kostenfrage klären. Dabei geht es nicht nur darum, genauer zu sagen, was der Transport mit diesem oder jenem Verkehrsmittel kostet, sondern auch darum, die Vorzüge und Nachteile jeweils mit zu bedenken. Deshalb solltet ihr stets zusammenstellen:

Verkehrsmittel	Kosten	Besonderheiten	u. U.: Nebenkosten

2. Feststellung der zu erwartenden Kosten:
   a) Falls ihr öffentliche Verkehrsmittel (Bus, Bahn, Schiff) nutzen wollt, erkundigt euch bei den jeweiligen Fahrkartenausgabestellen nach den Preisen. Fragt auch nach Einschränkungen usw. (Gepäckbeschränkungen und ähnliches).
   b) Falls ihr einen Bus chartern wollt, schreibt einige Unternehmen an und bittet um Kostenvoranschläge. (Anschriften kann euch euer Klassenlehrer geben. Wie man einen Geschäftsbrief schreibt, könnt ihr auf dem entsprechenden Arbeitsblatt erfahren.)
   c) Wenn ihr andere Möglichkeiten nutzen wollt, solltet ihr auch da möglichst genaue Angaben über Kosten und Nebenkosten machen. Beispiel: Ihr wollt mit dem Fahrrad fahren, lasst euch aber von einem Vater im Kleinbus das Gepäck nachbringen. Da solltet ihr wenigstens die Benzinkosten erstatten und wenn der Vater das nicht möchte, ist ein kleines Geschenk fällig.

3. Führt eine endgültige Entscheidung in der Klasse herbei.

4. Bestellt das vorgesehene Verkehrsmittel (Fahrkarte, Platzreservierung ...) und lasst euch eure Bestellung sowie den vereinbarten Preis schriftlich bestätigen. (Aus rechtlichen Gründen sollte euer verantwortlicher Lehrer oder eure Lehrerin den Brief unterzeichnen.)

Projekt 2: Wir fahren ins Landschulheim

Geschäftsbriefe: Zweck und Form

Ihr müsst im Verlauf der Planung eures Projekts mit Betrieben, Firmen, Ämtern usw. schriftlich Kontakt aufnehmen. Das ist nicht immer ganz einfach. Hier könnt ihr lernen, wie man einen Geschäftsbrief anlegt, aufbaut und formuliert. Ihr könnt natürlich eure Eltern fragen, ob sie irgendwo noch ein solches Schreiben haben, und dies als Muster heranziehen. Wir gehen hier bei der Erläuterung von Einzelheiten von folgendem konkreten Fallbeispiel aus:
Stellt euch vor, ihr wollt bei dem Fremdenverkehrsamt einer Stadt anfragen, welche Sehenswürdigkeiten es in der Stadt und welche Wandermöglichkeiten es in der Umgebung der Stadt gibt. Das Amt hat ganz verschiedene Abteilungen (die ihr allerdings nicht im Einzelnen kennt) und recht viele Mitarbeiter, da es sich um eine Stadt handelt, die viel für den Fremdenverkehr tut.

Die äußere Form

1. Unabhängig vom Inhalt und Zweck eines Briefes gibt es bestimmte Dinge, die jeder Brief enthalten muss. Stellt zusammen, was mindestens vorhanden sein muss. Am besten, ihr geht von eurem konkreten Fallbeispiel aus: Stellt euch vor, euer Brief geht zur Post, der Umschlag wird irgendwie beschädigt und die Adresse ist nicht mehr lesbar. Der Brief soll aber doch zum richtigen Empfänger gelangen.

_____

Der Brief ist einige Zeit unterwegs. Von wann ist er eigentlich? Oder: Ihr habt schon mehrere Briefe geschrieben und wollt euch nun auf einen ganz bestimmten früheren Brief beziehen.

_____

Oder: Der Brief kommt beim Verkehrsamt an, dort wird er auf der Poststelle geöffnet, der Umschlag wird weggeworfen, der Brief wandert weiter, aber wohin? (Ihr kennt die Abteilungen nicht!)

_____

Und: Der Umschlag ist weg. Euer Brief soll aber beantwortet werden. Wohin soll die Antwort gehen?

_____

Oder: Ihr habt schon einen Brief geschrieben und eine Antwort erhalten. Nun wollt ihr noch etwas Genaueres wissen. Aber ihr wollt nicht mehr den ganzen Vorgang darstellen.

_____

_____

_____

Projekt 2: Wir fahren ins Landschulheim

Heute hat sich die folgende Anordnung der einzelnen Teile eingebürgert. Schaut euch alles genauer an und versucht Gründe für diese Anordnung zu finden.

Übrigens: „Betreff:" findet man heute nicht mehr. Allerdings: Es findet sich dann an der entsprechenden Stelle ein besonders hervorgehobenes Stichwort, aus dem hervorgeht, um was es sich in dem Brief handelt.

Klasse 7a des Gymnasiums im Thal
Langgasse 7
654321 Langenbach

Verkehrsamt der Stadt
Trier
Kreisel 7

123456 Trier

                                                        25. August 1995

Betreff:

Sehr geehrte(r) [*Empfänger(in)*],

Text des Briefes

Mit freundlichen Grüßen

[*Unterschrift*]

Anlage(n): [*Anzahl*]

Projekt 2: Wir fahren ins Landschulheim

Inhalt des Briefs

Wenn ihr etwas erreichen wollt, müsst ihr ganz genau sagen, um was es sich dabei handelt.
Ehe ihr beginnt mit dem Schreiben, solltet ihr euch Stichpunkte notieren.

1. Was ist der Anlass eures Schreibens? Vielleicht auch: Wer seid ihr?

___

2. Was habt ihr konkret vor?

___

3. Notiert alle Einzelheiten, die für euer Vorhaben wichtig sind oder werden können.
   Hinweis: Nicht alle Details sind wichtig und nicht alle Details sind für jeden Empfänger gleich wichtig. Beispiel: Wenn ihr Informationen über Wanderwege haben wollt, so ist es uninteressant, ob ihr 20 oder 30 Schüler seid. Wollt ihr aber nach Übernachtungsmöglichkeiten fragen, wird die Anzahl schon wichtig. Noch wichtiger wird es vielleicht, wenn es um Transportfragen geht.

___

___

___

4. Nennt, soweit das möglich ist, genauere Zeiträume und gebt Termine an.

___

5. Überprüft eure Stichpunkte auf Vollständigkeit. (Am besten, ihr versetzt euch in die Lage des Empfängers und versucht nur mit den Stichpunkten das Anliegen zu erledigen.)
   Ordnet eure Stichpunkte.

> *Vorschlag für die Anordnung:*
> 1. Beschreibung der Situation; Darstellung des allgemeinen Rahmens
> 2. Nennung des Wunsches (sollte so genau sein, dass Unklarheiten ausgeschlossen werden. Beispiel: Es muss klar sein, ob ihr einen Bus bestellen oder nur einen Kostenvoranschlag einholen wollt.)
> 3. Darstellung der wichtigen Details
> 4. (unter Umständen) Nennung eines Termins, bis zu dem ihr mit einer Antwortet rechnet
> 5. Grußformel
> 6. Wenn ihr eurem Schreiben weitere Schriftstücke (Vertrag, Liste ...) beilegen wollt, so solltet ihr das auf eurem Brief unter dem Stichwort „Anlagen" vermerken.

 Schreibt den Brief.
Hinweis: Wenn es sich um rechtsverbindliche Abmachungen handelt (Busbestellung ...), muss euer Lehrer oder eure Lehrerin euren Brief mit unterschreiben.

 Ehe ihr den Brief abschickt, solltet ihr euch eine Kopie anfertigen, damit ihr auch wisst, was genau ihr wann an wen geschrieben habt.

Projekt 2: Wir fahren ins Landschulheim

Recht und Ordnung: Genehmigungen

Wenn ihr ins Landschulheim fahren wollt, könnt ihr nicht einfach den nächsten Zug besteigen und losfahren. Da müssen vorher einige Genehmigungen, Zustimmungen usw. eingeholt werden. Allerdings: Die meisten Genehmigungen sind abhängig von bestimmten Vorschriften.

1. Bittet eure Lehrerin/euren Lehrer, sie oder er möge euch die einschlägigen Vorschriften (Schulordnungsteile, „Wandererlass" usw.) kopieren.

2. In der Zwischenzeit solltet ihr notieren, von wem ihr die Zustimmung zu einem Landschulheimaufenthalt braucht. Bedenkt dabei:
   – Wer ist grundsätzlich und immer für euch verantwortlich?
   – Wer ist im „Raum Schule" verantwortlich?
   – Wer wird vor Ort verantwortlich sein?

3. Überlegt zu jedem Einzelnen, welche Form der Zustimmung erforderlich ist.

4. Geht die Erlasse und Verordnungen durch und unterstreicht mit verschiedenen Farben:
   a) Wer darf wie lange ins Landschulheim? (Vorsicht! Es gibt auch noch andere Formen, etwa die „mehrtägige Wanderung" oder die „Studienfahrt"! Sucht die Form heraus, die euren Bedürfnissen und Erwartungen, genauer: eurem Vorhaben am nächsten kommt.)
   b) Wie lange darf die jeweilige Unternehmung dauern? Wie lange muss sie mindestens dauern?
   c) Was wird über mögliche bzw. verpflichtende „Inhalte" gesagt?
   d) Welche Zustimmungen und Genehmigungen sind gefordert? Wer genehmigt was?

   Fasst mit eigenen Worten das Wichtigste zusammen: Was ist ein Landschulheimaufenthalt? Was ist zu beachten? ...

   _____
   _____
   _____
   _____
   _____
   _____
   _____

Projekt 2: Wir fahren ins Landschulheim

Recht und Ordnung: Genehmigungen

1. Die Genehmigung eures Schulleiters oder eure Schulleiterin solltet ihr euch zwar schriftlich geben lassen, doch solltet ihr euer Anliegen vorher mündlich vortragen und verhandeln. Geht dabei so vor:
   a) Lasst euch auf dem Sekretariat einen Gesprächstermin geben.
   b) Bestimmt zwei Mitschüler, die die Verhandlung führen sollen.
   c) Legt die Verhandlungsstrategie fest:
      – Notiert, was in welcher Reihenfolge vorgetragen werden soll.

   _____

   _____

   _____

   _____

   – Überlegt, welche Gegenargumente der Schulleiter oder die Schulleiterin bringen könnte.

   _____

   _____

   _____

   – Überlegt euch positive Argumente. (Legt euch einen Stichwortzettel an.)
   – Spielt das Gespräch vor der Klasse durch. (Die Klasse kann korrigieren!)
   d) Führt das Gespräch. (Viel Erfolg!)

2. Auch im Landschulheim muss jemand da sein, der nach dem Rechten sieht. Ihr braucht einen oder sogar zwei Lehrer/-innen, die euch begleiten. Ihr solltet rechtzeitig fragen, wer bereit ist mitzufahren.

3. Schließlich braucht ihr auch noch das Einverständnis eurer Eltern. Damit nicht jeder Einzelne von euch die ganze Begründungsarbeit leisten muss, veranstaltet ihr am besten einen Elternabend, an dem ihr auch teilnehmt. Ihr könnt dann über alles informieren, was mit dem Landschulheim zusammenhängt.
   a) Entwerft ein Einladungsschreiben zu diesem Elternabend.
   b) Entwerft eine Tagesordnung, die die einzelnen Problembereiche festhält, die anzusprechen sind.
   c) Entwerft eine Einverständniserklärung, die eure Eltern unterschreiben können.

4. Wenn ihr keinen Elternabend veranstalten könnt oder wollt, so müsst ihr einen anderen Weg beschreiten:
   a) Entwerft ein Schreiben, in dem ihr euer Vorhaben darstellt. (Ihr solltet auch den finanziellen Rahmen abstecken.)
   b) Fügt einen Abschnitt an, auf dem das Einverständnis schriftlich erklärt wird.

Projekt 2: Wir fahren ins Landschulheim

Planung: Finanzierung

1. Ehe ihr Genaueres über Zielort, Unterkunft, Transport usw. sagen oder gar festlegen könnt, solltet ihr euch zunächst über den finanziellen Rahmen klar werden, innerhalb dessen ihr euch bewegen könnt. Wenn ihr rechtzeitig damit anfangt, könnt ihr natürlich selbst einiges an Taschengeld, Geschenken usw. ansparen. Die Hauptlast aber werden letztlich doch eure Eltern zu tragen haben. Erkundigt euch deshalb zunächst, wie viel eure Eltern auszugeben bereit sind. (Ihr solltet die Umfrage anonym gestalten, um niemanden in Verlegenheit zu bringen.)

2. Entsprechend den Vorgaben eurer Eltern könnt ihr nun überschlagen, wie viel an „Fixkosten" (Unterkunft und Verpflegung) nötig sind. Vorsicht, auch da gibt es gewaltige Unterschiede! Entsprechend solltet ihr dann die jeweiligen Gruppen informieren. Ihr selbst müsst in Erfahrung bringen, mit welchen Kosten für Unterkunft und Verpflegung zu rechnen ist.

3. Stellt nun für verschiedene Zielorte (falls dies noch zu entscheiden ist) und für verschiedene Unterkunftsmöglichkeiten, vielleicht auch für verschiedene Transportmöglichkeiten und verschiedene Möglichkeiten der Verpflegung die vorläufigen Kosten zusammen. Das folgende Muster kann euch helfen, den Überblick zu behalten.

Zielort 1

Unterkunft	Preis	Transport	Preis	Verpflegung	Preis
Hotel	270,-	Taxi	150,-	Hotel	350,-

günstig:

Projekt 2: Wir fahren ins Landschulheim

Planung: Unterkunft

1. Sammelt Ideen und stellt zusammen: Welche Unterkunftsmöglichkeiten seht ihr?
   Hinweis: Ihr solltet nicht von vornherein bestimmte Möglichkeiten wie z.B. Hotel ganz ausschließen. (Es gibt z.B. an manchen Orten recht günstige Jugendhotels!)

   _____

   _____

2. Haltet Rücksprache mit der Gruppe „Zielplanung" und versucht herauszufinden, welche der von euch notierten Möglichkeiten an den einzelnen Zielorten jeweils in Frage kommen. Wenn die Zielplanungsgruppe keine Auskunft geben kann, müsst ihr mit entsprechenden Institutionen Verbindung aufnehmen: Verkehrsamt der Stadt, Jugendherbergsverband, Alpenverein usw. Vielleicht kann euch eure Lehrerin/euer Lehrer noch den einen oder anderen Tipp geben. Schreibt die jeweiligen Institutionen an (Geschäftsbrief: Siehe Arbeitsblatt 4.2!) und erkundigt euch nach Unterbringungs- und Verpflegungsmöglichkeiten. Vergesst auch nicht nach den jeweiligen Kosten zu fragen!

3. Wenn ihr alle Antworten zusammenhabt, legt eine Übersicht an nach dem folgenden Muster und führt eure Ergebnisse mit den Ergebnissen der Zielplanungsgruppe zusammen.

Zielort	Unterkunft	Preis	Verpflegung	Preis

4. Wenn der Zielort feststeht, stellt genauer die sich dort bietenden Möglichkeiten dar und führt eine Entscheidung herbei. Achtet darauf, dass nicht nur nach dem Preis gefragt wird, sondern auch nach Lage, nach Möglichkeiten, in einer Gruppe zusammenzusitzen, sich sportlich zu betätigen usw.

5. Bestellt die Unterkunft verbindlich. (Geschäftsbrief: Siehe Arbeitsblatt 4.2)

Projekt 2: Wir fahren ins Landschulheim

Planung: Was tun? Schönes Wetter

Ehe ihr Genaueres planen könnt, müsst ihr einige Vorarbeiten erledigen.

1 Führt eine Umfrage durch und versucht in Erfahrung zu bringen:
   - was eure Klassenkameraden bei schönem Wetter im Freien gerne unternehmen würden;
   - welche Spiele im Freien bevorzugt werden (Mehrfachnennungen sollten möglich sein!);
   - welche sportlichen Betätigungen bevorzugt werden.
   Hinweis: Euer Fragebogen sollte nicht nur Vorschläge enthalten, die angekreuzt werden können, sondern auch Raum für weitere Vorschläge offen lassen.

2 Beschafft euch genauere Informationen über euren Zielort. (Geschäftsbrief: Siehe Arbeitsblatt 4.2)
   Es wäre sinnvoll, genauer nachzufragen nach
   - Möglichkeiten einer sportlichen Betätigung;
   - Sehenswürdigkeiten;
   - Möglichkeiten zur Besichtigung von Interessantem bzw. für den Zielort Typischem (Bergwerk, Glasbläserei …).

3 Beschafft euch Karten von der näheren Umgebung des Zielortes. (Der Maßstab sollte so sein, dass auch Wanderwege gut zu erkennen sind!) Vielleicht gibt es auch einen Wanderführer, in dem ihr Vorschläge für Tages- bzw. Halbtageswanderungen findet. Erkundigt euch.

Wenn ihr die Vorarbeiten hinter euch habt, könnt ihr euch daranmachen konkret zu planen.

Spiele …
1 Wertet euren Fragebogen aus und entwerft eine „Beliebtheitsrangliste" für
   - Spiele,
   - sportliche Betätigungen,
   - Besichtigungen,
   - weitere Vorschläge.

2 Die ersten vier (oder doch drei) Vorschläge der Rangliste solltet ihr nun genauer durchplanen. D. h.: Ihr sollt euch nicht nur auf den ersten oder die ersten beiden Möglichkeiten beschränken, sondern auch weitere Möglichkeiten vorsehen. Es könnte ja auch mehrere Tage schönes Wetter herrschen, da braucht ihr einiges in Reserve!

3 Legt nun Tabellen an, in denen ihr zusammenstellt,
   - was vorgesehen ist,
   - was jeweils gebraucht wird,
   - wer für die Vorbereitung und Durchführung verantwortlich ist,
   - wer gegebenenfalls Ausrichter und Schiedsrichter ist.

4 Ihr solltet für jedes Spiel auch eine Alternative vorsehen für diejenigen, die das Spiel überhaupt nicht ausstehen können.

5 Lasst eine Liste durch die Klasse gehen, in die sich eure Klassenkameraden bei den Spielen eintragen können, die sie spielen möchten.

6 Ihr solltet auch ein Spiel planen,
   - das über einen längeren Zeitraum geht;
   - an dem alle beteiligt sind;
   - das einen größeren Raum beansprucht.
   Am besten, ihr erfindet selbst ein entsprechendes Geländespiel. Dabei könnt ihr euch anlehnen an „Räuber und Gendarm", Rallye „Wer kennt den Zielort?"; Rallye „Durch Feld und Wald" usw.
   Bei der Planung eines solchen Spiels geht ihr am besten so vor:
   a) Einigt euch auf die Grundidee, die dem Spiel zugrunde liegen soll.
   b) Sammelt Gedanken und Ideen: Was könnte man alles machen? Wie könnte das alles gehen? Notiert euch alle Einfälle, auch die „verrückten"! Ausscheiden könnt ihr sie noch früh genug!
   c) Versucht zunächst einmal das Spiel in Gedanken durchzuspielen. Überprüft dabei, was von euren Ideen brauchbar ist, was nicht.
   d) Formuliert die Spielregel schriftlich und vervielfältigt sie für alle Teilnehmer.
   Hinweis: Ihr könnt ja beim nächsten Wandertag oder an einem freien Nachmittag probieren, ob euer Spiel „funktioniert". Notfalls könnt ihr dann die Regeln noch entsprechend verändern.

Projekt 2: Wir fahren ins Landschulheim

So formuliert man Spielregeln:

1. Man stellt den Grundgedanken des Spiels dar:
   Um was geht es bei dem Spiel? Wie kann man gewinnen?
2. Man nennt die Voraussetzungen des Spiels.
   a) Welche Spielfläche braucht man? Wie sollte das Gelände beschaffen sein?
   b) Wie viele Spieler braucht man? Wie werden sie aufgeteilt?
   c) Welche Gegenstände/welches Material braucht man?
   d) Welche konkreten Spielvorbereitungen müssen getroffen werden?
3. Man stellt den Ablauf des Spiels dar.
   a) Wie beginnt das Spiel?
   b) In welchen Schritten läuft das weitere Spiel ab? Wer tut was?
   Eingebaut werden an den entsprechenden Orten:
   – Regeln für einzelne Teilabschnitte;
   – Beispiele zur Verdeutlichung;
   – taktische Hinweise.
4. Ende des Spiels: Wer hat wann gewonnen?

Hinweis: Die taktischen Hinweise und Tipps kann man auch als eigenen Abschnitt herauslösen und getrennt darstellen.

Blatt 2

Wanderungen...

1 Nehmt euch die Wanderkarten vor und stellt zwei bis drei Halb- und Ganztageswanderungen zusammen.
a) Schaut im Wanderführer der Gegend nach, was dort vorgeschlagen wird.
b) Falls ihr keinen solchen Führer habt, lasst euch beraten. Erkundigt euch vor allem nach folgenden Punkten:
– Welches Gelände kommt für euch als ungeübte Wanderer in Frage?

_____

– Welche Entfernungen kann man ungeübten Wanderern in dem fraglichen Gelände zumuten?

_____

– Welche Wege können ohne besondere Kenntnisse benutzt werden?

_____

– Was muss besonders beachtet werden in der entsprechenden Gegend?

_____

2 Stellt fest, ob ihr ein (öffentliches) Verkehrsmittel benutzen müsst bzw. könnt, um zum Ausgangspunkt der Wanderungen oder vom Zielpunkt nach Hause zu kommen.
Im Gebirge kann man manche Strecken auch mit Sesselbahnen usw. überbrücken. Dazu müsst ihr feststellen, ob und wann die jeweilige Bahn in Betrieb ist.
Falls Kosten entstehen, informiert die Finanzierungsgruppe.

3 Stellt zusammen, welche Ausrüstung für die Wanderung(en) notwendig ist und was ihr darüber hinaus noch empfehlen würdet.

_____

_____

Unterbreitet der Klasse eure Vorschläge und lasst sie wenigstens einen auswählen.

Übrigens: Die nicht gewählten Vorschläge solltet ihr nicht ganz wegwerfen. Vielleicht ergibt sich ja vor Ort die Möglichkeit, eine zweite oder gar dritte Wanderung zu unternehmen.

Projekt 2: Wir fahren ins Landschulheim

Planung: Was tun? Schlechtes Wetter

Gewiss, es gibt kein schlechtes Wetter, es gibt nur unzweckmäßige Kleidung. Aber bestimmt habt ihr ziemlich bald genug vom Rumlaufen im Regen. Was dann?
Selbst wenn ihr nur schönes Wetter haben solltet: ihr könnt nicht immer und jeden Tag nur wandern, Fußball spielen usw. Irgendwann wird es auch einmal dunkel, was dann?

1 Erkundigt euch genauer nach den räumlichen Verhältnissen eurer Unterkunft. Stellt fest:
 a) Welche Spiel- und Sportmöglichkeiten gibt es?

 b) Gibt es einen Raum, den ihr als Gemeinschaftsraum und/oder als Gruppenraum nutzen könnt? Wie groß ist er? Kann man sich auch in kleineren Gruppen zusammensetzen?

2 Stellt zusammen, welche Möglichkeiten ihr habt.

3 Es gibt eine fast unüberschaubare Zahl von Spielen. Einige kennt ihr bestimmt, sei es „Mensch ärgere dich nicht" oder „Risiko". Manche dieser Spiele spielt ihr bestimmt gern. Aber: Nicht alle mögen alle Spiele gleich gern. Und: Das schönste Spiel bringt nichts, wenn man es nicht zur Verfügung hat oder wenn man die Spielregeln nicht kennt.
 a) Stellt zusammen, welche Spiele ihr kennt und wer von euch das jeweilige Spiel auch mitbringen könnte.
 b) Entwerft einen Fragebogen, um festzustellen, welche Spiele eure Klassenkameraden spielen möchten und welche Spiele zur Verfügung gestellt werden können.
 c) Wertet eure Fragebogen aus und stellt zusammen: Welches sind die beliebtesten Spiele? (10 bis 15 könnten das schon sein!)
 d) Haltet fest, wer für die einzelnen Spiele verantwortlich ist. (Bei besonders beliebten Spielen können ruhig mehrere Exemplare mitgenommen werden.)

4 Manche Spiele sind ein bisschen kompliziert, manche sind so neu, dass sie nicht jeder kennt. Manche Spiele werden auch nach verschiedenen Spielregeln gespielt. Das könnte Streit geben. Deshalb: Schreibt Spielanleitungen zu den von euch ausgewählten Spielen. Ihr könnt natürlich auch die Originalanleitungen heranziehen. Aber ihr solltet sie nicht einfach abschreiben, sondern so umformulieren und zusammenfassen, dass ihr und eure Klassenkameraden sie schnell verstehen.

Hinweise zum Formulieren von Spielregeln findet ihr auf dem Arbeitsblatt 7.2.

5 Versucht auch ein Spiel zu finden (oder noch besser: zu erfinden), an dem die ganze Klasse beteiligt ist. (Es sollte allerdings doch etwas komplizierter sein als „Dreht euch nicht um, der Fuchs geht um" oder „Die Reise nach Jerusalem".)

Projekt 2: Wir fahren ins Landschulheim

Planung: Was tun? Etwas gemeinsam auf die Beine stellen

Einen „Bunten Abend" planen und durchführen

Es gibt verschiedene Möglichkeiten, einen Bunten Abend zu gestalten. Der folgende Vorschlag ist sicher etwas einseitig (vielleicht bestreitet ihr so nur einen Teil des geplanten Abends?!), er macht auch einige Arbeit, aber er bietet auch viel Unterhaltung und Spannung und gibt allen Gelegenheit, sich zu beteiligen.

Der Grundgedanke: Wir erzählen uns Geschichten.

1. Erklärt schon einige Zeit vor Fahrtantritt euren Klassenkameraden das Vorhaben und erläutert vor allem:
   - Es geht darum, dass jeder aus der Klasse eine spannende Geschichte auswählt oder auch selbst verfasst.
   - Diese Geschichte sollten möglichst wenige vorher kennen.
   - Jeder teilt der Organisationsgruppe seinen Titel mit.
   - Jeder bereitet seine Geschichte vor. Er kann wählen zwischen freiem Erzählen und Vorlesen.

2. Legt eine Liste an, auf der ihr die Namen und die Titel notiert. Legt die Reihenfolge für den geplanten Abend fest. Achtet darauf,
   - dass es keine Überschneidungen gibt;
   - dass keine Geschichten ausgewählt werden, die jeder kennt.

3. Am Abend selbst seid ihr dann verantwortlich für den reibungslosen Ablauf. Vielleicht übernimmt auch einer von euch die Leitung und stellt die Verbindung zwischen den einzelnen Teilen des Abends her.

4. Es macht sich besonders gut, wenn ihr für denjenigen, der am besten unterhalten hat, einen kleinen Preis aussetzt. Dann sollte aber die ganze Klasse als Jury aktiv werden. Um aber Willkür zu vermeiden, müsst ihr ein Bewertungsschema entwerfen, an das sich alle halten müssen. Entwickelt einen solchen Bewertungsbogen.
   a) Stellt zusammen, was alles zu einem interessanten, spannenden, fesselnden Vortrag gehört.
   b) Überlegt: Die von euch gesammelten Gesichtspunkte spielen wohl alle eine Rolle, aber einige sind doch wichtiger als die anderen. Welche würdet ihr nun als besonders wichtig ansehen? (Hier könntet ihr z.B. bis zu 10 Bewertungspunkte vorsehen!) Welche sind weniger wichtig? (Hier könnten 5–7 Punkte vorgesehen werden.) Welche Punkte sind relativ unbedeutend? (Hier könnte es vielleicht drei Punkte geben.)
   c) Stellt einen Gesamtbogen zusammen. Dieser Bogen sollte vorsehen:

Name und Titel	Gesichtspunkt 1	Gesichtspunkt 2	Gesichtspunkt 3	Gesamtpunkte:

Am Abend selbst bewertet jeder Schüler (außer dem gerade Betroffenen) mithilfe dieses Bogens die einzelnen Vorträge. Ihr braucht dann nur noch die Punkte zusammenzuzählen und schon habt ihr die Rangfolge der Besten.

Noch einmal: **einen Bunten Abend planen**

Zugegeben: Der erste Vorschlag verspricht zwar einen spannenden, unterhaltsamen Abend, aber unter einem richtigen „Bunten Abend" versteht man wohl doch etwas Anderes.

Notiert in Stichpunkten, was eurer Meinung nach alles zu einem „Bunten Abend" gehört oder gehören könnte. Hinweis: Ihr könnt natürlich auch die Meinung eurer Klassenkameraden in Erfahrung bringen und berücksichtigen.

Geht die Liste eurer möglichen Vorschläge durch und überprüft, welche Vorschläge realisierbar sind mit den Mitteln, die euch zur Verfügung stehen.

Projekt 2: Wir fahren ins Landschulheim

3 ✏ Sortiert die Vorschläge nach folgenden Gesichtspunkten (ihr könnt auch andere wählen oder ergänzen!):

– Musikalisches _____

_____

– Spiele und Wettbewerbe _____

_____

– Rollenspiele _____

_____

– … _____

4 Für die weitere Vorbereitung empfehlen wir euch folgendes Vorgehen:
   a) Arbeitet die einzelnen Blöcke aus. Stellt zusammen, was da alles möglich ist …
   b) Legt das Gesamtprogramm für den Abend fest, indem ihr aus den Blöcken auswählt und zwischen den Blöcken abwechselt.

   A *Programmblock Musik*
      Dieser Block stellt natürlich keine Einheit dar, sondern liefert einzelne Teile, die zwischen den übrigen Programmteilen eingeschoben werden.
      a) Am einfachsten wäre es, ihr stellt einen entsprechenden Kassettenrekorder bereit und besorgt euch einige Titel, die ihr dann abspielen könnt. Aber besonders einfallsreich wäre das wohl nicht.
      b) Wie wäre es denn mit Selbermachen?
      – Hört euch in eurer Klasse um: Wer spielt welches Instrument? Welche dieser Instrumente könnten mitgenommen werden?
      – Überlegt: Welche Lieder (warum nicht auch Schlager?) würdet ihr selber gern singen? Stellt eine entsprechende Liste zusammen. Übrigens: Oft scheitert das Singen daran, dass zu wenige den Text können. Also: Besorgt euch die Texte der Lieder, die ihr vorgesehen habt, und stellt Kopien für alle her.
      c) Manche von euch können vielleicht den einen oder anderen der „Großen" ganz gut imitieren. Vielleicht können sie noch nicht sein Singen nachmachen, wohl aber seine Bewegungen? Also: Wie wär's denn mit Play back?
      Stellt nun den Programmteil „Musik" zusammen.

   Programmblock: Rollenspiele
   1 Eine recht reizvolle Möglichkeit könntet ihr einmal probieren:
      a) Besorgt euch die Tonaufnahme (Schallplatte, Filmmitschnitt …) eines Stückes (auch berühmte Filmszenen machen sich gut!).
      b) Versucht mal ein Play back. Also: Ihr liefert das Bild und die Bewegung, der Ton kommt von der Konserve.
      (So werden Klassiker von „Sesamstraße" bis „12.00 Uhr mittags" einen völlig neuen Eindruck machen!)
   2 Sehr beliebt als Rollenspiele ohne allzu viel Vorbereitung sind Sketsche.
      Schaut nach, was man unter einem Sketsch versteht.
   3 Sketsche sind zwar oft improvisiert, aber da muss man schon ein geübter Schauspieler sein. Für euch wäre es besser, ihr würdet einiges vorbereiten und einüben.
   4 Bei der Vorbereitung könnt ihr so vorgehen:
      a) Sammelt geeignete (spielbare) Witze. „Geeignet" bedeutet:
      – Die Witze sollten eine knappe Ausgangslage haben;
      – sie sollten eine kleine Handlung mit mindestens zwei Beteiligten haben;
      – sie sollten auf einen „Gag" zugespitzt sein.
      b) Verteilt die einzelnen Witze unter euch und schreibt zu jedem eine kleine Szene.
      Hinweis: Ihr solltet die Dialoge ausarbeiten. Beim Spielen müsst ihr euch dann nicht ganz streng an die schriftliche Form halten.
      Wenn euch das Ausarbeiten zu viel Mühe macht, könnt ihr euch in den Bibliotheken (oder beim Buchhändler) mal umsehen. Es gibt eine Vielzahl von Büchern mit spielbaren Witzen und Sketschen. Wählt geeignete Sketsche aus und übt sie ein.
   5 Legt fest, wer bei welchem Sketsch mitspielen soll, und probt die Spiele.

Projekt 2: Wir fahren ins Landschulheim

C *Programmblock: Spiele*
Natürlich gehören auch Spiele zu einem Bunten Abend. Allerdings sind nicht alle Spiele geeignet. Wenn ihr Spiele zusammenstellt oder auch selbst erfinden wollt, so achtet darauf,
a) dass die Spiele im Raum, in dem der Abend stattfindet, gespielt werden;
b) dass alle mitspielen oder wenigstens zuschauen können (keine Würfel- und Kartenspiele!).

1 Stellt nun die Möglichkeiten zusammen, die euch gerade einfallen.

2 Fragt auch bei euren Klassenkameraden nach.

3 Wählt ein Spiel aus und überlegt, was ihr alles brauchen werdet.

4 Eine besondere Form des Spiels stellt das Quiz dar. Notiert: Was gehört alles zu einem Quiz? (Ihr könnt auch im Lexikon nachschauen!)

5 Entwerft ein Quiz, das mehrere Stufen vorsieht. (Ausscheidungen ...)
a) Einigt euch zunächst auf einen thematischen Rahmen (ein Feld-Wald-Wiesen-Quiz kann nur oberflächlich sein).

_____

b) Ihr könnt auch einige Sachgebiete festlegen und später den Kandidaten die Auswahl unter den Sachgebieten lassen.

_____

_____

_____

_____

c) Bildet Untergruppen und entwerft Fragen zu den einzelnen Gebieten. Achtet darauf, dass ihr die Antworten auch belegt (Lexikon ...), sonst gibt's später Streit!
d) Stellt das gesamte Quiz zusammen und verwahrt es gut.

Es ist klar, dass ihr selbst euch am Bunten Abend nicht am Quiz als Kandidaten beteiligen könnt!

Legt fest, wer am Bunten Abend welchen Teil eures Quiz leiten wird.

Blatt 6

Projekt 2: Wir fahren ins Landschulheim

Lebenswichtiges: Verpflegung

Dieses Arbeitsblatt gilt nur, falls ihr euch selbst verpflegt. Ist dies nicht der Fall, solltet ihr nach Erledigung der ersten beiden Aufgaben zum zweiten Arbeitsblatt weitergehen.

1. Erkundigt euch am Zielort nach den konkreten Gegebenheiten.
   – Ist ein Tischdienst erforderlich?
   – Ist ein Küchendienst erforderlich?
   Ist beides der Fall, so erstellt einen genauen Plan und legt fest, wer wann was zu tun hat. Denkt daran, dass ihr für morgens, mittags und abends entsprechende Dienste benötigt. Vorschlag: Macht zunächst einen offenen Plan, in den sich jeder eintragen kann. Die Lücken füllt ihr dann mit denjenigen auf, die sich zu selten eingetragen haben.

2. Auch wenn ihr am Zielort verpflegt werdet, solltet ihr vielleicht doch einen Grillabend planen. Geht dabei folgendermaßen vor:
   a) Erkundigt euch nach den Möglichkeiten, am Zielort zu grillen. (Das muss nicht direkt am Haus sein. Es gibt in vielen Orten die Möglichkeit, am Ortsrand einen Grillplatz zu benutzen. Allerdings: Oft muss man vorher eine entsprechende Genehmigung einholen. Fragt bei eurer Unterkunft nach solchen Möglichkeiten und bucht gegebenenfalls einen solchen Platz).
   b) Erkundigt euch bei euren Klassenkameraden,
      – was sie gern grillen würden und
      – was sie für das Grillen auszugeben bereit sind.
   c) Stellt zusammen, was ihr für den Grillabend alles braucht (Feuer, Essen, Trinken …).
   d) Legt fest, wer für den Grillabend verantwortlich sein soll und das Notwendige dann auch beschafft.

3. Stellt mittels einer Umfrage in eurer Klasse fest, wer was kochen kann oder bereit ist, etwas zu kochen zu lernen.

4. Erstellt eine entsprechende „Menü-Auswahlliste" und startet eine Umfrage in der Klasse:
   a) Stellt fest, was am liebsten gegessen wird.
   b) Lasst auch ankreuzen, was auf keinen Fall gegessen wird.
   (Hinweis: Macht eure Klassenkameraden darauf aufmerksam, dass sie auch an den Preis denken sollten.)

5. Entwerft nun einen Plan für die Mittagessen.
   a) Notiert die einzelnen Gerichte. Haltet fest, wer was kochen kann.
   b) Verfasst für die einzelnen Gerichte Kochrezepte.
   c) Probiert die einzelnen Gerichte zu Hause (vielleicht mithilfe der Eltern) aus und überprüft die Mengenangaben!

   So schreibt man ein Kochrezept:

   > 1. Man sagt, um welche Speise es sich handelt und für wie viele Personen die Mengenangaben gelten.
   > 2. Man nennt die Zutaten und die jeweilige Menge, die benötigt wird.
   > 3. Man erläutert, welche Vorbereitungen getroffen werden müssen.
   > 4. Man stellt die Zubereitung dar in der zeitlichen Reihenfolge, in der die einzelnen Schritte vollzogen werden. Achtung: Wenn einiges gleichzeitig abläuft, muss man das genau darstellen! (Beispiel: Während die Kartoffeln kochen, bereitet man die Soße zu, indem man …)
   > 5. Man gibt Hinweise auf mögliche Schwierigkeiten. Man kann auch Tipps geben, wie etwa „Fehler" (z. B: zu stark gewürzt) korrigiert werden können.
   > 6. Zum Schluss kann man noch einige Hinweise auf Beilagen, Serviervorschläge usw. geben.
   >
   > Sprachform:
   > Bei Kochrezepten handelt es sich um Anleitungen. Der Benutzer wird zu Handlungen aufgefordert. Die Verbformen bringen diese Aufforderungen zum Ausdruck. (Welche Formen man benutzen kann, habt ihr im Zusammenhang mit Bastelanleitungen schon gelernt. Seht dort nach!)

Projekt 2: Wir fahren ins Landschulheim

6 Errechnet, wie viel Geld ihr für die einzelnen Essen und dann für alles zusammen brauchen werdet.

7 Auch fürs Frühstück und fürs Abendessen müsst ihr planen. Also:
   a) Stellt fest, wer was zum Frühstück wünscht. (Auch hier sollte auf Sonderwünsche verzichtet werden.)
   b) Erstellt einen Frühstücksplan. Errechnet, was ihr pro Tag fürs Frühstück braucht. (Denkt auch an Milch, Kakao und Tee!)

8 Errechnet, wie viel Geld ihr für das Frühstück braucht.

9 Nun solltet ihr auch noch an das Abendessen denken. Ihr könnt euch da ruhig auf Brot, Wurst und Käse beschränken (zumal ihr ja einen Grillabend vorgesehen habt!). Also: Was werdet ihr brauchen? Und: Was wird das kosten?

10 Stellt nun einen Gesamtspeiseplan zusammen.
    a) Erstellt den Menüplan.
    b) Rechnet aus, was ihr alles an Zutaten braucht.
    c) Stellt die Gesamtkosten zusammen und gebt sie an die Finanzierungsgruppe weiter.

11 Ihr werdet einiges von dem, was ihr braucht, schon zu Hause beschaffen. Bittet eure Eltern, dass diejenigen, die es sich zeitlich leisten können, euch beim Großeinkauf begleiten und vielleicht auch etwas unterstützen. Achtet aber darauf, dass ihr euch an euren Einkaufsplan haltet, sonst kommt ihr mit eurer Preiskalkulation gewaltig durcheinander.

Projekt 2: Wir fahren ins Landschulheim

Lebenswichtiges: Packlisten

Oft kommt es vor, dass Leute verreisen, am Zielort ihre Koffer öffnen und dann feststellen: Das Wichtigste haben sie gar nicht eingepackt.
Wir wollen das dadurch vermeiden, dass wir eine Packliste erstellen, die als Abhakliste beim Kofferpacken benutzt werden soll.

1. Sammelt zunächst einmal unsortiert Stichpunkte: Was muss alles auf die Packliste?

   _____

   _____

2. Hört euch bei den übrigen Arbeitsgruppen um und stellt fest, was sie jeweils für ihre Planungen an Gegenständen benötigen.

   _____

   _____

3. Sortiert die gesammelten Stichpunkte nach übergeordneten Gesichtspunkten. Achtet darauf, dass die übergeordneten Gesichtspunkte nicht zu allgemein werden. (Beispiel: „Kleidung" wäre zu allgemein. „Hosen" wäre zu konkret).
   Übergeordnete Gesichtspunkte:

   _____

   _____

4. Legt nun eine Gesamtpackliste an. Unterscheidet zwischen den Dingen, die jeder mitnehmen muss, und denen, die nur Einzelne nicht vergessen dürfen.

   Übrigens: Auch Bücher (es müssen ja nicht gleich Schulbücher sein!) kann man mitnehmen!

5. Wichtige Utensilien, die für alle gebraucht werden, solltet ihr selbst besorgen und bereitstellen, so z.B. einen Verbandskoffer. Legt fest, wer wofür verantwortlich ist!

6. Ihr könntet auch einen Erste-Hilfe-Kurs organisieren:
   – Stellt fest, wer wann Zeit hat.
   – Nehmt Verbindung mit dem Roten Kreuz oder einer anderen Organisation auf.
   – Informiert die Eltern und die Schulleitung.

Projekt 2: Wir fahren ins Landschulheim

Planung: Was tun? Neues erfahren

1. Besorgt euch Informationen über Sehenswürdigkeiten, Besichtigenswertes usw. eures Zielortes. (Geschäftsbrief: Siehe Arbeitsblatt 4.2)
   Überlegt vorher:
   a) Was könnte am Zielort alles sehenswert sein?
   b) Gibt es Dinge, die euch besonders interessieren? Fragt auch bei euren Klassenkameraden nach!
   c) Wen könnte man um Auskunft bitten? Wie könnte man an ausführlichere Informationen kommen?

2. Ihr könnt euch auch mit den Leuten in Verbindung setzen, die die Planung für schönes Wetter durchführen. Stellt genauer fest:
   a) Was gibt es für Sehenswürdigkeiten im engeren Sinn? (Baudenkmäler …)

   b) Was gibt es an Typischem für den Zielort? (Handwerk, Industrie, Erinnerungen an Geschichtliches …)

   c) Welche Museen gibt es? (Heimatmuseum, historisches Museum, Technik-Museum …)

   d) Was hat die Natur an Besonderem zu bieten? (Lehrpfade, Reservate, Wildpark …)

3. Entscheidet euch für besonders interessante Dinge. (Eine allgemeine Stadtführung ist vielleicht nicht ganz so interessant wie der Besuch in einem Technik-Museum.) Es versteht sich von selbst, dass ihr eure Klassenkameraden an der Entscheidung beteiligt!

4. Nehmt Verbindung mit den entsprechenden Institutionen auf (Geschäftsbrief!) und erkundigt euch nach den genaueren Bedingungen. (Besichtigungszeiten/Termine; Eintrittspreis, Führung …)

5. Legt Termine fest und meldet eure Gruppe verbindlich an. (Bittet auch um eine Bestätigung!)
   Da vermutlich auch Kosten entstehen, setzt die Finanzierungsgruppe davon in Kenntnis.

Projekt 2: Wir fahren ins Landschulheim

Recht und Ordnung: Regelungen vor Ort

Wenn ihr ins Landschulheim fahrt, fahrt ihr zwar von der Schule weg und macht euch ein wenig frei von Stundenplan und Pausenklingel, aber aus der Schulordnung werdet ihr dabei nicht entlassen.

1. Überlegt: Welche Konsequenzen ergeben sich daraus für euer Verhalten?

2. Für den Fall Landschulheim, Studienfahrt usw. gibt es in allen Bundesländern zwar verschiedene, aber doch klare Regelungen, an die ihr euch halten müsst. Dazu müsst ihr sie aber erst einmal kennen lernen. Besorgt euch die einschlägigen Erlasse, Verordnungen und Regelungen.
   a) Arbeitet die Texte durch und schreibt heraus, was alles über das Verhalten der Schüler im Landschulheim gesagt wird.
   b) Versucht herauszubekommen, was es mit der Aufsichtspflicht des Lehrers auf sich hat. Ihr könnt dabei verschiedene Wege gehen:
   – Bittet den Schulleiter oder die Schulleiterin um einen Termin und stellt ihm/ihr entsprechende Fragen.
   – Besorgt euch die entsprechenden Ordnungen und Erlasse (vielleicht auch eine Beispielsammlung ...).
   – Vielleicht ist unter euren Eltern ein Jurist bzw. eine Juristin. Wenn sie bzw. er bereit ist, zu euch zu kommen und euch Rede und Antwort zu stehen, müsst ihr nur noch entsprechende Fragen (und vielleicht auch: Beispielfälle) vorbereiten.

3. Ihr habt festgestellt, dass in den schriftlich vorliegenden Verordnungen schon manches geregelt ist. Allerdings: In den meisten Fällen werden nur Rahmen abgesteckt, weil man davon ausgeht, dass vieles selbstverständlich ist. Das aber ist es dann wohl doch nicht immer. Überlegt: Was sollte genauer festgelegt werden, um zusätzlichen Ärger zu vermeiden?

4. Entwerft nun „Allgemeine Regeln zum Verhalten im Landschulheim".
   Hinweis: Diese Übersicht soll nicht gleich ganz vollständig und der Reihe nach entworfen werden. Ihr werdet einiges an weiteren Überlegungen anstellen, ehe ihr Detailregelungen einfügen könnt. Ihr werdet also im Folgenden immer wieder Ergänzungen einfügen müssen.

10
Blatt 1

Ihr könnt euch beim Formulieren an folgende Faustregeln halten:

> 1. Legt so wenig wie möglich fest, um möglichst viel Raum für Freiheit und Verantwortung offen zu lassen.
> 2. Legt so viele Einzelheiten wie nötig fest, damit sich möglichst alle wohl fühlen und so wenig wie möglich gestört oder belästigt werden.
> 3. Bei strittigen Fällen sollte das Interesse der Gemeinschaft wichtiger als Einzelinteressen sein.

Wenn man Regeln formuliert, geht man am besten so vor:

> 1. Man nennt den Rahmen, innerhalb dessen die Regel gilt.
> 2. Man nennt die betroffenen Verhaltensweisen und sagt, was in den einzelnen Fällen jeweils zu tun oder zu unterlassen ist.
> 3. Unter Umständen sagt man auch, was geschieht, wenn die Regel nicht eingehalten wird (Strafe ...).
>
> Hinweise zur Formulierung:
> 1. Verwendete Begriffe müssen eindeutig sein. (Notfalls muss man genau sagen, was man meint.)
> 2. Regeln und Vorschriften haben Aufforderungscharakter. In Ordnungen aber muss der Aufforderungscharakter nicht unbedingt durch Imperative ausgedrückt werden. Häufiger verwendet man
>   – Indikativ (Beispiel: Die Bettruhe beginnt um 22.00 Uhr.)
>   – Form des „Gemacht-werden-müssens" (Gerundiv) (Beispiel: Es ist darauf zu achten, dass ...)
>   – Passiv (Beispiel: Die Flure werden nach jedem Essen gereinigt ...)

Projekt 2: Wir fahren ins Landschulheim

5 Ihr habt schon festgestellt, dass die Schulordnung auch im Landschulheim gilt. Ihr werdet also selbst dann, wenn Freizeit angesagt ist, euch nicht einfach von der Gesamtgruppe entfernen und bummeln oder spazieren gehen dürfen. Andererseits aber kann man nicht alles im Klassenverband unternehmen. Es hat sich als gute Möglichkeit herausgestellt, für solche Fälle Gruppen von vier bis fünf Mitgliedern zu bilden, die sich dann nach Abmeldung zusammen entfernen dürfen. (Sie müssen allerdings auch zusammenbleiben!) Euer Lehrer/eure Lehrerin aber darf euch nicht ohne weiteres in solchen kleinen Gruppen weglassen. Dafür ist die Genehmigung eurer Eltern nötig.
Entwerft einen Brief an eure Eltern, in dem ihr
– die Sachlage darstellt;
– euren Wunsch mitteilt;
– eine für die Eltern einsichtige Begründung liefert.

Seht auch einen Abschnitt vor, auf dem eure Eltern ihr Einverständnis erklären oder es verweigern können.

6 Euer Regelwerk muss um den Teil „Sich entfernen von der Gesamtgruppe" ergänzt werden.

7 Ihr habt bestimmt schon einige einschlägige Wandertagserfahrungen. Stellt zusammen, welche Probleme da aufgetaucht sind.

_____

_____

_____

_____

Überlegt auch, welche weiteren Probleme noch auftauchen könnten. (Das kann von falscher Kleidung bis zum Herumtrödeln reichen!)

_____

_____

_____

8 Ergänzt euer Regelwerk um den Punkt „Verhalten bei Wanderungen".

9 Der Inhalt der folgenden Überlegungen ist davon abhängig, wo ihr untergebracht sein werdet, ob ihr also in einer Jugendherberge, einer Skihütte … wohnen werdet.
   a) Erkundigt euch, ob es in eurer Unterkunft eine genauere Hausordnung gibt. Wenn ja, dann besorgt euch diese, wenn nein: Überlegt: Was sollte alles festgelegt werden? Was sollte eingeschränkt oder verboten werden? Was könnte freigestellt bleiben?
   b) Unterscheidet: – Welche Räume sind jeweils betroffen?
                    – Welche Bereiche (Spielen, Essen …) sind betroffen?
   c) Formuliert Regelsätze, die das Verhalten im Haus festlegen.

10 Ergänzt euer Regelwerk um den Punkt „Verhalten im Haus". (Wenn es eine Hausordnung gibt, solltet ihr die wichtigsten Punkte dieser Hausordnung übernehmen.)

11 Legt euren Gesamtentwurf der Klasse vor und diskutiert ihn Punkt für Punkt.

12 Erstellt eine endgültige Fassung, die jeder schriftlich erhält.

Projekt 3:

Wir verfassen eine Festschrift

Projekt 3: Wir verfassen eine Festschrift

Festschrift: Vorüberlegungen

1. Wisst ihr, was eine „Festschrift" ist? Notiert, was ihr schon wisst und was ihr vermutet. Ihr könnt euch auch bei euren Eltern erkundigen. Vielleicht können sie euch weiterhelfen.

   _____
   _____
   _____

2. Könnt ihr euch vorstellen, zu welchen Anlässen eine solche Schrift herausgebracht werden könnte?

   _____
   _____

3. Besprecht in eurer Klasse eure Notizen.

4. Ihr wisst nun so ungefähr, was eine Festschrift ist. Sammelt Beispiele für solche Schriften. Ihr könnt dafür wiederum bei euren Eltern und Bekannten nachfragen. Aber auch in Bibliotheken und (Vereins-)Archiven könnt ihr fündig werden. Gab es in eurer Schule in letzter Zeit ein Jubiläum mit Festschrift? Besorgt euch auch diese.

5. Überlegt zusammen: Welche Anlässe in eurer Umgebung (Schule, Verein, Dorf/Stadt ...) könnten in nächster Zeit eine Festschrift möglich/notwendig werden lassen? Denkt daran: Es muss nicht gleich ein 100-jähriges Schuljubiläum sein. Zehn Jahre Ruder-AG sind doch auch schon etwas, das man feiern könnte, oder?

   _____
   _____
   _____
   _____

6. Welcher dieser Anlässe würde euch besonders reizen? Warum?

7. Überlegt schon einmal: Was könnte man dann in einer Festschrift alles bringen?

8. Ihr habt inzwischen bestimmt schon einige Festschriften gesammelt. Geht sie durch und stellt fest, welche Arten von Texten zu finden sind. Notiert:

Art	Thema	Besonderheiten
Bericht	Geschichte des Orchesters	Quellen verschiedenster Art

Blatt 1

Projekt 3: Wir verfassen eine Festschrift

9 Entscheidet euch für einen Anlass und legt fest, welche Textarten für euch vorläufig in Frage kommen.
(Wir greifen hier, wenn es um Beispiele geht, immer wieder auf eine Festschrift zurück, die Schüler anlässlich des 10-jährigen Jubiläums ihres Schülerblasorchesters verfasst haben.)

10 Wir werden auf den folgenden Arbeitsblättern vermutlich nicht für alle Textarten, die ihr zusammengestellt habt, Vorschläge machen. Da bleibt euch nur ein Weg: Ihr müsst euch eure „Arbeitsblätter" selbst machen. So schwierig ist das aber nicht. Am besten geht ihr so vor:

a) Bearbeitet die „Mustertexte" und stellt fest:
   – Nach welchen Gesichtspunkten sind sie gegliedert?
   – Wie wird die in Frage stehende Sache (das Thema, Problem usw.) behandelt? (z.B.: ironisch – satirisch, sachlich, mit persönlichem Engagement ...)
   – Worauf stützt sich der Textautor? (Quellen, eigenes Erleben ...)
b) Stellt zusammen: Was ist das Besondere der Textart? (Ihr braucht jetzt nur das unter a) Erarbeitete etwas allgemeiner zu fassen.)
c) Übertragt diese Gesichtspunkte auf euren konkreten Fall und betrachtet sie als Schreibanweisungen. (Beispiel: Ihr habt festgestellt: Im Vorlagentext zeigt sich der Schreiber sehr engagiert. Daraus ergibt sich dann die Schreibanweisung: Du kannst bei deiner Darstellung ruhig zu erkennen geben, dass du nicht unbeteiligt außen stehst, sondern persönlich beteiligt bist.)
d) Schaut ruhig auch in die übrigen Arbeitsblätter, vielleicht findet ihr dort ähnliche Textarten und könnt einiges übernehmen.
e) Verfasst euren Text und vergleicht ihn mit der Vorlage. (Natürlich solltet ihr nicht einfach abschreiben. Aber einiges kann schon ähnlich sein.)

1 Blatt 2

Projekt 3: Wir verfassen eine Festschrift

Festschrift: Arbeitsorganisation

1. Bildet Gruppen von vier bis fünf Mitgliedern und entscheidet euch für bestimmte Textarten. Ihr könnt euch unter Umständen auch für bestimmte Themen zusammentun oder ihr versucht eine Mischung aus beidem. Beispiele:

   1. Möglichkeit: Gruppe 1: Berichte

   Gruppe 2: Interviews

   Gruppe 3: Kommentare, Glossen

   Gruppe 4: Dokumentationen

   Gruppe 5: _____

   2. Möglichkeit: Gruppe 1: Geschichte

   Gruppe 2: Beteiligte

   Gruppe 3: Erfolge, Höhepunkte ...

   Gruppe 4: Zukunftsperspektiven ...

   Gruppe 5: _____

   Hinweis: Ganz gleich, für welche Möglichkeit ihr euch entscheidet, es wird immer Überschneidungen und Grenzstreitigkeiten geben. Um solche unnötigen Streitereien zu vermeiden, solltet ihr frühzeitig eine Redaktionsgruppe gründen, in die jede Arbeitsgruppe einen Vertreter entsendet. Vorläufig koordiniert diese Gruppe die Arbeit. Später wird sie noch einiges mehr zu tun bekommen.

2. Setzt euch jetzt in euren Arbeitsgruppen zusammen und besprecht eure Arbeitsvorhaben. Die folgenden Arbeitsblätter gehen von der ersten Möglichkeit (Textarten) aus. Wenn ihr eine andere Organisationsform gewählt habt, müsst ihr eure Arbeit selbständig organisieren. Die Arbeitsblätter können dann nur noch sachliche Hilfestellungen geben. In einzelnen Fällen werdet ihr vermutlich keine konkrete Hilfe finden. Da solltet ihr euren Lehrer zu Rate ziehen.

Projekt 3: Wir verfassen eine Festschrift

Interview: Vorklärungen

1. Ihr habt bestimmt schon das eine oder andere Interview gelesen bzw. gehört. Es wäre gut, wenn ihr einige Beispiele aus Zeitungen und Illustrierten heranziehen könntet, um die folgenden Aufgaben zu erledigen.

   a) Um was geht es in einem Interview?

   _____
   _____
   _____

   b) Wer ist am Interview beteiligt? Warum ist der Interviewte gerade für dieses Interview der geeignete Partner?

   _____
   _____
   _____

   c) Welche Form hat ein Interview?

   _____
   _____
   _____
   _____

> In der Publizistik unterscheidet man verschiedene Formen von Interviews. Je nach Zweck, der mit einem Interview verfolgt wird, unterscheidet man:
>
> 1. Klärung eines Sachverhalts durch einen Fachmann: Die Befragung richtet sich an einen Gesprächspartner, der auf dem Gebiet Bescheid weiß und bereit ist, sein Wissen mitzuteilen.
>
> 2. Erfassen einer Meinung: Das Interview dient der Erfragung der Meinung einer Person zu einem bestimmten Problem. Dabei ist es nicht erforderlich, dass der Interviewpartner Fachmann im angesprochenen Bereich ist. Wohl aber kann er mit dem Bereich zu tun haben. Interessant wird seine Meinung natürlich, wenn er/sie selbst bekannt ist, oder – wie man so sagt – „im Rampenlicht steht".
>
> 3. Persönlichkeitsinterview: Dabei geht es darum, durch die Befragung die befragte Persönlichkeit vorzustellen und den Leser mit den wichtigsten Eigenschaften, Meinungen usw. der Person bekannt zu machen.

Sucht für jede der genannten Interviewarten ein Beispiel und beschreibt die jeweiligen Eigenarten.

Projekt 3: Wir verfassen eine Festschrift

Interview: Vorbereitungen

Wer – wen – wozu?

1 Überlegt, welche der Interviewarten für euch und eure Absichten in Frage kommen könnten. Notiert auch gleich, was ihr mit dem jeweiligen Interview in Erfahrung bringen wollt.

2 Überlegt, welche Personen ihr als Fachleute zu einzelnen Teilbereichen des Fragenkreises befragen könntet. Stellt zusammen:

Welche Teilgebiete könnten interessant sein oder werden?	Wen könnte man dazu befragen?
Geschichte	

3 Wählt besonders interessante Teilbereiche aus und überlegt, ob und wie ihr an geeignete Interviewpartner kommt. Denkt daran, dass ihr nicht einfach einzelne Partner „überfallen" könnt. Manchmal muss man vorher einen Termin vereinbaren.

4 Entwerft ein Schreiben, in dem ihr eurem Wunschpartner euer Vorhaben mitteilt und ihn um ein Interview bittet.

Vorbereitung des Interviews

1 Sammelt zuerst alle Fragen, die euch zum (Teil-)Thema einfallen. Notiert ruhig auch die ungewöhnlichen Fragen. Streichen könnt ihr sie später immer noch.

2 Ordnet die Fragen:
   a) Bildet Gruppen mit zusammengehörenden Fragen.
   b) Versucht zu den Gruppen jeweils eine übergeordnete, allgemeine Frage zu formulieren, in der gewissermaßen alle Teilfragen enthalten sind. (So gebt ihr später eurem Interviewpartner die Möglichkeit, sich zunächst einmal umfassend zu äußern, ehe ihr nachhakt und Details genauer wissen wollt.)
   c) Legt eine sinnvolle Reihenfolge fest, in der ihr die verschiedenen Fragenblöcke ansprechen wollt. Es wäre z.B. möglich: Entstehung: Erinnerungen – Absichten bei der Gründung – Entwicklung – schönste Erinnerungen...

3 Notiert in Stichpunkten:
   a) Wie wollt ihr in das Interview einsteigen?

   b) Was muss zu Beginn geklärt werden?

   c) Welche Sachinformationen müsst ihr eurem Partner/eurer Partnerin mitteilen?

   d) Wie könnt ihr sicherstellen, dass sich euer Partner/eurer Partnerin als Fachmann/frau angesprochen fühlt?

Projekt 3: Wir verfassen eine Festschrift

4 Überlegt, wie ihr den Verlauf und die Ergebnisse des Interviews festhalten wollt. Bedenkt die Vorteile und Nachteile der einzelnen Verfahren. Stellt gegenüber:

Verfahren	Vorteile	Nachteile
Stichpunkte notieren	wenig Störung	ungenau; kein Wortlaut
schriftl. Antworten		

Hinweis: Wenn ihr eine Form der Ton-/Bildaufzeichnung wählt, solltet ihr euren Partner/eure Partnerin um Erlaubnis bitten. Wenn ihr euch auf das Festhalten von Stichpunkten beschränkt, solltet ihr den späteren Text (gewissermaßen die „Rekonstruktion" des Gesprächs) eurem Partner/eure Partnerin nochmals vorlegen und genehmigen lassen.

5   Führt nun das Interview.
a) Geht die einzelnen Themenbereiche nacheinander durch.
b) Lasst euren Gesprächspartner sich erst einmal umfassend äußern, ehe ihr konkrete Fragen nachschiebt.
c) Wenn ihr Zusatzfragen habt, unterbrecht nicht gleich, sondern macht euch Notizen und kommt auf eure Fragen später zurück.

Projekt 3: Wir verfassen eine Festschrift

Interview: Auswertung

Wenn ihr ein Interview geführt habt und dann versucht, den auf Kassette aufgezeichneten Text wörtlich niederzuschreiben, werdet ihr feststellen, dass das eine ganze Menge ergibt. Außerdem gibt es sicher einige Wiederholungen und bei manchen Sätzen werdet ihr sagen: „So kann man das zwar sagen, aber nicht schreiben!" Meistens wird ein wörtlich wiedergegebenes Interview zu lang. Es enthält auch zu viel „Leerlauf". Da ist manches, was doch nicht so wichtig ist. Anderes wiederum konnte man knapp zusammenfassen. Aber einfach einiges weglassen und den Rest wörtlich wiedergeben, das sieht doch sehr nach Willkür aus. Der folgende Text versucht da einen Mittelweg zu finden:

Wer ist hier der Chef?

Beim Interview mit G. K. kam es uns insbesondere auf die Fragen nach Problemen, Absichten, Zielen und Gründen an. Diese haben wir unter den chronologischen Gesichtspunkten: Gründung – Entwicklung und Weiterführung – Gegenwart erörtert.

Herr Sch., der Schulleiter, der irgendwo ein Schülerblasorchester gehört hatte, gab 1975 den Anstoß zur Einrichtung eines solchen Orchesters, erzählt Herr K. Er selbst sei da gar nicht abgeneigt gewesen, schließlich habe er schon als Schüler sechs Jahre in einem Blasorchester gespielt.

„Wer spielt ein Blasinstrument außer Blockflöte und Kamm?", lautete seine Frage, als er damals in den Klassen die Werbetrommel für ein Schülerblasorchester rührte. Dabei kamen dann vier Querflöten, drei Trompeten, zwei Tenorhörner, eine Posaune und zwei Klarinetten heraus. „Eine sehr lustige Besetzung", meint Herr K. heute. Die ersten Stücke waren einfache Liedsätze, volkstümliche Stücke; an Weihnachten '75 wurden Weihnachtslieder im Schulhof gespielt; „der erste Auftritt", erinnert sich Herr K.

Die ersten Versuche des Blasorchesters hätten „schauderhaft" geklungen, meint Herr K., doch er erläutert dies: „Das ist ein Unterschied für weiche Ohren. Der Musiker hört detailliert und wenn dann Schwebungen bis zu einem halben Ton vorkommen, mag das für ihn recht unerträglich sein."

Eines der größten Probleme war die Beschaffung von Instrumenten, die den Anfängern zum täglichen Üben geliehen werden konnten. „Die Eltern wollen halt wissen, ob ihr Kind das Instrument auch weiterhin spielt, bevor sie selbst eins kaufen!", verdeutlicht Herr K. die Notwendigkeit, dass von der Schule Instrumente wenigstens zeitweise gestellt werden müssen. Als dann vom Verein der Freunde des GaK und vom Kultusministerium finanzielle Hilfen kamen, verbesserte sich die Lage entscheidend.

Und in der Gegenwart? „Nachwuchssorgen gab es seit Bestehen des Blasorchesters keine", erklärt Herr K. Wenn man sich den Veranstaltungskalender und das Repertoire der 70-Mann-Truppe ansieht, kann man erahnen, woran das wohl liegt.

1 Markiert die wörtlichen Zitate und überlegt bei jedem: Warum wurde gerade dieses ausgewählt?

2 Rekonstruiert die Fragen, die die Interviewer vermutlich gestellt haben. Nach welchen Gesichtspunkten haben sie ihr Interview gegliedert?

3 Versucht wenigstens an einem Beispiel, auch die wahrscheinlich ausführlichere Antwort des Interviewpartners zu rekonstruieren, die zu einer Zusammenfassung führte.

4 Untersucht die Zusammenfassungspassagen:
  a) Nach welchen Gesichtspunkten wurde zusammengefasst, weggelassen, beibehalten?
  b) Woran erkennt man, dass es sich um zusammengefasste Äußerungen des Interviewten handelt? (Welche sprachlichen Mittel wurden verwendet, um das auszudrücken?)

> Hinweis: Wenn man die Äußerung eines anderen wiedergibt, so muss man sprachlich kennzeichnen, dass man nicht selbst der Urheber der Äußerung ist. Kennzeichnen kann man,
> indem man das Gesagte in einem „Dass-Satz" wiedergibt *(Er sagte, dass es ihm überhaupt nicht passt ...)*;
> indem man das Gesagte in indirekter Rede wiedergibt. Die Verben stehen dann im Konjunktiv I. *(Er meinte, er könne das noch nicht entscheiden.)* Kann man den Konjunktiv I nicht vom Indikativ unterscheiden, so verwendet man den Konjunktiv II. *(Er sagte, du kämst bald zurück.)*
> Auch wenn man Äußerungen eines anderen zusammengefasst wiedergibt, sollte man die Form der indirekten Rede wählen, um zum Ausdruck zu bringen, dass es sich hier um etwas handelt, was ein anderer gesagt hat.

Projekt 3: Wir verfassen eine Festschrift

An einigen Stellen gehen die Autoren auf ihre eigene Arbeitsweise und ihre eigene Meinung ein. Wie bewertet ihr solche Aussagen? (Sind sie möglich, notwendig, überflüssig ...?)

Nehmt euch nun euer Interview vor und markiert die Stellen, auf die es euch besonders ankommt.

Fasst die Einzelaussagen eures Interviewpartners zu den einzelnen Teilthemen zusammen und stellt fest, was jeweils wichtig war. Was wurde wörtlich gesagt? Fügt die wörtlichen Zitate in eure Zusammenfassungen ein.

Stellt nun den Gesamttext zusammen. An einzelnen Stellen werdet ihr die Übergänge von Thema zu Thema noch einfügen müssen. Manchmal wird es aber auch genügen, einfach einen neuen Abschnitt zu beginnen.

Bisweilen findet man auch vollständig wörtlich wiedergegebene Interviews. Habt ihr ein solches in eurer Sammlung?
a) Untersucht den Satzbau der Fragen und Antworten (Satzlänge, Hauptsatz-Gliedsatz-Gefüge usw.). Überlegt (und probiert das aus): Würdet ihr so sprechen?
b) Untersucht: Gibt es Zusammenhänge und Überleitungen zwischen den einzelnen Interviewabschnitten?

Solche Interviews sind meist nicht als Gespräche geführt worden. Vielmehr wurden die Fragen dem Befragten schriftlich vorgelegt, sozusagen als „Stichwortgeber" für Meinungsäußerungen zu einem Problemkreis, einem Gesichtspunkt usw. Woran wird das deutlich?

Überlegt: Wo könntet ihr eine solche Form einsetzen?
Übrigens: Diese Form eignet sich recht gut für ein schriftliches Interview:
a) Grenzt Themenbereiche ab.
b) Formuliert schriftlich eure Fragen.
c) Formuliert einen Begleitbrief, in dem ihr euer Anliegen darstellt und um die Beantwortung eurer Fragen bittet.
Hinweis: Denkt beim Formulieren der Fragen daran, dass ihr keine Zusatz- oder Rückfragen stellen könnt. Ihr müsst also eure Fragen entsprechend einleiten und ausführlich formulieren.

2
Blatt 5

Projekt 3: Wir verfassen eine Festschrift

Berichten: Reportage

Was ist eigentlich eine Reportage?

1. Notiert in Stichpunkten, was eurer Meinung nach eine Reportage ausmacht:
   a) Worum geht es in einer Reportage?

   _____

   _____

   b) Wie ist eine Reportage aufgebaut?

   _____

   _____

   c) Was erwartet der Hörer/Leser einer Reportage?

   _____

   _____

Auf dem Schulfest von Schule keine Spur

„Schulfest" ist angesagt und ich soll hin, einen Bericht schreiben. Schließlich handelt es sich um meine alte Schule und da kenne ich mich ja aus. Die haben leicht reden. Mit gemischten Gefühlen nähere ich mich – wie
5 früher so oft – dem Hofeingang. Wie oft bin ich durch diese Tür gegangen, keineswegs „frohgemut". Doch heute? Nun gut, ich bin aus dem Alter raus, aber dennoch ... Und jetzt stehe ich vor dem Tor: „Keine Spur von Schule!" ist mein erster Gedanke. Ein Spruchband,
10 umrahmt von bunten Luftballons, verkündet das Motto: „Kein Wort über Noten!!!" Und der Schulhof? Früher eine eher triste Angelegenheit, ist er zum Festplatz geworden. Unter den alten Kastanien laden Tische und Bänke zum Verweilen (und nicht nur dazu) ein. Das
15 Alkoholverbot ist heute – zumindest für die Erwachsenen – aufgehoben, der kühle Gerstensaft verspricht Erfrischung nach den Anstrengungen, die das Fest so mit sich bringt.
Schon sehe ich erste bekannte Gesichter, etwas älter ge-
20 worden, aber immer noch – doch nein, heute findet keine Schule statt. Ich muss mir das nicht immer vorsagen, ich brauche nur um mich zu sehen und werde überall bestätigt. Da hinten steht ein bekannter Landtagsabgeordneter samt Ehefrau am Grill und schwitzt vor sich
25 hin. Er jammert bereits über seinen zu kleinen Vorrat an Steaks. Es ist abzusehen, dass er in einer halben Stunde arbeitslos sein wird. Nebenan duftet es nach Waffeln, frisch gebacken und – schon verkauft, ehe ich mich herandrängen kann. Nun, vielleicht habe ich bei den Würst-
30 chen etwas mehr Glück. Ich lasse mich von der Menge über den Schulhof schieben, vorbei an Bücherständen, einem Fahrradparcours, an einem Podium, auf dem sich Lehrer (freiwillig?!) anschmieren (oder sage ich doch lieber „bemalen"?) lassen. Endlich der Würstchenstand.
35 Der Elternsprecher scheint mich zu kennen und so habe ich Glück. Au, verd ... jetzt habe ich mir mit dem Würstchen auch noch die Finger verbrannt!
Ein Werbetrommler zieht meine Aufmerksamkeit auf sich. „Verehrte Herrschaften! Folgen Sie mir, Sie wer-
40 den es nicht bereuen!" Nun gut, warum auch nicht. Ich folge ihm in einen Klassensaal, in dem sich schon 30, 40 Leute um ein kleines Podium drängen und belustigt den kleinen Akteuren zusehen. Gekonnt wird eine Kishon-Satire geboten. Ich lasse mich fesseln vom Charme der
45 Zwölfjährigen, die so ganz bei der Sache sind. Zu schnell ist alles vorbei und ich überlasse mich wieder dem Strom und dem Zufall. So gelange ich in das Schulfoyer, oh je, da bin ich oft mit klopfendem Herzen und leichter Übelkeit im Magen ... aber heute nichts da-
50 von: Heute hat man ein Wiener Kaffeehaus aufgebaut, an kleinen runden Tischen wird Kaffee serviert und im Hintergrund – tatsächlich, da spielt wirklich eine kleine Schülergruppe Wiener Kaffeehausmusik. Ich nehme auf einem der Stühle Platz, spüre kaum noch, dass die
55 Stühle, wie ihre Vorbilder, etwas unbequem sind, und gebe mich ganz der Klängen der Musik hin.
Ich muss wohl leise mitgesummt haben, denn plötzlich spricht mich jemand an: „Kennen Sie das?" Ich wende mich um und sehe den Freund meines Sohnes. „Wie ge-
60 fällt es Ihnen denn in unserer Schule?" Hm. Schule? Ach ja. Schule!

Projekt 3: Wir verfassen eine Festschrift

2 Was will der Schreiber des Textes eigentlich?

3 Gliedert den Text.
– Welche Teilthemen werden angesprochen?

_____

_____

– Nach welchen Gesichtspunkten sind die Teile des Textes angeordnet?

_____

_____

4 Untersucht die Darstellungsform:
a) Welche Zeitform (welches Tempus) wird benutzt?

_____

b) Aus welcher Perspektive wird dargestellt?

_____

c) Welche Bedeutung haben die Teile in wörtlicher Rede?

_____

5 Zum selben Schulfest stand der folgende Text in der Zeitung:

Noten und Zensuren standen nicht auf dem Programm
Schulhof wurde zum Festplatz der Attraktionen

Zu einem großen Sommerfest hatte das Neue Gymnasium eingeladen – und viele, viele kamen. Der zum Festplatz umfunktionierte Schulhof mit Schatten spendenden Bäumen eignete sich vorzüglich. Das reichhaltige Angebot, das Schüler und Lehrer unter Mithilfe des Schulelternbeirates für die Besucher parat hielten, ließ kaum noch Wünsche offen. Das Wetter war ideal, Gespräche über Noten waren verpönt und das Programm tat ein Übriges, um alle zufrieden zu stellen. Der ganze Hof war mit originell gestalteten Ständen bestückt, die die Gäste anlockten und ihnen Geschicklichkeitsspiele, Getränke und auch einiges Selbstgebastelte und Gezeichnete anboten. In einer Ecke konnte man mit Fingerfarben ein altes Lehrerauto bemalen, auf einem Podest durften sogar Lehrer geschminkt werden. Auch die jüngeren Schüler leisteten einen beachtlichen Beitrag und führten einige Satiren von Kishon auf. Das Publikum zollte den kleinen Schauspielern großen Beifall. Mehrere sportliche Wettbewerbe, in die auch die Eltern einbezogen wurden, rundeten das Programm ab.

a) Untersucht den Text nach denselben Gesichtspunkten wie den vorausgehenden Text (Themen, Aufbau, Sprachgebung).
b) Vergleicht beide Texte und benennt die wesentlichen Unterschiede. Stellt gegenüber:

Text 1	Text 2

Projekt 3: Wir verfassen eine Festschrift

Die Reportage will von einem Ereignis, einem Ablauf, einem Zustand berichten. Darüber hinaus aber will sie noch mehr:
Sie will die Stimmung, die Atmosphäre mitteilen, die bei dem Ereignis, von dem sie berichtet, herrscht.
Sie will den Leser/Hörer teilnehmen lassen am Geschehen. Sie will ihn hineinversetzen in die Spannung, die ein Ablauf erzeugt.
Sie will den persönlichen Eindruck des Reportes mitteilen.

Um diese Ziele zu erreichen, kann der Reporter verschiedene Mittel einsetzen:

1. Er berichtet aus seiner subjektiven, persönlichen Perspektive. Er beschreibt alles so, wie es sich ihm gerade darstellt, wie er es erlebt bzw. miterlebt.
2. Der Reporter muss nicht unbedingt aus der Distanz des Beobachtenden sachlich berichten. Er kann auch Teile kommentieren und bewerten.
3. Der Reporter benutzt eine anschauliche Sprache.
   - Er verwendet das Präsens, so entsteht der Eindruck, das Geschehen laufe gerade ab.
   - Er verwendet Bilder und Vergleiche und stellt so besonders anschaulich dar.
   - Er gibt seine eigenen Stimmungen, Eindrücke und Gefühle wieder.
   - Er verwendet Fragen und Ausrufe und lässt so teilnehmen an dem, was ihn selbst bewegt.
4. Nach welchen Gesichtspunkten der Reporter seine Reportage gliedert, hängt vom Ereignis ab.
   a) Wenn man eine Reportage über ein (Schul-)Fest macht, ist es wohl nicht so wichtig, ob man erst über die Würstchenbude und dann über das Basketballturnier schreibt. Hier wird man im Aufbau dem Gang über das Fest folgen. Dabei kann man ruhig kreuz und quer gehen und auch entsprechend gliedern.
   b) Bei Abläufen wie Sportereignissen, Konzerten usw. wird die Gliederung durch den Ablauf festgelegt. Dabei wird man einen ersten Abschnitt gewissermaßen als Einführung in die Gesamtsituation und einen letzten Abschnitt als zusammenfassende Würdigung vorsehen.

6 Der folgende Text ist ein Auszug aus einem längeren Bericht im Regionalteil einer Tageszeitung. Er enthält Reportageteile. Markiert diese Teile.

[...]
Ich hatte die Bläsergruppe zum ersten Mal anlässlich des Neujahrsempfangs unseres OB's gehört und war gleich Feuer und Flamme. Zum einen liebe ich sowieso den Big-Band-Sound und zum andern war das schon fast „profilike", was die Jungen und Mädels des Gymnasiums am Kaiserdom an diesem Abend boten. So war bei mir der Entschluss schnell gefasst, einmal einer Probe dieses Schülerorchesters zuzuhören.
An einem verregneten Mittwochnachmittag mache ich mich auf zum Gymnasium. Von den Tönen geleitet finde ich recht schnell das Musikzimmer im obersten Stock des alten Gebäudes. Um die Probe nicht zu stören, schleiche ich mich ganz leise hinein und bleibe gleich neben der Tür stehen. G. K., Orchesterleiter und Musiklehrer in einer Person, hat mich sofort entdeckt. Dem Gast zu Ehren spielt die Bläsergruppe ein Ständchen im Glenn-Miller-Sound.
Alles in allem scheint der 10–19-jährigen Orchesterbesetzung das Proben sehr viel Spaß zu machen. Als vor ca. 7 Jahren das Bläserorchester ins Leben gerufen wurde, versuchte G. K. mit ein paar Querflöten, einem Tenorhorn und ein paar Trompeten „so etwas wie Musik" zu machen. Recht schnell fanden sich jedoch ...
[...]

7 Woran habt ihr erkannt, dass es sich um Reportageteile handelt?

8 Welche Aufgabe haben diese Teile im Rahmen des Gesamttextes?

9 Überlegt für eure Festschrift:
Welche Ereignisse, Zustände usw. bieten sich für eine Reportage an? (Wettkampf, Proben, Auftritt ...)

_____

_____

_____

Klärt ab, welches dieser Ereignisse ihr besuchen könntet, und beschließt, worüber ihr eine Reportage schreiben wollt.

Projekt 3: Wir verfassen eine Festschrift

Hinweis: Natürlich werdet ihr hier die Realität im Auge behalten müssen. Es hat keinen Sinn, ein Konzert für eine Reportage vorzusehen, wenn keines stattfindet.

10 Besucht das Ereignis und macht euch während des Ablaufs Notizen. Haltet immer fest,
 – was ihr gerade wahrnehmt,
 – welche Eindrücke sich bei euch einstellen,
 – was genau abläuft, vielleicht auch: was konkret den einen oder anderen Eindruck hervorgerufen hat.

11 Unmittelbar nach dem Ereignis solltet ihr euch kurz vergegenwärtigen: Was hat den größten Eindruck hinterlassen? Vielleicht könntet ihr euch auch gleich zusammensetzen und eine „grobe Linie" festlegen. (Welche Details sollen berücksichtigt werden? Welche Grundstimmung hat sich eingestellt? ...)

12 Jeder sollte sich jetzt einen kleinen Teilabschnitt (oder auch mehrere) vornehmen und einige Formulierungen versuchen. Dazu werdet ihr euch schon in die jeweilige Stimmung hineindenken müssen, aber das ist nicht allzu schwer, wenn ihr euch entsprechende Notizen gemacht habt.

13 Lest euch gegenseitig eure Teile vor, ergänzt und korrigiert.

14 Überlegt euch eine Gliederung: Wie könnten die Einzelteile wirkungsvoll angeordnet werden?

Hinweis: Es muss nicht durchgehend nach einem Prinzip gegliedert werden. So könnte etwa die zeitliche Anordnung durchbrochen werden durch räumliche Gesichtspunkte.

15 Fügt nun die Teile zusammen. Einige Übergänge werdet ihr wohl noch einfügen, andere etwas glätten müssen.

Projekt 3: Wir verfassen eine Festschrift

Berichten: Presseberichte

Natürlich werdet ihr in eurer Festschrift von vielem zu berichten haben. Stellt zusammen, was alles in Frage kommt. Unterscheidet verschiedene Schwerpunkte:

Einzelne wichtige Ereignisse
Beispiel: Großer Auftritt beim Stadtjubiläum

_____

_____

Wiederkehrende Ereignisse
Beispiel: Eröffnung des Schulfestes

_____

_____

Langfristige Entwicklungen
Beispiel: Aufbau einer neuen Abteilung

_____

_____

1 Sammelt für jede dieser Gruppen auch Textbeispiele aus der Tageszeitung und aus euren Festschriften.

2 Wir wollen uns hier mit einer bestimmten Form von Berichten beschäftigen, wie ihr sie täglich in der Zeitung findet.

Kulturtage
Gute Laune bei beschwingter Blasmusik

Große Resonanz beim Publikum fand am Sonntagmorgen das Platzkonzert des Schüler-Blasorchesters des GaK auf dem Berliner Platz. Flotte Märsche und Erinnerungen an Glenn Miller unterhielten über eine Stunde lang ein immer mehr begeistertes Publikum.

Vor rauschendem Brunnen und bei strahlendem Sonnenschein gab das Blasorchester des GaK sein Konzert auf dem Berliner Platz im Rahmen der Kulturtage Speyer. Auf dem Programm stand fröhliche und beschwingte Blasmusik, die von den jungen Akteuren unter der Leitung von G. K. begeistert dargeboten wurde. So begann sich dann auch der Platz mit Besuchern zu füllen, die gut gelaunt den Klängen des jungen Orchesters lauschten. Zwar waren von den über 60 Mitgliedern des Orchesters nicht alle anwesend, dies vermochte jedoch die Spiellaune des jungen Ensembles nicht zu trüben und die gute Besucherresonanz zeigte deutlich die insgesamt positive Aufnahme der Veranstaltung.

Natürlich waren bekannte Märsche zu hören, aber auch Glenn Millers bekannteste Stücke fehlten nicht. Abschließend bedankte sich Herr K. für den Beifall, und stimmungsvoll, wie zu Beginn, wurde das Konzert mit einem schwungvollen Marsch beschlossen.

Untersucht den Aufbau des Textes
a) Was steht alles im ersten Abschnitt?
b) Teile des ersten Abschnittes werden später noch einmal aufgenommen. Wie geschieht das? Wozu werden diese Teile nochmals aufgenommen?
c) Nach welchen Gesichtspunkten sind die übrigen Abschnitte angeordnet?

3 Zieht weitere Texte aus eurer Tageszeitung heran.
– Unterstreicht mit verschiedenen Farben die verschiedenen Informationsteile des ersten Abschnitts.
– Unterstreicht mit den gleichen Farben die Teile dieser Informationen in den folgenden Abschnitten. Welche Zusammenhänge könnt ihr feststellen?

Projekt 3: Wir verfassen eine Festschrift

Der folgende Text stand als erster Abschnitt eines längeren Berichts in der Zeitung.

Sporterlebnistag: Etwa 7000 Teilnehmer

SPEYER. „Die Erwartungen mehr als erfüllt" hat der Sporterlebnistag am Sonntag im Helmut-Bantz-Stadion, erklärte Organisator Herbert Kotter in einer ersten Bilanz. 5000 bis 7000 Sport- und Spielbegeisterte aus Speyer waren mit von der Partie gewesen.

4 Unterstreicht die verschiedenen Informationsteile.

5 Formuliert Fragen zu diesen Teilen, die im weiteren Text behandelt werden müssten. Überlegt: In welcher Reihenfolge würdet ihr diese weiteren Abschnitte anordnen?

> Will man über ein Ereignis ausführlicher in der Presse informieren, so schreibt man einen Bericht. Dieser besteht aus drei Großteilen:
> 1. Überschrift (Schlagzeile) und oft auch Unterüberschrift (Hier wird der Kern der Informationen äußerst knapp zusammengefasst oder es wird nur ein Leseanreiz gegeben.)
> 2. „Kopf" des Berichts (in der Regel fett gedruckt): Hier wird über das Wichtigste informiert: Die „W-Fragen" werden, so weit sie für das Ereignis von Bedeutung sind, beantwortet. Das Allerwichtigste bringt man zuerst.
> 3. „Körper" des Berichts (der Resttext): Die einzelnen Teilinformationen des „Kopfs" werden nochmals aufgegriffen und weiter ausgeführt. Weitere, den Leser möglicherweise interessierende Einzelheiten, Zusammenhänge, Hintergründe und vielleicht auch Aussagen von Beteiligten werden geboten. Die einzelnen Abschnitte dieses Textes werden nach Wichtigkeit angeordnet. (Das weniger Wichtige kommt erst am Ende.)

6 Stellt zusammen, über welche Ereignisse ihr im Zusammenhang mit eurer Festschrift berichten könntet.

7 Sofern diese Ereignisse schon vorbei sind, seid ihr auf Material angewiesen, wenn ihr einen Bericht schreiben wollt. Sammelt Informationsmaterial zu euren Ereignissen (Zeitungsausschnitte, Aufzeichnungen, Bilder, Aussagen von Beteiligten ...)

8 Wertet das Material aus:

> a) Zieht die wichtigsten Informationen zusammen und verfasst den ersten Abschnitt (den „Kopf").
> b) Entfaltet die Teilinformationen in weiteren Abschnitten. Zeigt dabei auch Hintergründe und Zusammenhänge auf. Wenn es Zeugenaussagen gibt, arbeitet auch diese ein.
> c) Ordnet die Teilabschnitte nach einem sinnvollen Prinzip an. Ihr könnt euch nach dem Gesichtspunkt der Wichtigkeit richten. Aber auch zeitliche Abläufe können die Anordnung in manchen Fällen bestimmen.

9 Wenn ihr selbst als Zeugen bzw. Beteiligte von einem Ereignis berichtet, dann geht so vor:

> a) Macht euch während des Ereignisses Notizen. (Vielleicht teilt ihr euch die Beobachtungsbereiche vorher auf?)
> b) Setzt euch möglichst bald nach dem Ereignis zusammen und besprecht, was ihr als „Kern" des Ereignisses herausstellen möchtet.
> c) Formuliert den „Kopf" des Textes.
> d) Formuliert zu den wichtigsten Teilthemen weitere Abschnitte.
> e) Einigt euch über die Anordnung der Abschnitte und fügt den Gesamttext zusammen.

Projekt 3: Wir verfassen eine Festschrift

Nicht ganz ernst zu nehmen: Satirisches

Vor der Probe oder:
Wo wir sind, ist das Chaos

Schon wenn ich durch die Schultür hereinkomme, höre ich das Dröhnen aus dem Mehrzweckraum im vierten Stock. Ein Wunder, dass die Treppe noch steht. Oben angekommen – meine Ohren stellen sich langsam auf den notwendigen Pegel ein – sehe ich dann den Ursprung des Lärms: ein Posaunist versucht sich am Schlagzeug (oder haut der nur aus Versehen da rum?), die andern tuten und blasen, jeder für sich, oder besser: jeder gegen jeden – und möglichst laut. Will man sich verständigen, genügt es nicht, laut zu brüllen. Man muss schon laut hoch 63 sein und das ist gar nicht so einfach.

Ich gehe auf meinen Platz und fange an auszupacken. Kaum sitze ich, muss ich wieder aufstehen, denn da kommt einer vom Flügel- oder Tenorhorn und will zu seinen Kumpanen und der einzige Weg dorthin führt just über meinen Stuhl. Mein Notenständer wird als Hindernis gar nicht erst zur Kenntnis genommen und bleibt auf der Strecke.

Inzwischen ist zwischen Stühlen, Notenständern, Posaunen, Tubas, Hörnern und viel Papier Herr Kunz aufgetaucht. Wie der das nur aushält? Musiker sollen doch besonders empfindliche Ohren haben. Dem muss das hier doch weh tun! Oder haben wir ihm das Trommelfell schon ruiniert? Naja, Beethoven war schließlich auch taub. Hier braucht einer was, dort will einer was abgeben, hinten klemmt ein Ventil, rechts schließt eine Klappe nicht, vorn hat einer was vergessen. Herr Kunz, Herr Kunz, Herr Kunz … ist überall, hört jedem (oder keinem?) zu, gibt Auskunft, hilft weiter, weiter, weiter – arbeitet sich durch bis zum Podest und – wird nicht zur Kenntnis genommen. Er müsste schon eine Kanone abfeuern oder mindestens einen Handstand machen, um die Aufmerksamkeit wenigstens der vorderen Reihen auf sich zu ziehen.

Irgendwie beruhigt sich die Lage dann doch. Warum das geschieht, habe ich noch nicht herausgebracht, aber es ist doch so. Über die Besprechung organisatorischer Details versucht Herr Kunz sich an das erste Musikstück heranzutasten: ein Misserfolg. Witzige Bemerkungen, Erfahrungsaustausch, und schon wieder treiben wir dem Chaos entgegen. Höchste Zeit für den Orchestersprecher, Herrn Kunz hilfreich zur Seite zu treten und mit einem schrillen Pfiff durch die Finger – eben: das dringt noch durch! – Ruhe herzustellen. Also: das wäre geklärt. Wie denn? Wo denn? Was denn? Da capo al … Pfiff. Dann können wir ja anfangen. Welches Stück jetzt? Aha, die 29. Blätterrascheln, zwei, drei Notenständer fliegen um und müssen wieder aufgerichtet werden, und dann: ist es immer wieder erstaunlich, ja eigentlich unfassbar für mich, dass mit einem Schlag die Ordnung da ist, die da sein muss, wenn 63 Leute ein und dasselbe Stück spielen und sich nicht erst beim Schlussakkord wiedertreffen wollen.

1 Der Text berichtet aus einer sehr persönlichen (subjektiven) Perspektive von einer Orchesterprobe. Zieht das Arbeitsblatt zur Reportage heran und überlegt:
  a) Handelt es sich um eine Reportage? Welche Gründe sprechen dafür?
  b) Was spricht dagegen, den Text als Reportage anzusehen?
  c) Was findet ihr an dem Text gut?

2 Der Text ist nicht ganz ernst zu nehmen. Woran erkennt man das? (Welche Teile sind vermutlich etwas übertrieben? Markiert diese Teile.)

3 Auch wenn übertrieben wird: Was sagt der Text über die Orchesterprobe?

___

___

___

4 Steht der Text und sein Autor positiv oder negativ zum Orchester und allem, was mit der Probe zusammenhängt? Begründet von einzelnen Textelementen her eure Meinung.

___

___

___

Projekt 3: Wir verfassen eine Festschrift

5. Bei den Orchesterproben geht es offensichtlich manchmal etwas durcheinander. Welche Mittel verwendet der Autor, um dieses Durcheinander besonders plastisch vor Augen zu führen?

Mittel	Beleg

Wie kommt es, dass man als Leser dennoch nicht den Eindruck hat, es gebe da nur Chaos?

> Die Satire bedient sich oft des Mittels der Übertreibung. Sie hebt dadurch etwas besonders deutlich hervor. Allerdings: Es darf nicht willkürlich und blindlings alles übertrieben werden. Vielmehr sollte man alle Übertreibungen von einem „Zentrum" (dem eigentlichen Aussagekern) her organisieren. Jede Übertreibung sollte in unmittelbarer Beziehung zum Kern des Textes stehen.

6. Überlegt: Gibt es im Zusammenhang mit eurer Festschrift Situationen oder Abläufe, die ihr in ähnlicher Weise darstellen könnt? (Trainingsstunde; Probe; Fahrt …)

7. Schreibt zunächst einmal eine „normale" Reportage. (Siehe hierzu das entsprechende Arbeitsblatt!)

8. Überlegt: Was ist da nicht ganz ideal gelaufen? Was macht den Kern dieses Fehlers aus? Welche Verhaltensweisen, Eigenschaften, Zustände stehen damit in Zusammenhang? Welcher Eindruck entsteht, wenn man diese Dinge etwas übertrieben darstellt?

9. Wie könnte man verhindern, dass eine negative, abstoßende Darstellung entsteht? Wie könnte man die negative Wirkung der Kritik wieder aufheben oder doch einschränken? (Besonderheiten darstellen, am Ende positive Wirkungen betonen …)

10. Verfasst nun den neuen Text. Bittet euren Lehrer/eure Lehrerin um Beratung. Fragt ihn/sie genauer nach der Wirkung der Übertreibungen und vielleicht auch, wie eine negative Wirkung vermieden oder eingeschränkt werden könnte.

Projekt 3: Wir verfassen eine Festschrift

Endredaktion: Redaktionsgruppe

Bisher war eure Arbeit recht einfach. Ihr solltet die Arbeiten der einzelnen Gruppen koordinieren, das heißt, ihr musstet darauf achten, dass es keine Überschneidungen gab, dass möglichst alle Bereiche abgedeckt wurden und dass nicht zu viel „Abfall" produziert wurde. Jetzt werdet ihr die Hauptverantwortung für die weitere Arbeit übernehmen. Was liegt im Einzelnen an?

a) *Alle Texte müssen im Plenum besprochen werden. Sollten sich gravierende Mängel herausstellen, müsst ihr dafür sorgen, dass die einzelnen Gruppen ihre Texte nochmals überarbeiten, ehe sie endgültig (im Plenum!) verabschiedet werden.*
b) *Die Anordnung der Texte und Bilder muss festgelegt werden.*
c) *Das Layout muss besprochen und festgelegt werden.*

1 Besprechung der Texte:
   a) Vorläufig weiß nur die jeweilige Gruppe, um was es bei ihrem Text ging, nach welchen Prinzipien der Text erstellt wurde usw. Da aber die ganze Klasse nicht nur die Texte kennen lernen, sondern auch etwas über das jeweilige „Strickmuster" erfahren soll, muss die vortragende Gruppe zunächst erläutern, wie sie gearbeitet hat und welche Grundsätze sie bei der Erstellung ihres Textes bzw. ihrer Texte beachtete.
   Ihr als Redaktionsgruppe leitet die gesamte Präsentation und müsst darauf achten, dass
   – die Gruppen ihre Grundsätze darlegen,
   – die Klasse bei der Textbesprechung diese Grundsätze beachtet.
   Hinweis: Am besten wird sein, ihr nehmt während der Erläuterung der Grundsätze die entsprechenden Arbeitsblätter vor, verfolgt die Erläuterungen und macht euch Notizen.
   b) Die Gruppen legen ihre Texte vor. Die Klasse bespricht die Texte nach den dargelegten Grundsätzen. Streitfälle entscheidet ihr als Redaktionsgruppe.
   c) Die Gruppen überarbeiten gegebenenfalls ihre Texte und berücksichtigen dabei die Besprechungsergebnisse.

2 Die Texte werden erfasst, das heißt in einen Computer eingegeben oder mit Maschine getippt. Die Redaktionsgruppe überprüft die Rechtschreibung.

3 Die Anordnung der Texte wird festgelegt.
   a) Legt ein Verzeichnis der Texte an und entwerft eine vorläufige Reihenfolge.
   b) Diskutiert in der Klasse euren Entwurf und legt die endgültige Reihenfolge fest.

   Hinweise:
   – Ihr könnt ruhig wieder in vorhandenen Festschriften nachschauen, nach welchen Gesichtspunkten dort angeordnet ist.
   – Bemüht euch um etwas Abwechslung (sowohl hinsichtlich der Textarten als auch im Bezug auf die Themen). Allerdings:
   – Zusammenhängendes sollte nicht allzu weit auseinanderliegen.

4 Legt fest, wo welche Bilder, Zeichnungen, Skizzen usw. einmontiert werden sollen. (Am besten, ihr probiert erst mal auf einer leeren Seite die Umrissformate aus.)

5 Nun braucht ihr nur noch für die Vervielfältigung zu sorgen und eure Festschrift ist fertig. Wir wünschen euch viele Leser und Leserinnen!

Projekt 4:

**Fremdwörter
= fremde Wörter?**

Projekt 4: Fremdwörter = fremde Wörter?

Was ist ein Fremdwort? Beispiele und Definitionen

1. Das Wort „Fremdwort" kennt ihr, aber: Was ist das, ein Fremdwort?
   Notiert eure Meinungen.

   _____

   _____

   _____

2. Hier ist eine Reihe von Wörtern. Erklärt, was sie bedeuten. Unterstreicht diejenigen Wörter, die eurer Meinung nach Fremdwörter sind.
   Haus, Bungalow, Couch, Sessel, Kamin, Chip, Lexikon, Tafel, Foul, fair, T-Shirt, Bluse, Auto, Computer, frisieren, bankrott, Basketball, Parfum, Insel, Estrich, Balkon, Terrasse, Orange, Rose, Pension, Pommes frites, Schaschlik, Tomate, Rübe, Weste, Rock, Jeans, Sandalen, Pantoffeln.
   Überprüft mit Hilfe eines geeigneten Wörterbuchs (Sprachbrockhaus, Fremdwörter-DUDEN, Herkunftswörterbuch) eure Ergebnisse.
   Überprüft auch, was ihr in Aufgabe 1 zum Thema „Fremdwort" festgehalten habt.

3. Im großen DUDEN, Wörterbuch der deutschen Sprache, findet sich folgende Definition für „Fremdwort":
   Fremdwort, *das (Pl. ...wörter): aus einer fremden Sprache übernommenes oder in der übernehmenden Sprache mit Wörtern oder Wortteilen aus einer fremden Sprache gebildetes (in Aussprache, Schreibweise oder Flexion noch nicht voll der übernehmenden Sprache angeglichenes) Wort.*

   Besprecht die Definition Wort für Wort. Wenn ihr etwas nicht versteht, fragt eure Lehrerin/euren Lehrer um Rat.
   a) Ergänzt bzw. korrigiert eure eigene Definition aus Aufgabe 1.
   b) Überprüft eure Ergebnisse aus Aufgabe 2. Welche Wörter kommen als Beispiele für die DUDEN-Definition in Frage?
   c) Sammelt weitere Beispiele. Ihr solltet zu jedem Definitionsteil wenigstens fünf Beispiele finden.

4. In Band 5 desselben DUDEN-Wörterbuchs findet sich ein weiteres Wort mit Definition aus unserem Problemfeld:
   Lehnwort, *das (Sprachw.): aus einer fremden Sprache übernommenes Wort, das sich in Aussprache u./od. Schreibweise u./od. Flexion der übernehmenden Sprache angepaßt hat (z. B. Mauer aus lat. murus).*

   a) Was unterscheidet ein Lehnwort vom Fremdwort?
   b) Überprüft die Beispielliste. Welche Wörter könnte man als Lehnwörter bezeichnen? Sagt auch genau, warum!

5. Bildet von folgenden Wörtern den Plural:

   Handikap: _____   *Komma:* _____

   Lexikon: _____   *Konto:* _____

   Atlas: _____   *Foul:* _____

   Karo: _____   *Auto:* _____

   Chip: _____   *Karosserie:* _____

   Bus: _____   *Karton:* _____

   Telefon: _____   *Bank:* _____

6. Überprüft mit einem Wörterbuch die Ergebnisse. Könnt ihr sagen, was bei einigen Wörtern das Besondere bei der Pluralbildung ist?

Projekt 4: Fremdwörter = fremde Wörter?

7 Manchen Lehnwörtern sieht man nicht mehr an, dass sie vor langer Zeit aus einer anderen Sprache entlehnt wurden. Beispiele:

Keller	_____	*Körper*	_____
Nase	_____	*Zelle*	_____
Maus	_____	*Kelch*	_____
Mauer	_____	*Wein*	_____
Balkon	_____	*Kreuz*	_____
Profit	_____	*fixieren*	_____
Bonbon	_____		

Blatt 2

Stellt fest, aus welchen Sprachen die Wörter kommen, und überlegt, woran das liegen mag, dass sie kaum noch fremd wirken.

8 Überlegt zusammen, warum man Fremdwörter benutzt. (Es gibt wohl mehrere Gründe, die nicht immer alle zutreffen. Sucht für die einzelnen Gründe Beispiele.)

_____

_____

_____

_____

Projekt 4: Fremdwörter = fremde Wörter?

Fremdwort – warum und wozu? Ein Beispiel

Die Germanen, unsere Vorfahren, lebten vor ca. 1500 Jahren in Hütten, die sie aus Holz und Lehm errichteten. So ungefähr könnten diese Hütten ausgesehen haben. Wir haben einige Teile und Dinge des Hauses mit den „Originalbegriffen" bezeichnet.

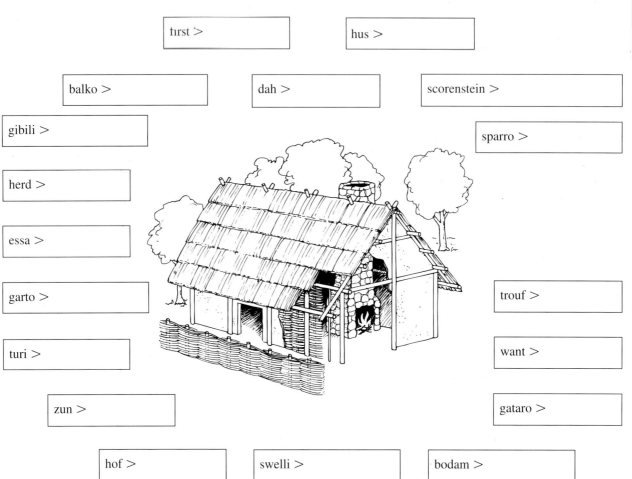

first >　　hus >
balko >　　dah >　　scorenstein >
gibili >　　sparro >
herd >
essa >
garto >　　trouf >
turi >　　want >
zun >　　gataro >
hof >　　swelli >　　bodam >

1   Versucht herauszufinden, was genau die alt- bzw. frühmittelhochdeutschen Wörter bezeichneten.

Projekt 4: Fremdwörter = fremde Wörter?

Bald kamen die Germanen mit der römischen Kultur in Berührung. Sie lernten neue Bautechniken kennen und anwenden. Einiges übernahmen sie auch, wenn sie nun neue Häuser bauten. Hier seht ihr ein solches Haus. Wir haben einige Bezeichnungen angebracht. Schlagt nach, wie die ursprünglichen lateinischen Wörter lauteten, die in die deutsche Sprache übernommen wurden.

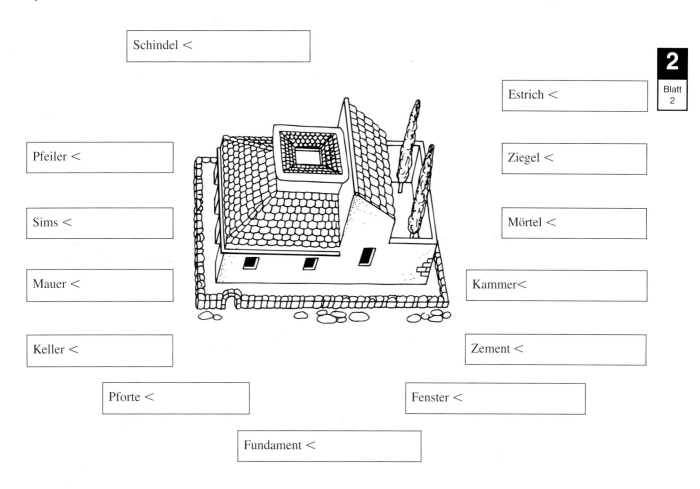

Schindel <
Estrich <
Pfeiler <
Ziegel <
Sims <
Mörtel <
Mauer <
Kammer <
Keller <
Zement <
Pforte <
Fenster <
Fundament <

Später lernten unsere Vorfahren noch andere Haus- und Wohnungsformen kennen. Manches konnten sie nicht brauchen, einiges aber übernahmen sie. Hier findet ihr eine Liste mit Wörtern, die alle Teile eines Hauses bezeichnen. Sucht die entsprechenden Teile auf der Zeichnung und beschriftet sie. Kennt ihr weitere Wörter? Ergänzt die Liste (und so weit ihr könnt, auch die Zeichnung).

Balkon, Boden, Dach, Erker, Etage, Fenster, First, Garage, Gebälk, Giebel, Jalousie, Kamin, Klinke, Laden, Mansarde, Mauer, Parterre, Pfeiler, Pforte, Säule, Schornstein, Sims, Sparren, Staffel, Stiege, Stockwerk, Stufe, Terrasse, Treppe; Tür, Türstock, Wand

Projekt 4: Fremdwörter = fremde Wörter?

In der folgenden Liste sollt ihr Wörter eintragen, die mit Haus und Wohnung zu tun haben. Schlagt nach, woher die einzelnen Wörter kommen, und sagt genau, was sie heute bedeuten. (Vielleicht findet ihr auch heraus, was sie ursprünglich einmal bedeutet haben?)

Wort	Herkunft/ursprüngliche Form	ursprüngliche Bedeutung	heutige Bedeutung
Angel	germ. (angul)	Haken, Eisenstift	Stift, um den sich eine Tür dreht

Projekt 4: Fremdwörter = fremde Wörter?

Einzeluntersuchungen: Organisation der Arbeit

Fremd- und Lehnwörter finden wir in allen Bereichen. Oft merken wir schon gar nicht mehr, dass wir Fremdwörter benutzen. Wir wollen einige Lebensbereiche „durchforsten" und erforschen,
– welche Fremd-/Lehnwörter in den Bereichen vorkommen,
– aus welchen Sprachen diese Wörter übernommen wurden,
– in welcher Zeit (auch: unter welchen Umständen) die Wörter übernommen wurden.

Gerade der letzte Punkt wird nicht immer ganz einfach zu beantworten sein. Oft kann man nur einen Zeitraum angeben, manchmal kann man auch nur sagen: „Da oder dort taucht das Wort erstmals auf."
Es gibt verschiedene Hilfsmittel, die ihr bei der Bearbeitung und Untersuchung der Wörter heranziehen sollt. Euer Lehrer/eure Lehrerin wird euch vielleicht ein „etymologisches Wörterbuch" zur Verfügung stellen. Auch im DUDEN findet ihr manche Angaben. Wenn ihr euch in Bibliotheken umseht, werdet ihr umfangreichere Wörterbücher finden wie z. B. den Großen DUDEN (8 Bände) oder das „Grimmsche Wörterbuch" (32 Bände). Da findet ihr dann bei komplizierteren Fällen Hilfe.
Wir schlagen hier einige Bereiche vor. Ihr könnt natürlich auch andere Bereiche untersuchen. Allerdings solltet ihr das vorher mit eurem Lehrer/eurer Lehrerin besprechen.

Ehe ihr euch für einen Bereich entscheidet, solltet ihr genauer überlegen:
– Wie gut kennt ihr euch da schon aus?
– Welche Informationsquellen (Eltern, Bekannte …) könntet ihr nutzen?
– Was interessiert euch an dem Bereich besonders?

Und nun die Vorschläge:
Wir haben hier eine Liste vorbereitet. Tragt in eure Liste erst einmal alles ein, was euch zum jeweiligen Bereich gerade einfällt. Dann könnt ihr euch entscheiden. Am besten wird sein, ihr entscheidet euch für den Bereich, bei dem ihr die meisten Wörter notiert habt.
Tragt euch in den Organisationslisten bei zwei Gruppen ein. Gebt in Klammern an: erste oder zweite Wahl. Euer Lehrer/eure Lehrerin wird dann die endgültigen Gruppenzusammensetzungen bekanntgeben.

Projekt 4: Fremdwörter = fremde Wörter?

Bereich: Essen, Trinken, Ernährung

___

___

Bereich: Mode, Kleidung, Frisur

___

___

Bereich: Geldwesen, Bank, Kreditwesen

___

___

Bereich: Gesundheit, Krankheit, Medizin

___

___

Bereich: Sport/Freizeitbeschäftigungen

___

___

Bereich: Musik

___

___

Projekt 4: Fremdwörter = fremde Wörter?

Einzeluntersuchungen: Gruppenarbeit

Thema: _____ Mitglieder der Gruppe: _____

1. Ihr habt euch für ein bestimmtes Thema entschieden. Sammelt zunächst die Ideen und Elemente, die ihr schon in der Anlaufphase notiert habt.

2. Sammelt nun weitere (Fach-)Begriffe aus dem Bereich eures Themas. Ihr könnt dazu
   – Fachbücher,
   – Lexika / Lexikonartikel,
   – Artikel aus Fachzeitschriften
   heranziehen. Ihr könnt aber auch Fachleute, eure Eltern usw. befragen. Natürlich könnt ihr auch eine Liste aushängen und um Einträge bitten. Wichtig ist, dass ihr zunächst einmal möglichst viele Wörter aus dem Bereich sammelt.

3. Legt eine Liste an, in die ihr die gesammelten Wörter eintragt. Seht auch eine Spalte für die Herkunft und für die ursprüngliche Bedeutung vor. Muster:

Wort	Herkunft/ursprüngl. Form	Bedeutung	urspr. Bedeutung
Sakko	italien. sacco	kurze Männerjacke	Sack

4. Unterstreicht die Wörter, bei denen man heute noch merkt, dass es sich um Fremdwörter handelt.

5. Ordnet die Wörter – so weit das geht – nach Herkunftssprachen bzw. -ländern. Versucht Erklärungen dafür zu finden, warum gerade diese Wörter aus dieser oder jener Sprache übernommen wurden. Könnt ihr feststellen, ob es in bestimmten Zeiten bestimmte Vorlieben gab?

6. Überlegt: Was bringt es für die Rechtschreibung, wenn man weiß, aus welcher Sprache ein Fremdwort kommt? Könnt ihr die eine oder andere Faustregel entwerfen?

7. Erstellt Arbeitspapiere, auf denen ihr eure Ergebnisse für eure Klassenkameraden übersichtlich darstellt. Besprecht eure Ergebnisse in der Klasse und vergleicht sie mit den Ergebnissen der anderen Gruppen.

Projekt 5:

Kleider machen Leute – ein Fotoroman

Projekt 5: Kleider machen Leute – ein Fotoroman

Terminplanung

Die Arbeit an diesem Projekt wird in mehreren Phasen ablaufen, in denen die Gruppenzusammensetzungen wechseln. Ein Übersichtsplan, der Eckdaten setzt und den Rahmen festlegt, kann zur Orientierung helfen.

Phase	Thematik	Arbeitsform	Termin
1a	Lektüre	Einzelarbeit	
1b	Eröffnung	Rundgespräch	
2	Interpretation		
2a	Handlung (Ankunft)		
2b	Figuren		
2c	Schneider – Graf		
2d	Entlarvung und Folgen		
2e	Liebesgeschichte		
2f	Räume/Orte		
3	Fotoroman		
3a	Fotomöglichkeiten		
3b	Sprache und ihre Aufgabe(n)		
4	Aufbereitung des Drehbuchs		
4a	Leserorientierung (Nettchen)		
4b	Leserorientierung (Wenzel)		
4c	Leserorientierung (Goldach)		
5	Drehbuch		
5a	Aufbau/Erzählweise		
5b	Handlungsteile entfalten		
5c	endgültige Fassung		
6	Realisation		

Projekt 5: Kleider machen Leute – ein Fotoroman

In diesem Projekt geht es darum, die Novelle „Kleider machen Leute" von Gottfried Keller in einen Fotoroman umzusetzen. Das Gesamtvorhaben wird dazu in einzelne Abschnitte unterteilt, die sich mit jeweils eigenen Problemstellungen beschäftigen. Wir machen hier und auf den folgenden Arbeitsblättern Vorschläge, wie man vorgehen könnte. Ihr müsst euch nicht an diese Vorschläge halten. Wenn ihr aber abweicht, solltet ihr das mit eurem Lehrer/eurer Lehrerin (oder auch später: mit parallel arbeitenden Gruppen!) absprechen. Wir schlagen folgende Abfolge einzelner Arbeitsblöcke vor:

1. *Häusliche Lektüre der Novelle; Festhalten erster Eindrücke und Ideen*
2. *Vorklärungen; erste Absprachen*
3. *Probleme mit der Novelle / erste Interpretationsversuche*
4. *Zur Sache; „Fotoroman"*
5. *Aufbereitung eines (oder auch: mehrerer alternativer) Drehbuchs*
6. *Realisation*

Diese Schritte gehen bisweilen ineinander über. Es wird gelegentlich notwendig werden, dass ihr zu einem früheren Schritt zurückkehrt. Aber ihr solltet euch doch wenigstens grob an der Abfolge orientieren.

Eröffnung: Rundgespräch

In diesem ersten Schritt, der die ganze Klasse angeht, sollten erste Ideen gesammelt, Vermutungen geäußert, erste Deutungen versucht, vielleicht auch Stellungnahmen abgegeben werden. Aber auch Wünsche für die weitere Arbeit können hier schon festgehalten werden.
Jeder sollte sich auf diese Eröffnung vorbereiten. Während des Rundgesprächs sollte jeder zu Wort kommen, deshalb ist es empfehlenswert,
– *wichtige Stellen im Text schon während der Lektüre zu unterstreichen;*
– *schon während der Lektüre erste Eindrücke schriftlich festzuhalten (Lesetagebuch);*
– *vor dem Rundgespräch einen Stichwortzettel anzulegen.*

So könnte der Stichwortzettel aufgebaut sein (Das wäre dann auch die Gliederung des „Statements", das jeder abgibt.):

1. Was habe ich überhaupt nicht verstanden? Welche Wörter, Vorstellungen usw. sind mir so fremd, dass ich sie nicht entschlüsseln kann?

_____

2. Was ist mit den Figuren?
a) Wen kann ich überhaupt nicht ausstehen? Warum nicht?

_____

_____

_____

b) Wer hat mir – warum? – imponiert?

_____

_____

_____

c) Wer könnte mich zu seinen Freunden zählen?

_____

_____

Projekt 5: Kleider machen Leute – ein Fotoroman

d) Was ist mit den „Mittelmäßigen" (außer dass sie eben mittelmäßig sind)?

_____

_____

3. ✏️ Was halte ich von der Handlung?
   a) Gibt's denn sowas überhaupt?

_____

   b) Wer ist denn nun schuld an allem?

_____

   c) Wie beurteile ich die Lösung?

_____

4. ✏️ Wäre heute sowas noch möglich? Wie denn?

_____

_____

5. ✏️ Ideen zu unserem Unternehmen Fotoroman (Diese Ideen sollten auf einem eigenen Zettel festgehalten, gesammelt und ausgehängt werden!):

_____

_____

   a) Handlungsablauf (aktuell – historisch)

_____

_____

   b) Figureninventar (welche – neuen? – Figuren? ...)

_____

_____

   c) Handlungsorte

_____

_____

   d) Worauf sollte beim Fotografieren besonders geachtet werden?

_____

_____

   e) Wie könnte das Layout aussehen?

Projekt 5: Kleider machen Leute – ein Fotoroman

Probleme mit dem Text: Arbeitsorganisation

Ihr habt schon über erste Probleme gesprochen. Bei eurem weiteren Vorgehen solltet ihr auf jeden Fall auch diese Probleme berücksichtigen und sie genauer untersuchen. Wir machen euch hier einige Untersuchungsvorschläge, an denen ihr euch orientieren könnt (auch hinsichtlich der Arbeitsweise). Auf jeden Fall solltet ihr, ehe ihr den eigentlichen Fotoroman in Angriff nehmt, die wichtigsten Interpretationsfragen und -probleme klären. (Einiges werdet ihr noch später zu klären haben, wenn es um Fragen der Umsetzung ins Bild geht.)

1. Bildet Gruppen, die jeweils ein Problem bearbeiten. Die Gruppen präsentieren ihre Ergebnisse dann zum verabredeten Zeitpunkt im Plenum.
   Hinweis: „Präsentieren" bedeutet nicht „Vortragen". Ihr könnt auch mit Schaubildern und Zeichnungen, mit Rollenspielen und Diskussionspapieren usw. arbeiten.
   Vorschläge für thematisch orientierte Arbeitsgruppen:

   a) Die Entstehung des zentralen Problems: Die Ankunft des Schneiders

   b) Die Figuren um Wenzel

   c) Wenzel: Schneider und Graf

   d) Die Entlarvung und die Folgen

   e) Die Liebesgeschichte

   f) Die Orte und die Handlung

Projekt 5: Kleider machen Leute – ein Fotoroman

Probleme mit dem Text: Die Ankunft des Schneiders

1. Beschreibt genau den Schneider und seine Eigenschaften, wie sie am Anfang der Geschichte dargestellt werden. Notiert auch die genauen Textstellen (Seite und Zeile), auf die ihr euch bezieht.
   a) Äußeres/ Aussehen

   _____

   _____

   b) Haltung/Charakter

   _____

   _____

2. Beschreibt in gleicher Weise die Situation, in der der Schneider sich befindet.

   _____

   _____

   _____

3. Beschreibt genau und Schritt für Schritt, was bei der Ankunft des Schneiders in Goldach geschieht. Notiert in der zweiten Spalte, warum das so geschehen konnte. In der dritten Spalte solltet ihr festhalten, welche Hintergründe und Zusammenhänge möglicherweise eine Rolle spielten.

Geschehen	Gründe	Hintergründe/Zusammenhänge

4. Wer ist nun woran schuld? Bereitet eine Diskussion der Frage in der Klasse vor. (Notiert euch wichtige Argumente und Behauptungen, die die Diskussion in Gang bringen können. Bestimmt einen Diskussionsleiter.)

   _____

   _____

2a Blatt 1

Projekt 5: Kleider machen Leute – ein Fotoroman

Probleme mit dem Text: Die Figuren um Wenzel

1. Wenzel bekommt es mit einer Vielzahl von recht unterschiedlichen Figuren bzw. Figurengruppen zu tun. Ihr solltet euch zunächst einen Überblick verschaffen über die wichtigsten Leute, ihre Eigenschaften und ihr Verhalten. Manche Leute ändern ihr Verhalten während bzw. nach der Entlarvung. Haltet in euren Aufzeichnungen entsprechende Unterschiede fest.

2b
Blatt 1

Person:	Eigenschaft(en):	Verhalten vor der Entlarvung:	Verhalten nach der Entlarvung:
Kutscher			
Wirt/Köchin			
Abendherren			
Amtsrat			
Nettchen			
Melchior Böhni			
Mutter			
Tochter der Gutsbesitzerin			
Goldacher Bürger			
Seldwyler Bürger			

Hinweis: Notiert in Klammern die entsprechenden Textstellen (Seite, Zeile).

Projekt 5: Kleider machen Leute – ein Fotoroman

2. Wenzel steht zu all diesen Figuren in einer bestimmten Beziehung. Ergänzt die folgende Skizze, indem ihr die jeweilige Beziehung eintragt. Notiert außerdem bei den Figuren die jeweils wichtigste Eigenschaft, die ausschlaggebend für die Beziehung ist.

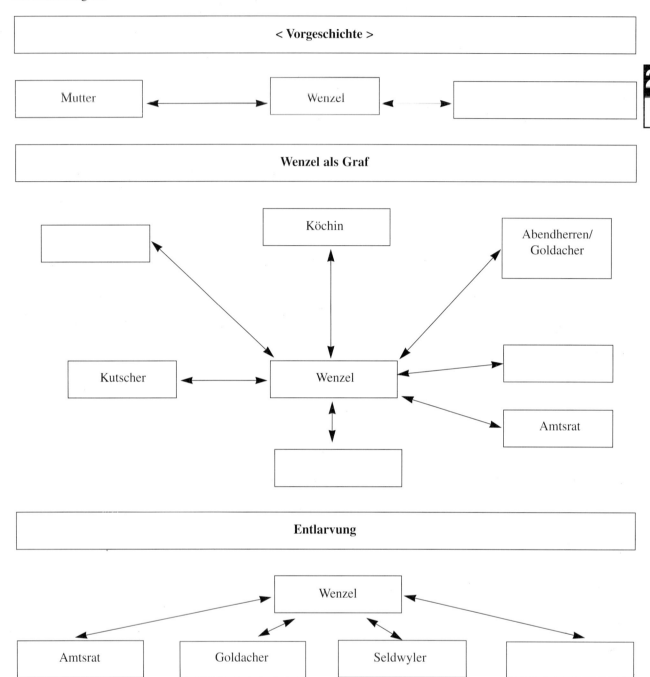

Projekt 5: Kleider machen Leute – ein Fotoroman

Probleme mit dem Text: Der Schneider – der Graf

1. Beschreibt genau die Kindheit des Schneiders.
   a) äußere Situation:
   _____
   _____
   _____

   b) Figuren um ihn:
   _____
   _____
   _____
   _____

2. Zeichnet den Lebensweg des Schneiders nach.
   a) Nennt die Regeln, nach denen er lebte.
   _____

   b) Welche Stationen durchlief er?
   _____

3. Beschreibt den Schneider, wie er sich bei der Ankunft in Goldach darstellt.
   _____

4. Wie entwickelt sich der Schneider zum Hochstapler?
   a) Wie setzt das Ganze ein?
   _____

   b) erster Fluchtversuch
   – Gründe: _____
   – Vereitelung: _____

   c) zweiter Fluchtversuch
   – Gründe: _____
   – Vereitelung: _____

2c Blatt 1

Projekt 5: Kleider machen Leute – ein Fotoroman

d) dritter Fluchtversuch

– Gründe: _____

– Vereitelung: _____

e) vierter Fluchtversuch

Gründe: _____

– Vereitelung: _____

5. Was tut der Schneider selbst absichtlich, um als Graf zu gelten?

_____
_____
_____
_____
_____

6. Bereitet eine Diskussion vor: Wieviel Schuld trägt der Schneider selbst daran, dass er für einen Grafen gehalten wird?

_____
_____
_____
_____
_____
_____
_____
_____

2c Blatt 2

Projekt 5: Kleider machen Leute – ein Fotoroman

Probleme mit dem Text: Das Verlobungsfest – die Entlarvung

✎ Beschreibt genauer die Vorgeschichte der Entlarvung:

a) Verlobungsfest: Planung und Ziel:

_____

b) Böhnis Verdacht und Strategie:

_____

2d Blatt 1

✎ Stellt die beiden Schlittenzüge gegenüber:

	Goldacher Schlittenzug:	Seldwyler Schlittenzug:
Was wird dargestellt?		
Was soll das bedeuten?		
Wie kommt man zu dem Schluss:	„Kleider machen Leute"	„Leute machen Kleider"

✎ Beschreibt den genauen Ablauf und die Bedeutung des Schautanzes. Beachtet dabei die Gegenüberstellung „Kleider machen Leute" – „Leute machen Kleider".

_____

_____

✎ Benennt genau die unmittelbaren Folgen für Wenzel, Nettchen und den Amtsrat.

_____

_____

_____

_____

Projekt 5: Kleider machen Leute – ein Fotoroman

Probleme mit dem Text: Die Liebesgeschichte

1. Untersucht die erste Begegnung Wenzels mit Nettchen.
   a) Beschreibt genau die Situation, in der sich beide begegnen. (Ort, Tätigkeit, Absichten …)

   _____
   _____

   b) Wie wirkt Wenzel auf Nettchen? Was erzeugt diese Wirkung?

   _____
   _____

   c) Wie wirkt Nettchen auf Wenzel? Was wird bewirkt?

   _____
   _____

   d) Was folgt aus der ersten Begegnung?

   _____
   _____

2. Untersucht die zweite Begegnung Wenzel – Nettchen:
   a) Beschreibt Wenzels Situation. (Was ging unmittelbar voraus? Was will Wenzel? Warum?)

   _____
   _____

   b) Was geschieht beim Auftauchen Nettchens?

   _____
   _____

   c) Welche Folgen hat die zweite Begegnung? (Auch für Wenzel und seine Grafenrolle!)

   _____
   _____

2e Blatt 1

Projekt 5: Kleider machen Leute – ein Fotoroman

3 Beschreibt in Stichpunkten die Bedeutung des Verlobungsfestes für die Liebesgeschichte:
a) Was war (warum/wozu) geplant?

_____

_____

b) Was waren die Folgen der Entlarvung?

_____

_____

_____

4 Untersucht genauer, wie es zur Trennung kam. Haltet Stichpunkte fest.

_____

_____

_____

_____

5 Wie kam es zur Rettung Wenzels?
a) Warum sucht Nettchen Wenzel, obwohl sie enttäuscht ist?

_____

_____

b) In welcher Verfassung findet sie Wenzel?

_____

_____

c) Welche Bedeutung hat Wenzels Erzählung?

_____

_____

Beschreibt genauer die Veränderung(en), die bei Nettchen und Wenzel zu beobachten sind.

_____

_____

_____

Welche Zukunftsperspektiven werden für beide eröffnet?

_____

_____

_____

2e Blatt 2

Projekt 5: Kleider machen Leute – ein Fotoroman

Probleme mit dem Text: Die Orte der Handlung

1. Die Novelle spielt zwar an einem geografisch eng begrenzten Ort, dennoch können wir ganz verschiedene Handlungsorte mit recht unterschiedlichen Merkmalen ausmachen. Beschreibt die einzelnen Handlungsorte. Überlegt auch,
   - welche Bedeutung der jeweilige Ort für die Gesamthandlung hat,
   - welche Zusammenhänge zwischen Orten und Menschen bestehen.

Ort	Auffälligkeiten/Merkmale	Bedeutung für die Handlung
Landstraße nach Goldach		
Gasthof zur Waage		
Gut des Amtsrats		
Goldach		
Gasthof zwischen Goldach und Seldwyla		
Landstraße		
Seldwyla		

2f Blatt 1

Projekt 5: Kleider machen Leute – ein Fotoroman

Fotoroman: Was Bilder erzählen

1. ✏️ Zweimal das Gleiche und doch nicht dasselbe. Versucht zunächst zu jedem der beiden Bilder zu sagen, um was es geht oder gehen könnte.

   Da sind zwei Jungen …   Da sind zwei Jungen …
   _____   _____
   _____   _____
   _____   _____
   _____   _____

2. ✏️ Stellt fest, was auf beiden Bildern gleich ist. Beschriebt dann, was beide Bilder unterscheidet.

   Auf beiden Bildern …_____
   _____

   Auf diesem Bild …   Auf diesem dagegen …
   _____   _____
   _____   _____
   _____   _____
   _____   _____

3a Blatt 1

Projekt 5:   Kleider machen Leute – ein Fotoroman

3   Dieselbe Landschaft, und doch sieht der Betrachter beider Bilder die Landschaft jeweils „mit anderen Augen". Erklärt, woran das liegt.

_____

_____

4   Sammelt aus Illustrierten Bilder, auf denen ihr Ähnliches feststellen könnt.

_____

_____

5   Überlegt nun, wie man es erreichen könnte, dass der Betrachter einer Aufnahme die Situation gewissermaßen mit den Augen einer beteiligten Figur sieht, erfasst und vielleicht auch bewertet.

_____

_____

_____

                 1   2   3

6   Beschreibt genau die Unterschiede zwischen den Bildern.

_____

_____

7   In „Kleider machen Leute" könnten vielleicht alle drei Bilder verwendet werden, aber an ganz verschiedenen Stellen und mit ganz verschiedenen Aufgaben. Notiert in Stichpunkten:
    a)   Wo könnte man das Bild verwenden?
    b)   Welche Aufgabe hätte das Bild da?

Bild	Verwendung	Aufgabe
1		
2		
3		

8   Beschreibt nun genauer, wie man fotografisch etwas hervorheben kann und wie man die Aufmerksamkeit des Betrachters auf bestimmte Einzelheiten lenken kann. (Bedenkt auch, dass der Betrachter den Zusammenhang nicht aus den Augen verlieren darf.)

_____

_____

Projekt 5: Kleider machen Leute – ein Fotoroman

9. (Diese Aufgabe solltet ihr erst bearbeiten, wenn ihr euch schon intensiv mit der Novelle beschäftigt habt.)
   Geht die Handlung der Novelle durch:
   a) Wo gibt es besondere Details (Einzelheiten), auf die man die Leser aufmerksam machen müsste?
   b) Wie könnte man diese Details wirkungsvoll ins Bild setzen?
   Macht euch Notizen, damit ihr nichts vergesst. Später könnt ihr diese Notizen in euren Regieplan einfügen.

___

10. Stellt euch vor, ihr wollt zum Ausdruck bringen, dass jemand überrascht ist. Welches der drei folgenden Bilder würdet ihr wählen?

3a Blatt 3

11. Begründet eure Wahl. (Übrigens: Für jede der drei Möglichkeiten gibt es gute Gründe, aber …)

___

12. Geht nun die Novelle durch und überlegt:
   a) Wo werden Gefühle geschildert, die für die einzelnen Figuren bzw. die Handlung besonders wichtig sind?

___

   b) Wie könnte man diese Gefühle wirkungsvoll in einem Bild ausdrücken?
   Macht euch Notizen!

___

13. Auf der folgenden Seite findet ihr eine Übersicht, die deutlich macht, welche Wirkung man mit einem bestimmten Bildausschnitt erreichen kann. Seht euch die Übersicht an. Wenn ihr später euer Regiebuch schreibt, werdet ihr wohl immer wieder auf sie zurückgreifen.

___

Projekt 5: Kleider machen Leute – ein Fotoroman

Detail (D)

Kleiner Ausschnitt eines Gegenstandes oder eines Menschen wird gezeigt.

Halbnah (HN)

Zeigt Menschen von Knien an aufwärts.

3a Blatt 4

Groß (G)

Mensch wird von den Schultern aufwärts gezeigt (Paßfotogröße). Häufige Verwendung in Gesprächssituationen.

Halbtotal (HT)

Gegenstand oder Person ist vom Zuschauer entfernt. Gestik tritt in Vordergrund.

Nah (N)

Brustbild, Kopf beherrscht das Bild. Der Hintergrund, vor dem sich die Person bewegt, ist schon erkennbar.

Total (T)

Überblick, Eindruck über das Ganze wird vermittelt. Einstellung gibt den Zuschauern den räumlichen Plan vom Geschehen.

Amerikanisch (A)

Einstellung zwischen Nah und Halbnah. Person bis unterhalb der Hüften (im Western Sitz des Coltes).

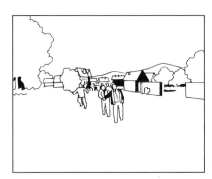

Weit (W)

Zeigt Landschaft an sich.

Projekt 5: Kleider machen Leute – ein Fotoroman

Fotoroman: Was Bilder nicht sagen können

✏️ Habt ihr schon einmal einen alten Stummfilm gesehen (Chaplin, Dick und Doof…)? Erzählt, um was es ging.

___

✏️ Erklärt, warum der Stummfilm „Stummfilm" heißt.

___

3b Blatt 1

✏️ Da man noch keine Tonaufnahmen speichern konnte, musste man dem Zuschauer alles mit Hilfe von Bildern oder Bildfolgen mitteilen. Manchmal aber reichte das nicht aus.

a) Wie hat man sich im Stummfilm weitergeholfen? (Wenn ihr es nicht wisst, fragt euren Lehrer. Vielleicht kann er euch ein kleines Beispiel vorführen?)

___

b) An welchen Stellen kommt man mit Bildfolgen nicht mehr weiter? Erinnert ihr euch an Beispiele?

___

✏️ Im Fotoroman habt ihr dasselbe Problem, nur in noch verschärfter Form: Ihr habt nur Bilder oder Bildfolgen als Momentaufnahmen. Den eigentlichen Handlungsablauf muss der Betrachter erschließen. Dabei müsst ihr ihm manchmal einige Hilfen geben. Welche Aufgabe kann dabei die Sprache übernehmen?

___

✏️ Gefühle, innere Zustände und Ähnliches lassen sich gut im Bild darstellen. Versucht einmal, Freude, Erregung, Angst, Überraschung ohne Sprache auszudrücken.
Wie aber ist es mit dem Denken, Planen, Hoffen, Befürchten?

___

✏️ Solange Auseinandersetzungen handgreiflich stattfinden, lassen sie sich einfach ins Bild setzen. Was macht man aber, wenn mit Worten gestritten, verhandelt, informiert, gefragt wird?

___

Projekt 5: Kleider machen Leute – ein Fotoroman

7 Zu viel Wechselrede („Dialog") auf einem Bild wäre entweder langweilig oder könnte nicht mehr gut verstanden werden. Zu viele Bilder zu einer Auseinandersetzung wären ebenso langweilig. Was ist zu tun? Ihr könnt das anhand des folgenden Beispiels untersuchen:
Stellt euch vor, ihr solltet aus dem Text eine kleine Fotoerzählung von 1–2 Seiten machen.
a) Wie würdet ihr gliedern?
b) Was müsste in Sprache wiedergegeben werden?
c) Was würdet ihr ins Bild setzen?
d) Welche entscheidenden Stationen hat der Streit? Wie viele Bilder würdet ihr brauchen?

Mark Twain
Tom und der Neue

Plötzlich hörte Tom auf zu pfeifen. Ein Fremder stand vor ihm, ein Bursche, kaum größer als er selbst. Eine neue Bekanntschaft, einerlei, welchen Alters und Geschlechts, war in dem armseligen, kleinen St. Petersburg schon ein
5 Ereignis. Dieser Bursche war gut gekleidet – zu gut für einen Werktag. Sonderbar. Seine Mütze war zierlich, seine eng anliegende blaue Jacke neu und sauber, ebenso seine Hose. Er hatte Schuhe an und es war erst Freitag! Er hatte sogar ein Halstuch umgeschlungen, ein wahres
10 Monstrum von einem Tuch. Überhaupt hatte er etwas an sich, was den Naturmenschen in Tom herausforderte. Je mehr Tom das neue Weltwunder anstarrte, um so mehr rümpfte er die Nase über solche Geziertheit und sein eigenes Äußeres erschien ihm immer schäbiger. Beide
15 schwiegen. Wollte einer ausweichen, wollte auch der andere ausweichen, natürlich nach derselben Seite. So schauten sie einander lange und herausfordernd in die Augen. Endlich sagte Tom: „Soll ich dich verprügeln?"
„Das möchte ich doch erst einmal sehen!"
20 „Kannste gleich sehen!"
„Du kannst es ja gar nicht!"
„Klar kann ich's!"
„Puh!"
„Klar kann ich's!"
25 „Aufschneider!"
„Ich kann's!"
Eine ungemütliche Pause. Darauf wieder Tom: „Wie heißt du denn?"
„Das geht dich 'nen Schmarren an!"
30 „Ich werd' dir schon zeigen, dass mich's was angeht!"
„Na zeig's doch!"
„Wenn du noch viel redest, mach ich kurzen Prozess mit dir!"
„Viel – viel – viel, so, nu tu's!"
35 „Aber du glaubst wohl, du bist was Besonderes? Wenn ich nur wollte, könnte ich dich mit einer Hand umhauen!"
„Na, warum tust du's nicht? Du redest nur immer!"
„Wenn du frech wirst, tu ich's!"
„Puh – das kann jeder sagen!"
40 „Du bist wohl was recht's, du Windhund!"
„Selber Windhund!"
„Was du für einen blöden Hut aufhast!"
„Wenn er dir nicht gefällt, kannst du ihn ja runterschlagen! Aber dann setzt es Ohrfeigen!"
45 „Großmaul!"
„Prahlhans, du bist ja zu feig!"
„Mach, dass du weiterkommst!"
„Du, wenn du noch lange Quatsch redest, schmeiß ich dir 'nen Stein an den Kopf!"
50 „Na, tu's doch!"
„Ich tu's auch!"
„Warum tust du's denn nicht? Du redest ja immer nur. Tu's doch mal! Du bist ja zu feige!"
„Ich bin nicht feige!"
55 „Natürlich bist du feige!"
„Nicht wahr!"
„Doch wahr!"
Wieder eine Pause. Beide starrten sich an, gingen umeinander herum und beschnüffelten sich wie junge Hunde.
60 Plötzlich standen sie in Kampfstellung Schulter an Schulter.
Tom schrie: „Scher dich fort!"
„Fällt mir gar nicht ein!"
„Fällt mir auch nicht ein!"
65 […]
Tom zog mit der großen Zehe einen Strich durch den Sand und sagte: „Komm herüber und ich hau dich zusammen!" Sofort sprang der andere hinüber und sagte herausfordernd: „So, nun tu's!"
70 „Mach mich ja nicht wütend, rat ich dir!"
„Mensch, du traust dich ja doch nicht!"
„Verdammt, für zwei Pennys würde ich's tun!"
Im nächsten Augenblick hatte der feine Junge ein Zweipennystück aus der Tasche geholt und hielt es Tom her-
80 ausfordernd unter die Nase. Tom schlug es ihm aus der Hand.
Und schon rollten beide Jungen im Straßenschmutz, ineinander verbissen wie zwei Katzen. Sie rissen sich an den Haaren und zerrten sich an den Kleidern, schlugen
85 und zerkratzten sich die Nasen und bedeckten sich mit Staub und Ruhm. Plötzlich klärte sich die Situation und aus dem Kampfgewühl tauchte Tom empor, auf dem andern reitend und ihn mit den Fäusten bearbeitend.
„Sag: Genug!"
90 Der Junge setzte seine krampfhaften Bemühungen, sich zu befreien, fort und schrie vor Wut. „Sag: Genug!" Und Tom prügelte fröhlich weiter. Schließlich stieß der andere ein halbersticktes „Genug" hervor.
Tom ließ von ihm ab und sagte: „So, nun weißt du's! Das
95 nächste Mal siehst du dich besser vor, mit wem du anbindest!"
Der fremde Junge klopfte sich den Staub von den Kleidern, lief heulend davon und sah sich von Zeit zu Zeit um, Tom drohend, dass er ihn das nächste Mal verhauen
100 werde, worauf Tom höhnisch lachte und seelenvergnügt nach Hause schlenderte.

Projekt 5: Kleider machen Leute – ein Fotoroman

Drehbuch: Leserorientierung

1. Sucht in der Novelle Stellen, die den Leser über wichtige Handlungsvoraussetzungen, besonders über einzelne Figuren und deren Lebensgeschichte informieren. Haltet Stichpunkte fest und notiert die entsprechenden Seiten/Zeilen.

    a) Handlungsorte:
    – Goldach

    _____

    – Seldwyla

    _____

    – Gasthaus auf der Hochebene

    _____

    b) beteiligte Figuren:
    – Wenzel

    _____

    – Nettchen

    _____

    – Böhni

    _____

    – Wirt der „Waage"

    _____

    – Goldacher Bürger

    _____

    c) Besondere Umstände:

    _____

2. Über wichtige Züge der beiden Hauptfiguren wird der Leser in Form von Erzählungen und Rückblicken unterrichtet. Suche die Stellen auf und überlege:

    a) Welche Bedeutung hat das Gesagte für die Gesamthandlung?
    – Wenzel

    _____

    – Nettchen

    _____

    b) Wie könnte man im Fotoroman dieser Bedeutung gerecht werden? Notiere deine Ideen.

    _____

    _____

4 Blatt 1

Projekt 5: Kleider machen Leute – ein Fotoroman

3. Im Fotoroman ist es nicht ganz einfach, einen Rückblick einzublenden. Erkläre, woran das liegt.

___

4. Die Rückblenden unserer Novelle enthalten wichtige Informationen, die Gegebenheiten betreffen, welche dem erzählten Geschehen vorausgingen. Man könnte deshalb die entsprechenden Informationen gewissermaßen als Vorspann vorausschicken. Dabei braucht man nicht einmal auf eine bildliche Darstellung zu verzichten, im Gegenteil, man könnte einiges noch besonders genau darstellen und auch hervorheben.

   a) Ihr kennt bestimmt „Asterix". Schaut einmal nach, wie dort eine Erzählung eröffnet wird.

   ___

   b) Welche Gesichtspunkte und Verfahren könntet ihr für euren Vorspann übernehmen?

   ___

   c) Was müsstet ihr noch ergänzen?

   ___

5. Entwerft nun den thematischen Rahmen für einen etwa dreiseitigen Vorspann.

Thema:	Thema:	Thema:
einzelne Gesichtspunkte:	einzelne Gesichtspunkte:	einzelne Gesichtspunkte:

Blatt 2

Projekt 5: Kleider machen Leute – ein Fotoroman

Drehbuch: Leserorientierung – Lottchen

Angenommen, ihr wollt euren Lesern auf einer Seite Nettchen vorstellen …

1. Wie soll Nettchen aussehen? Notiert alles, was euch wichtig erscheint. (Beachtet auch, was G. Keller zu ihr und ihrem Aussehen sagt.)

   _____

   _____

   _____

2. Welche Vorstellungen hat Nettchen von ihrer Zukunft, ehe sie Wenzel kennen lernt? Wie stellt sie sich ihren zukünftigen Mann vor? (Achtet darauf, was ihr Vater zu diesem Thema sagt.)

   _____

   _____

   _____

   _____

3. Wie kommt Nettchen auf solche Ideen? Beachtet: Am Ende ruft sie einmal aus: „Keine Romane mehr!" Sucht die Stelle auf und erläutert, was sie damit meint.

   _____

   _____

   _____

   _____

Hinweis: Ihr könnt euch mit dieser Frage etwas intensiver beschäftigen und den Zusatztext auf der Folgeseite bearbeiten. Dort schildert Gottfried Keller im „Grünen Heinrich" eine „Lesefamilie", die sich „Romane lesend" mehr und mehr von der Realität entfernt.

4a Blatt 1

Projekt 5: Kleider machen Leute – ein Fotoroman

Gottfried Keller
Die Lesefamilie

Um diese Zeit schloß ich mich enger an einen Knaben, dessen erwachsene, lesebegierige Schwestern eine Unzahl schlechter Romane zusammengetragen hatten. Verloren gegangene Bände aus Leihbibliotheken, niedriger Abfall aus vornehmen Häusern oder von Trödlern um wenige Pfennige erstanden, lagen in der Wohnung dieser Leute auf Gesimsen, Bänken und Tischen umher, und an Sonntagen konnte man nicht nur die Geschwister und ihre Liebhaber, sondern Vater und Mutter, und wer sonst noch da war, in die Lektüre dieser schmutzig aussehenden Bücher vertieft finden. Die Alten waren törichte Leute, welche in dieser Unterhaltung Stoff zu törichten Gesprächen suchten; die Jungen hingegen erhitzten ihre gemeine Phantasie an den gemeinen unpoetischen Machwerken, oder vielmehr sie suchten hier die bessere Welt, welche die Wirklichkeit ihnen nicht zeigte. Die Romane zerfielen hauptsächlich in zwei Arten. Die eine enthielt den Ausdruck der üblen Sitten des vorigen Jahrhunderts in jämmerlichen Briefwechseln und Verführungsgeschichten, die andere bestand aus derben Ritterromanen. Die Mädchen hielten sich mit großem Interesse an die erste Art und ließen sich dazu von ihren teilnehmenden Liebhabern sattsam küssen und liebkosen; uns Knaben waren aber diese prosaischen und unsinnlichen Schilderungen einer verwerflichen Sinnlichkeit glücklicherweise noch ungenießbar und wir begnügten uns damit, irgend eine Rittergeschichte zu ergreifen und uns mit derselben zurückzuziehen. Die unzweideutige Genugtuung, welche in diesen groben Dichtungen waltete, war meinen angeregten Gefühlen wohltätig und gab ihnen Gestalt und Namen. Wir wußten die schönsten Geschichten bald auswendig und spielten sie, wo wir gingen und standen, mit immer neuer Lust ab, auf Estrichen und Höfen, in Wald und Berg, und ergänzten das Personal vorweg aus willfährigen Jungen, die in der Eile abgerichtet wurden. Aus diesen Spielen gingen nach und nach selbsterfundene, fortlaufende Geschichten und Abenteuer hervor, welche zuletzt dahin ausarteten, daß jeder seine große Herzens- und Rittergeschichte besaß, deren Verlauf er den andern mit allem Ernste berichtete, so daß wir uns in ein ungeheures Lügennetz verwoben und verstrickt sahen; denn wir trugen unsere erfundenen Erlebnisse gegenseitig einander so vor, als ob wir unbedingten Glauben forderten, und gewährten uns denselben auch, in eigennütziger Absicht, scheinbar. Mir ward diese trügliche Wahrhaftigkeit leicht, weil der Hauptgegenstand unserer Geschichten beiderseits immer eine glänzende und ausgezeichnete Dame unserer Stadt war und ich diejenige, welche ich für meine Lügen auserwählt, bald mit meiner wirklichen Neigung und Verehrung bekleidete. Daneben hatten wir mächtige Feinde und Nebenbuhler, als welche wir angesehene, ritterliche Offiziere bezeichneten, die wir oft zu Pferde sitzen sahen. Verborgene Reichtümer waren in unserer Gewalt, und wir bauten aus denselben wunderbare Schlösser an entlegenen Punkten, welche wir mit wichtiger Geschäftsmiene zu beaufsichtigen vorgaben. Jedoch beschäftigte sich die Einbildungskraft meines Genossen überdies mit allerhand Kniffen und Ränken und war eher auf Besitz und leibliches Wohlsein gerichtet, in welcher Beziehung er die sonderbarsten Dinge erfand, während ich alle Erfindungsgabe auf meine erwählte Geliebte verwandte und seine kleinlichen und mühsamen Geldverhältnisse, welche er unablässig zusammenträumte, mit einer kolossalen Lüge von einem gehobenen unermeßlichen Schatze überbot und kurz abfertigte. Dieses mochte ihn ärgern, und während ich, zufrieden in meiner ersonnenen Welt, mich wenig um die Wahrheit seiner Prahlereien bekümmerte, fing er an, mich mit Zweifeln an der Wahrheit der meinigen zu quälen und auf Beweise zu dringen. Als ich einst flüchtig von einer mit Gold und Silber gefüllten Kiste erzählte, welche ich in unserm Kellergewölbe stehen hätte, drang er auf das heftigste darauf, dieselbe zu sehen. Ich gab ihm eine Stunde an, zu welcher dies möglich wäre, und er fand sich pünktlich ein und versetzte mich in eine Verlegenheit, an welche ich im mindesten bisher noch nie gedacht hatte. Aber schnell hieß ich ihn eine Weile warten vor dem Hause und eilte in die Stube zurück, wo in dem Sekretär meiner Mutter ein altertümliches hölzernes Kästchen stand, welches einen kleinen Schatz an alten und neuen Silbermünzen und einige Dukaten enthielt. Dieser Schatz umfaßte einesteils die Patengeschenke aus der Kinderzeit meiner Mutter, andersteils meine eigenen und war sämtlich mein erklärtes Eigentum. Die Hauptzierde aber war eine mächtige goldene Schaumünze von der Größe eines Talers und bedeutendem Werte, welche Frau Margret in einer guten Stunde mir geschenkt und der Mutter zum sichern Verwahrsam ausgehändigt hatte zum treuen Angedenken, wenn ich einst erwachsen, sie hingegen nicht mehr sein werde. Ich durfte das Kästchen hervornehmen und den glänzenden Schatz beschauen, sooft ich wollte, auch hatte ich denselben schon in allen Gegenden des Hauses herumgetragen. Ich nahm ihn also jetzt und trug ihn in das Gewölbe hinunter und legte das Kästchen in eine Kiste, welche mit Stroh gefüllt war. Dann hieß ich den Zweifler mit geheimnisvoller Gebärde hereinkommen, lüftete den Deckel der Kiste ein wenig und zog das Kästchen hervor. Als ich es öffnete, blinkten ihm die blanken Silberstücke gar hell entgegen, als ich aber die Dukaten und zuletzt die große Münze hervornahm, daß sie im Zwielichte seltsam funkelte und der alte Schweizer mit dem Banner, der darauf geprägt war, sowie der Kranz von Wappenschilden zu Tage traten, da machte er große Augen und wollte mit allen fünf Fingern in das Kästchen fahren. Ich schlug es aber zu, legte es wieder in die Kiste und sagte: „Siehst du, solcher Dinge ist die Kiste voll!" Damit schob ich ihn aus dem Keller und zog den Schlüssel ab. Er war nun für einmal geschlagen, denn obgleich er von der Unwirklichkeit unserer Märchen überzeugt war, so gestattete ihm doch der bisher festgehaltene Ton unseres Verkehrs nicht, weiter zu dringen, da es auch hier die rücksichtsvolle Höflichkeit des Lebens erforderte, den mit guter Manier vorgetragenen blauen Dunst bestehen zu lassen. Vielmehr gab meinem Freunde diese vorläufige Toleranz Gelegenheit, mich zu weiteren Lügen zu reizen und auf immer bedenklichere Proben zu stellen.

Projekt 5: Kleider machen Leute – ein Fotoroman

4 Und nun versucht, das alles ins Bild zu setzen:
- Wie sehen die „Traummänner" aus?
- Wie könnte man darstellen, aus welcher Quelle Nettchen ihre Träume bezieht?

Macht euch Notizen. Ihr könnt auch an der folgenden Skizze weiterarbeiten.

Projekt 5: Kleider machen Leute – ein Fotoroman

Drehbuch: Leserorientierung – Wenzel

Wenzel Strapinski hat schon einiges hinter sich, als er vor der „Waage" aus der Kutsche steigt. Er selbst erzählt Nettchen seine Lebensgeschichte.

1. ✏ Haltet die wichtigsten Stationen und Ereignisse fest.

_____

_____

_____

2. ✏ Überlegt: Was wird für unsere Geschichte besonders wichtig?

Ereignis	Wichtig für

3. ✏ Wie könnte man die Stationen so ins Bild setzen, dass ihre Bedeutung für die Handlung klar wird? Beschreibt möglichst genau, was auf den Bildern zu sehen sein soll. Notiert auch schon Bildunterschriften und Zwischentexte.

Wenzel

Mutter – Gutsherrin
Kind

Kind wächst heran

Gutsherrin
Kind

Mädchen
Wenzel

Wenzel

4b
Blatt 1

Projekt 5: Kleider machen Leute – ein Fotoroman

Drehbuch: Leserorientierung – Die Bürger von Goldach

Sprecht über die Bürger von Goldach. Sagt vor allem, wie ihr sie euch vorstellt. (Vorsicht! Das sollten keine Karikaturen werden!) Begründet eure Aussagen vom Text her und macht euch Notizen.

Figur	Textbeleg(e)
a) Wirt des Gasthauses „Zur Waage"	
b) Köchin	
c) Honoratioren	
d) Böhni	
e) Weitere Bürger	

4c Blatt 1

Projekt 5: Kleider machen Leute – ein Fotoroman

2 Gottfried Keller beschreibt auch einige Häuser von Goldach.
   a) Sucht die Textstelle auf und lest nochmals nach, was Keller über die Häuser schreibt.
   b) Keller unterscheidet verschiedene „Arten" von Häusern und entsprechenden Namen. Welche Gruppen kann man unterscheiden? Wie könnte man diese Unterschiede deutlich machen?

_____

_____

3 Wie stellt ihr euch die Leute vor, die
   – solche Häuser bauen?
   – so ihre Häuser benennen?

_____

_____

_____

4 Ihr werdet wohl kaum die Gelegenheit haben für eure Fotos Originalschilder zu finden. Aber ihr solltet versuchen die Namensschilder zu malen bzw. zu zeichnen.
   – Wählt einen Rahmen bzw. eine Form, die euch angemessen erscheint.
   – Wählt geeignete Schriftformen.
Ihr solltet vielleicht euren Kunstlehrer oder eure Kunstlehrerin um Rat fragen.
Schaut euch einmal in eurem Heimatort um. Gibt es vielleicht ähnliche (Namens-)Schilder? (Beachtet alte Gasthöfe, Apotheken usw.!) Ihr könnt euch bei euren Zeichenversuchen an solchen Schildern orientieren.

5 Entwerft nun eine Seite, auf der ihr die Bürger von Goldach und ihren Heimatort vorstellt.

Projekt 5: Kleider machen Leute – ein Fotoroman

Drehbuch: Die Handlung aufteilen

Ein Foto kann keinen Ablauf darstellen. Im Bild erscheint immer nur ein Augenblick, eine Station eines Ablaufs. Will man einen Ablauf dennoch darstellen, so braucht man mehrere Bilder für die einzelnen Stationen eines Ablaufs.

1 Herr Müller hat eine Deutschland-Rundreise im Auto hinter sich. Er hat in einer Bildreihe diesen „Ablauf" festgehalten. Hier habt ihr eine Auswahl der wichtigsten Bilder:

Was sagt diese Bildfolge über den Ablauf der Reise aus? Was hätte Herr Müller bei seinem Bildbericht über seine Rundreise anders machen können?

2 Will man einen Ablauf in eine Bildfolge umsetzen, so muss man zunächst überlegen, welche Stationen des Ablaufs besonders wichtig sind. Ihr wollt die Novelle „Kleider machen Leute" in eine Bildfolge umsetzen. Überlegt: Welche Stationen sind für die Gesamthandlung besonders wichtig?

Hinweis: Ihr solltet die einzelnen Vorschläge ausführlich diskutieren. Bei der Entscheidung für oder gegen eine Station könnt ihr von der Frage ausgehen: Wird die Gesamthandlung hier entscheidend beeinflusst?
Notiert die Stationen (Die hier vorgegebene Zahl muss nicht unbedingt eingehalten werden!) und bildet Gruppen, die die weitere Bearbeitung der einzelnen Stationen übernehmen.

Station 1: _____ Gruppe: _____

Station 2: _____ Gruppe: _____

Station 3: _____ Gruppe: _____

Station 4: _____ Gruppe: _____

Station 5: _____ Gruppe: _____

Station 6: _____ Gruppe: _____

Projekt 5: Kleider machen Leute – ein Fotoroman

Drehbuch: Handlungsteile entfalten

Handlungsteil: _____

Hinweis: Das Schema auf der folgenden Seite kann euch helfen, eure Überlegungen zu ordnen. Tragt also die Resultate eurer Überlegungen dort ein. Aber Vorsicht: Das Schema entspricht nicht einem möglichen Layout eures Handlungsteils.

1. Überlegt: Was gehört alles zum Handlungsteil, den ihr bearbeitet?

2. Legt fest, was im Zentrum stehen soll, und überlegt, wie ihr das in einem Bild darstellen könnt.

3. Ordnet die übrigen Elemente um dieses Zentrum herum an.
   - Stellt fest, in welchem Verhältnis sie zum Zentrum stehen. (Welche Bedeutung haben sie für das Zentrum? In welcher Reihenfolge liefen sie ab? Wie steht es mit Ursache und Wirkung? ...)
   - Überlegt, wie man dieses Verhältnis darstellen könnte. (Mit Sprache? Im Bild? Durch Anordnung? ...)

4. Verknüpfung des Handlungsteils:
   a) Überlegt, was alles mitgeteilt werden muss, damit klar wird, in welchem Zusammenhang euer Handlungsteil mit dem Vorausgehenden steht.

   b) Überlegt, wie ihr zum nachfolgenden Handlungsteil überleiten könnt.

   c) Verständigt euch mit euren Nachbargruppen.

5. Wenn ihr alle eure Ergebnisse in das folgende Schema eingetragen habt, solltet ihr alle Übersichten zusammenfügen, so dass ihr einen ersten Überblick über euren Fotoroman habt.

Projekt 5: Kleider machen Leute – ein Fotoroman

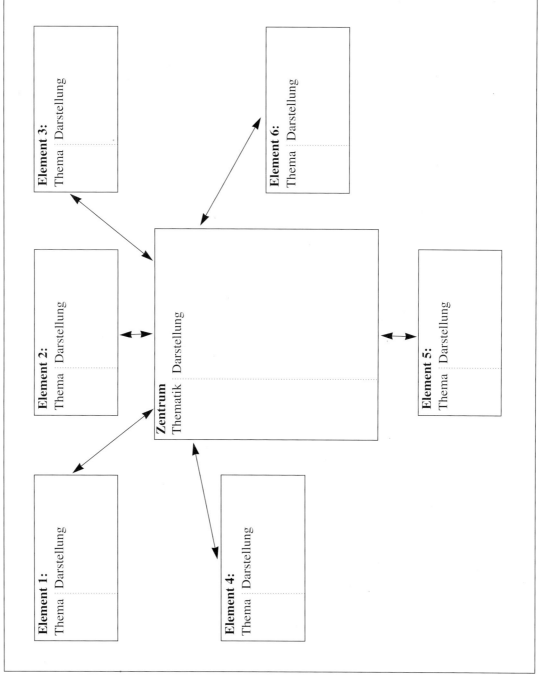

Projekt 5: Kleider machen Leute – ein Fotoroman

Drehbuch: Endgültige Fassung

1. Mithilfe der folgenden Übersicht und auf der Basis der bearbeiteten Handlungsteile solltet ihr endgültig festlegen,
   - wie viele Bilder ihr für euren Fotoroman braucht,
   - in welcher Reihenfolge die Bilder anzuordnen sind,
   - was auf den Bildern zu sehen sein soll,
   - aus welcher Perspektive der Bildgegenstand gezeigt werden soll,
   - welchen Ausschnitt das jeweilige Bild wiedergeben soll,
   - wie weit „Sprech-" bzw. „Denkblasen" die Bilder ergänzen müssen.

   Außerdem solltet ihr markieren, wo verbindende Zwischentexte einzufügen sind.

Nr.	Thema	Bildgegenstand	Ausschnitt	Perspektive	Sprechblase

2. Formuliert nun die verbindenden Texte.
   Wenn ihr Probleme mit der Festlegung des Seitenlayouts habt, setzt euch mit eurem Kunstlehrer oder eurer Kunstlehrerin in Verbindung, sie werden euch bestimmt weiterhelfen. (Ihr könnt natürlich auch einmal in einer Zeitschrift nachschauen, wie es dort gemacht wird.)

Projekt 6:

Wir produzieren ein Hörspiel

Projekt 6: Wir produzieren ein Hörspiel

Grundsätzliches: Theorie

Sicher kennt ihr schon einige Hörspiele. Aber so genau wisst ihr vermutlich nicht, wie das alles „funktioniert", was man beachten muss, wenn man selbst ein Hörspiel herstellen will, welche Tricks es gibt usw.
Ehe ihr euch an das Produzieren macht, solltet ihr euch erst mit einigen grundsätzlichen Dingen vertraut machen.

Ihr werdet euch am besten die Arbeit teilen, dann muss nicht jeder alles erarbeiten. Da aber alle nach Möglichkeit alles mitbekommen sollen, solltet ihr es so einrichten, dass die von einzelnen Gruppen erarbeiteten Erkenntnisse auch den andern zugänglich gemacht werden. Es wird also immer, auch wenn das nicht ausdrücklich gesagt wird, eure Aufgabe sein mitzubedenken, wie ihr eure Erkenntnisse am besten euren Klassenkameraden vermitteln könnt. Das kann auf ganz verschiedene Arten geschehen:
– Ihr könnt z. B. eure Ergebnisse in knappen Sätzen zusammenfassen.
– Ihr könnt wichtige Zusammenhänge als Schaubilder darstellen.
– Ihr könnt mithilfe von Beispielen eure Aussagen verdeutlichen.
– Ihr könnt eure Ergebnisse auf einer Wandzeitung veröffentlichen.
– Ihr könnt eure Ergebnisse auf einem Blatt zusammenstellen und für alle kopieren.
– Ihr könnt euch als Fachleute für die Beantwortung von Fragen bereithalten.
– …

Bei der Erarbeitung der Vorkenntnisse, die ihr haben müsst, ehe ihr ein gutes Hörspiel produzieren könnt, solltet ihr immer
– theoretische Texte heranziehen (ihr findet einiges im Materialteil),
– gedruckte Hörspiele als Belege nutzen (auch hierfür gibt es einige Beispiele),
– „richtige" Hörspiele auszugsweise untersuchen und für eure Präsentation bereithalten. (Hier wird euch euer Lehrer oder eure Lehrerin einige Beispiele zur Verfügung stellen.) Aber ihr könnt auch selbst einiges aufnehmen. Vielleicht besitzt ihr auch das eine oder andere Hörspiel? Bringt es mit und bezieht es in eure Arbeit ein.

Für die Vorarbeiten bieten sich verschiedene Gesichtspunkte an, die eine Gruppeneinteilung erleichtern:

● Gruppe 1: Geräusche/ Akustik: _____

● Gruppe 2: Raumdarstellung: _____

● Gruppe 3: Darstellung von Zeit und zeitlichen Zusammenhängen: _____

● Gruppe 4: Innere Vorgänge: _____

● Gruppe 5: Der Sprecher/Erzähler: _____

● Gruppe 6: Die „Blendentechnik": _____

Projekt 6: Wir produzieren ein Hörspiel

Grundsätzliches: Theorie – Geräusche, Akustik

1. Eure erste Aufgabe ist es, zu untersuchen, welche Rolle die Geräusche im Hörspiel spielen. Ihr solltet dabei zwei Wege beschreiten:
   a) Bearbeitet die Texte im Materialteil, sofern sie für euer Thema interessant sind.
   b) Sammelt für eure Aussagen Hörbeispiele. (Übrigens: Wenn ihr keine geeigneten Beispiele findet, könnt ihr ja selbst solche in Form von kurzen Hörszenen produzieren!)

2. Bei der Bearbeitung der Texte solltet ihr so vorgehen:
   a) Lest die Texte durch und markiert die Teile, die mit eurem Thema zu tun haben.
   b) Macht euch klar, was jeweils gesagt wird. Fragt:
      – Um was geht es konkret?
      – Gibt es „Schlüsselwörter", die im Mittelpunkt stehen?
      – Was wird dazu ausgeführt? (Wird eine Behauptung aufgestellt?...)
      – Welche Gründe werden genannt?
      – Welche Beispiele werden angeführt?
   c) Überlegt: Welche Zusammenhänge bestehen zwischen den einzelnen Aussagen?

3. Euer Thema enthält aber noch ein zweites Problem: Fragen der Akustik. Damit ist alles gemeint, was überhaupt mit dem Hören (und auch: mit der Aufnahme von Geräuschen und Sprache) zu tun hat, also z. B.: Wie wirkt Hall? Wie kann man die Entfernung zu einem Sprecher hörbar machen? usw.
   a) Notiert alle Fragen, die euch in diesem Zusammenhang einfallen.
   b) Versucht mithilfe der Texte im Materialanhang die Fragen zu klären.
   c) Was ist in den Texten sonst noch zum Thema „Akustik" zu finden?
   d) Was könnt ihr aus euren Hörbeispielen ableiten?

4. Bereitet eure Präsentation vor: „Geräusche und Akustik im Hörspiel"
   a) Was wollt ihr als Merktext darstellen?
   b) Was soll (mit welchen Hörbeispielen) verdeutlicht werden?
   c) Welche Zusammenhänge lassen sich grafisch verdeutlichen?

5. ✏ Legt fest, wer was präsentiert.

_____

_____

_____

_____

Projekt 6: Wir produzieren ein Hörspiel

Grundsätzliches: Theorie – Raumdarstellung

1. Im Hörspiel gibt es nur einen „Mitteilungskanal": Das Hören. Alles muss hörbar gemacht werden. Ihr sollt nun überlegen und untersuchen, wie etwas, das man eigentlich mehr mit den Augen wahrnimmt, ein Raum nämlich, über das Gehör wahrgenommen werden kann. Ihr sollt dabei zwei Wege beschreiten:
   a) Bearbeitet die Texte im Materialteil, sofern sie für euer Thema interessant sind.
   b) Sammelt für eure Aussagen Hörbeispiele. (Übrigens: Wenn ihr keine geeigneten Beispiele findet, könnt ihr ja selbst solche in Form von kurzen Hörszenen produzieren!)

2. Bei der Bearbeitung der Texte solltet ihr so vorgehen:
   a) Lest die Texte durch und markiert die Teile, die mit eurem Thema zu tun haben.
   b) Macht euch klar, was jeweils gesagt wird. Fragt:
      – Um was geht es konkret?
      – Gibt es „Schlüsselwörter", die im Mittelpunkt stehen?
      – Was wird dazu ausgeführt? (Wird eine Behauptung aufgestellt? ...)
      – Welche Gründe werden genannt?
      – Welche Beispiele werden angeführt?
   c) Überlegt: Welche Zusammenhänge bestehen zwischen den einzelnen Aussagen?

3. Euer Thema enthält aber noch ein zweites Problem: Neben den äußerlich wahrnehmbaren Räumen kann man auch von „Innenräumen" sprechen und meint damit das, was im Innern der Figuren vorgeht. Zwar beschäftigt sich eine eigene Gruppe mit diesem Thema, aber da es unmittelbar mit eurem Thema zusammenhängt, solltet ihr es zumindest nicht aus dem Auge verlieren.
   a) Notiert alle Fragen, die euch in diesem Zusammenhang einfallen.
   b) Versucht mithilfe der Texte im Materialanhang die Fragen zu klären.
   c) Was ist in den Texten sonst noch zum Thema „Räume und ihre Darstellung – Darstellung und Wirkung" zu finden?
   d) Was könnt ihr aus euren Hörbeispielen ableiten?

4. Ihr solltet euch auch mit der technischen Seite der Fragen beschäftigen. Wie lässt sich z. B. der Eindruck „im Freien" oder „in einem geschlossenen Raum" technisch-akustisch bewerkstelligen?

5. Sind euch weitere Probleme begegnet? Habt ihr bei euren Hörbeispielen auch Lösungen gefunden? Sammelt sie.

6. Bereitet eure Präsentation vor: „Raumdarstellung im Hörspiel"
   a) Was wollt ihr als Merktext darstellen?
   b) Was soll (mit welchen Hörbeispielen) verdeutlicht werden?
   c) Welche Zusammenhänge lassen sich grafisch verdeutlichen?

7. Legt fest, wer was präsentiert.

Projekt 6: Wir produzieren ein Hörspiel

Grundsätzliches: Theorie – Zeit und zeitliche Zusammenhänge

1. Im Hörspiel gibt es nur einen „Mitteilungskanal": Das Hören. Alles muss hörbar gemacht werden. Ihr sollt nun überlegen und untersuchen, wie etwas, das man eigentlich als Ablauf erlebt, über das Gehör mitgeteilt werden kann. Ihr solltet dabei zwei Wege beschreiten:
   a) Bearbeitet die Texte im Materialteil, sofern sie für euer Thema interessant sind.
   b) Sammelt für eure Aussagen Hörbeispiele. (Übrigens: Wenn ihr keine geeigneten Beispiele findet, könnt ihr ja selbst solche in Form von kurzen Hörszenen produzieren!)

2. Bei der Bearbeitung der Texte solltet ihr so vorgehen:
   a) Lest die Texte durch und markiert die Teile, die mit eurem Thema zu tun haben.
   b) Macht euch klar, was jeweils gesagt wird. Fragt:
      – Um was geht es konkret?
      – Gibt es „Schlüsselwörter", die im Mittelpunkt stehen?
      – Was wird dazu ausgeführt? (Wird eine Behauptung aufgestellt?...)
      – Welche Gründe werden genannt?
      – Welche Beispiele werden angeführt?
   c) Überlegt: Welche Zusammenhänge bestehen zwischen den einzelnen Aussagen?

3. Euer Thema enthält aber noch ein zweites Problem: Verschiedene Abläufe stehen in ganz bestimmten zeitlichen Beziehungen zueinander: Sie verlaufen nacheinander oder gleichzeitig, sie sind miteinander verschränkt oder haben nichts miteinander zu tun. All das kann man irgendwie dem Zuhörer mitteilen.
   a) Notiert alle Fragen, die euch in diesem Zusammenhang einfallen.
   b) Versucht mithilfe der Texte im Materialanhang die Fragen zu klären.
   c) Was ist in den Texten sonst noch zum Thema „Zeit und ihre Darstellung" zu finden?
   d) Was könnt ihr aus euren Hörbeispielen ableiten?

4. Ihr solltet euch auch mit der technischen Seite der Fragen beschäftigen. Wie lässt sich z. B. der Eindruck eines parallelen Verlaufs technisch verwirklichen, ohne dass ein fürchterliches Durcheinander entsteht?

5. Jedes Geschehen steht in einer zeitlichen Abfolge. Im Hörspiel ist man aber nicht an diese Abfolge gebunden. Wie kann man frühere Abläufe einbeziehen? Wie kann man auf künftige Ereignisse hinweisen?

6. Sind euch weitere Probleme begegnet? Habt ihr bei euren Hörbeispielen auch Lösungen gefunden? Sammelt sie und beschreibt genau:
   – Was läuft ab?
   – Wie wird das dargestellt?
   – Welche Wirkung ergibt sich aus bestimmten Anordnungen von Abläufen?

7. Bereitet eure Präsentation vor: „Zeit und zeitliche Zusammenhänge im Hörspiel"
   a) Was wollt ihr als Merktext darstellen?
   b) Was soll (mit welchen Hörbeispielen) verdeutlicht werden?
   c) Welche Zusammenhänge lassen sich grafisch verdeutlichen?

8. Legt fest, wer was präsentiert.

Projekt 6: Wir produzieren ein Hörspiel

Grundsätzliches: Theorie – Innere Vorgänge

1. Im Hörspiel gibt es nur einen „Mitteilungskanal": Das Hören. Alles muss hörbar gemacht werden. Ihr sollt nun überlegen und untersuchen, wie etwas, das sich eigentlich im Innern einer Figur abspielt, hörbar gemacht werden kann.
   a) Bearbeitet die Texte im Materialteil, sofern sie für euer Thema interessant sind.
   b) Sammelt für eure Aussagen Hörbeispiele. (Übrigens: Wenn ihr keine geeigneten Beispiele findet, könnt ihr ja selbst solche in Form von kurzen Hörszenen produzieren!)

2. Bei der Bearbeitung der Texte solltet Ihr so vorgehen:
   a) Lest die Texte durch und markiert die Teile, die mit eurem Thema zu tun haben.
   b) Macht euch klar, was jeweils gesagt wird. Fragt:
      – Um was geht es konkret?
      – Gibt es „Schlüsselwörter", die im Mittelpunkt stehen?
      – Was wird dazu ausgeführt? (Wird eine Behauptung aufgestellt?…)
      – Welche Gründe werden genannt?
      – Welche Beispiele werden angeführt?
   c) Überlegt: Welche Zusammenhänge bestehen zwischen den einzelnen Aussagen?

3. Euer Thema lässt mehrere Problemlösungen zu. Ihr habt bisher wohl vor allem an den „inneren Monolog" gedacht. Aber: Könnte man nicht auch durch besondere akustische Techniken (Hall usw. …) dem Hörer signalisieren, dass er gerade „in eine Figur hineinhört"?
   Eine weitere Problemlösung könnte sein, einen Erzähler einzuführen. (Dazu gibt es eine eigene Arbeitsgruppe!)
   Schließlich könnte man noch durch andere, vielleicht gar nicht „realistisch denkbare" Figuren oder „Stimmen" das Problem lösen.
   a) Notiert alle Fragen, die euch in den genannten Zusammenhängen einfallen.
   b) Versucht mithilfe der Texte im Materialanhang die Fragen zu klären.
   c) Was ist in den Texten sonst noch zum Thema „Innere Vorgänge und ihre Darstellung" zu finden?
   d) Was könnt ihr aus euren Hörbeispielen ableiten?

4. Ihr solltet euch auch mit der technischen Seite der Fragen beschäftigen. Wie lässt sich z. B. das „Überblenden" vom äußeren zum inneren Erleben realisieren?

5. Sind euch weitere Probleme begegnet? Habt ihr bei euren Hörbeispielen auch Lösungen gefunden? Sammelt sie und beschreibt genau:
   – Was läuft ab?
   – Wie wird das dargestellt?
   – Welche Wirkung ergibt sich aus bestimmten Anordnungen von Abläufen?

6. Bereitet eure Präsentation vor: „Innere Vorgänge im Hörspiel"
   a) Was wollt ihr als Merktext darstellen?
   b) Was soll (mit welchen Hörbeispielen) verdeutlicht werden?
   c) Welche Zusammenhänge lassen sich grafisch verdeutlichen?

7. Legt fest, wer was präsentiert.

Projekt 6: Wir produzieren ein Hörspiel

Grundsätzliches: Theorie – Sprecher/Erzähler

1 Eigentlich geht es ja beim Hörspiel um ein darstellendes Spiel. Beschreibt genauer, was damit gemeint ist.

2 Ein Hörspiel ist keine Erzählung, dennoch gibt es viele Hörspiele (Vermutlich ist das bei den meisten Kassetten, die ihr besitzt, der Fall!), in denen wichtige Geschehensteile von einem Erzähler dargeboten werden. Das ist die einfachere Art, ein Hörspiel zu machen. Aber: Der Erzähler kann, bewusst eingesetzt, auch wichtige Funktionen übernehmen.
  a) Bearbeitet die Texte im Materialteil, sofern sie für euer Thema interessant sind.
  b) Sammelt für eure Aussagen Hörbeispiele. (Übrigens: Wenn ihr keine geeigneten Beispiele findet, könnt ihr ja selbst solche in Form von kurzen Hörszenen produzieren!)

3 Bei der Bearbeitung der Texte solltet ihr so vorgehen:
  a) Lest die Texte durch und markiert die Teile, die mit eurem Thema zu tun haben.
  b) Macht euch klar, was jeweils gesagt wird. Fragt:
    – Um was geht es konkret?
    – Was wird – genau! – unter „Erzähler" verstanden?
    – Gibt es „Schlüsselwörter", die im Mittelpunkt stehen?
    – Was wird dazu ausgeführt? (Wird eine Behauptung aufgestellt?…)
    – Welche Gründe werden genannt?
    – Welche Beispiele werden angeführt?
  c) Überlegt: Welche Zusammenhänge bestehen zwischen den einzelnen Aussagen?

4 Euer Thema hört sich vielleicht einfach an. Inzwischen aber ist euch klar geworden, dass der Erzähler im Hörspiel mehr kann, als nur Geschehen berichten. Notiert: Was „kann" der Erzähler im Hörspiel alles?

_____

_____

5 Neben dem Erzähler ist auch oft von „Sprechern" die Rede. (Im Materialteil habt ihr ein Beispiel!) Was können solche Sprecher im Hörspiel alles leisten?

_____

_____

  a) Notiert alle Fragen, die euch in den genannten Zusammenhängen einfallen.
  b) Versucht mithilfe der Texte im Materialanhang die Fragen zu klären.
  c) Was ist in den Texten sonst noch zum Thema „Erzähler", „Sprecher", „Stimmen" gesagt?
  d) Was könnt ihr aus euren Hörbeispielen ableiten?

6 Ihr solltet euch auch mit der technischen Seite der Fragen beschäftigen. Wie lassen sich z. B. bestimmte Zuordnungen von „Stimmungen" und „Sprechern" erreichen?

7 Sind euch in euren Hörbeispielen weitere Auffälligkeiten begegnet? Sammelt sie und beschreibt genau:
  – Was läuft ab?
  – Wie wird das dargestellt?
  – Welche Wirkung ergibt sich aus dem Einsatz des einen oder anderen Sprechers?

8 Bereitet eure Präsentation vor: „Erzähler/Sprecher im Hörspiel"
  a) Was wollt ihr als Merktext darstellen?
  b) Was soll (mit welchen Hörbeispielen) verdeutlicht werden?
  c) Welche Zusammenhänge lassen sich grafisch verdeutlichen?

 Legt fest, wer was präsentiert.

_____

_____

Projekt 6: Wir produzieren ein Hörspiel

Grundsätzliches: Theorie – Blendentechnik

1. Hörspiel ist darstellendes Spiel. Überlegt, was damit gemeint ist, und notiert Stichpunkte.
   a) Wie werden Figuren dargestellt?

   b) Wie werden Handlungen dargestellt?

   c) Wie werden Handlungsteile verknüpft?

2. Beim Hörspiel kann man nur hören. Überlegt, wie man das, was ihr gerade zusammengestellt habt, hörbar machen könnte.
   a) Eigenschaften/Merkmale von Figuren:

   b) Handlungsabfolgen:

   c) Handlungszusammenhänge:

3. Die Technik bietet beim Hörspiel ganz besondere Möglichkeiten, Verbindungen her- bzw. darzustellen. Vor allem die sogenannte „Blendentechnik" wird hier wichtig. Den Begriff hat man vom Film übernommen. Er meint die verschiedenen Verfahren, einen Abschnitt zu er-„öffnen", zu be-„schließen" und auch die Möglichkeiten, die sich ergeben, wenn man einen Abschnitt in einen anderen einfügt (= „einblendet").
   a) Bearbeitet die Texte im Materialteil, sofern sie für euer Thema interessant sind.
   b) Sammelt für eure Aussagen Hörbeispiele. (Übrigens: Wenn ihr keine geeigneten Beispiele findet, könnt ihr ja selbst solche in Form von kurzen Hörszenen produzieren!)

4. Bei der Bearbeitung der Texte solltet ihr so vorgehen:
   a) Lest die Texte durch und markiert die Teile, die mit eurem Thema zu tun haben.
   b) Macht euch klar, was jeweils gesagt wird. Fragt:
      – Um was geht es konkret?
      – Was wird – genau! – unter „Blende" verstanden? Welche verschiedenen Techniken werden unterschieden?
      – Gibt es so etwas wie festliegende Bedeutungen?
      – Gibt es „Schlüsselwörter", die im Mittelpunkt stehen?
      – Was wird dazu ausgeführt? (Wird eine Behauptung aufgestellt?...)
      – Welche Gründe werden genannt?
      – Welche Beispiele werden angeführt?
   c) Überlegt: Welche Zusammenhänge bestehen zwischen den einzelnen Aussagen?

5. Ihr solltet euch auch mit der technischen Seite der Fragen beschäftigen. Wie lassen sich z. B. bestimmte Zuordnungen von einzelnen Szenen oder Beziehungen zwischen Früherem und Späterem oder ... erreichen?

6. Sind euch in euren Hörbeispielen weitere Auffälligkeiten begegnet? Sammelt sie und beschreibt genau:
   – Was läuft ab?
   – Wie wird das dargestellt?
   – Welche Wirkung ergibt sich aus dem Einsatz der einen oder anderen Blendentechnik?

7. Bereitet eure Präsentation vor: „Blendentechnik im Hörspiel"
   a) Was wollt ihr als Merktext darstellen?
   b) Was soll (mit welchen Hörbeispielen) verdeutlicht werden?
   c) Welche Zusammenhänge lassen sich grafisch verdeutlichen?

8. Legt fest, wer was präsentiert.

Projekt 6: Wir produzieren ein Hörspiel

Reiner Kunze
Clown, Maurer oder Dichter

Ich gebe zu, gesagt zu haben: Kuchenteller. Ich gebe ebenfalls zu, auf die Frage des Sohnes, ob er allen Kuchen auf den Teller legen solle, geantwortet zu haben: allen. Und ich stelle nicht in Abrede, dass der Kuchen drei Viertel der Fläche des Küchentisches einnahm. Kann man denn aber von einem zehnjährigen Jungen nicht erwarten, dass er weiß, was gemeint ist, wenn man Kuchenteller sagt? Das Händewaschen hatte ich überwacht und dann war ich hinausgegangen, um meine Freunde zu begrüßen, die ich zum Kartoffelkuchenessen eingeladen hatte. Frischer Kartoffelkuchen von unserem Bäcker ist eine Delikatesse. Als ich in die Küche zurückkehrte, kniete der Sohn auf dem Tisch. Auf einem jener Kuchenteller, die nur wenig größer sind als eine Untertasse, hatte er einen Kartoffelkuchenturm errichtet, neben dem der schiefe Turm zu Pisa senkrecht gewirkt hätte. Ich sparte nicht mit Stimme.

Ob er denn nicht sähe, dass der Teller zu klein sei.

Er legte sich mit der Wange auf den Tisch, um den Teller unter diesem völlig neuen Gesichtspunkt zu betrachten.

Er müsse doch sehen, dass der Kuchen nicht auf diesen Teller passe.

Aber der Kuchen passe doch, entgegnete er. Das eine Blech lehnte am Tischbein und auch das andere war fast leer.

Ich begann mich laut zu fragen, was aus einem Menschen werden solle, der einen Quadratmeter Kuchen auf eine Untertasse stapelt, ohne auch nur einen Augenblick daran zu zweifeln, dass sie groß genug sein könnte. Da standen meine Freunde bereits in der Tür.

„Was aus dem Jungen werden soll?", fragte der erste, meine Worte aufnehmend. Er peilte den Turm an. „Der Junge offenbart ein erstaunliches Gefühl für Balance. Entweder er geht einmal zum Zirkus oder er wird Maurer."

Der zweite ging kopfschüttelnd um den Turm herum. „Wo hast du nur deine Augen?", fragte er mich. Erst jetzt entdeckte ich, dass die von mir geschnittenen Kuchenstücke geviertelt waren, als wären wir zahnlose Greise. Mein Freund sah die größeren Zusammenhänge. „Siehst du denn nicht, dass in dem Jungen ein Künstler steckt?", sagte er. „Der Junge hat Mut zum Niegesehenen. Er verknüpft die Dinge so miteinander, dass wir staunen. Er hat schöpferische Ausdauer. Vielleicht wird aus ihm sogar ein Dichter, wer weiß." „Eher ein richtiger oder ein genialer Soldat", sagte der dritte, den ich jedoch sogleich unterbrach. „Soldat? Wieso Soldat?", fragte ich auf die Gefahr hin, dem Sohn die Wörter wieder abgewöhnen zu müssen, die zu erwarten waren, sobald sich dieser Freund seiner Armeezeit erinnerte. Er antwortete: „Ein richtiger Soldat, weil er auch den idiotischsten Befehl ausführt. Und ein genialer Soldat, weil er ihn so ausführt, dass das Idiotische des Befehls augenfällig wird. Ein Mensch wie er kann zum Segen der Truppe werden."

Ich hoffte, der Sohn würde das meiste nicht verstanden haben. Am Abend hockte er sich jedoch zu Füßen seiner Schwester aufs Bett und fragte sie, was zu werden sie ihm rate: Clown, Maurer oder Dichter. Soldat zu werden, zog er nicht in Betracht, weil er es dann mit Vorgesetzten wie seinem Vater zu tun haben könnte. Seitdem bedenke ich, wer bei uns zu Gast ist, bevor ich eines meiner Kinder kritisiere.

Peter Bichsel
Die Tochter

Abends warteten sie auf Monika. Sie arbeitete in der Stadt, die Bahnverbindungen sind schlecht. Sie, er und seine Frau, saßen am Tisch und warteten auf Monika. Seit sie in der Stadt arbeitete, aßen sie erst um halb acht. Früher hatten sie eine Stunde eher gegessen. Jetzt warteten sie täglich eine Stunde am gedeckten Tisch, an ihren Plätzen, der Vater oben, die Mutter auf dem Stuhl nahe der Küchentür, sie warteten vor dem leeren Platz Monikas. Einige Zeit später dann auch vor dem dampfenden Kaffee, vor der Butter, dem Brot, der Marmelade. Sie war größer gewachsen als sie, sie war auch blonder und hatte die Haut, die feine Haut der Tante Maria. „Sie war immer ein liebes Kind", sagte die Mutter, während sie warteten.

In ihrem Zimmer hatte sie einen Plattenspieler und sie brachte oft Platten mit aus der Stadt und sie wusste, wer darauf sang. Sie hatte auch einen Spiegel und verschiedene Fläschchen und Döschen, einen Hocker aus marokkanischem Leder, eine Schachtel Zigaretten.

Der Vater holte sich seine Lohntüte auch bei einem Bürofräulein. Er sah dann die vielen Stempel auf einem Gestell, bestaunte das sanfte Geräusch der Rechenmaschine, die blondierten Haare des Fräuleins, sie sagte freundlich „Bitte schön", wenn er sich bedankte.

Über Mittag blieb Monika in der Stadt, sie aß eine Kleinigkeit, wie sie sagte, in einem Tearoom. Sie war dann ein Fräulein, das in Tearooms lächelnd Zigaretten raucht. Oft fragten sie sie, was sie alles getan habe in der Stadt, im Büro. Sie wusste aber nichts zu sagen.

Dann versuchten sie wenigstens, sich genau vorzustellen, wie sie beiläufig in der Bahn ihr rotes Etui mit dem Abonnement aufschlägt und vorweist, wie sie den Bahnsteig entlanggeht, wie sie sich auf dem Weg ins Büro angeregt mit Freundinnen unterhält, wie sie den Gruß eines Herrn lächelnd erwidert. Und dann stellten sie sich mehrmals vor in dieser Stunde, wie sie heimkommt, die Tasche und ein Modejournal unter dem Arm, ihr Parfüm; stellten sich vor, wie sie sich an ihren Platz setzt, wie sie dann zusammen essen würden. Bald wird sie sich in der Stadt ein Zimmer nehmen, das wussten sie, und dass sie dann wieder um halb sieben essen würden, dass der Vater nach der Arbeit wieder seine Zeitung lesen würde, dass es dann kein Zimmer mehr mit Plattenspieler gäbe, keine Stunde des Wartens mehr. Auf dem Schrank stand eine Vase aus blauem schwedischem Glas, eine Vase aus der Stadt, ein Geschenkvorschlag aus dem Modejournal.

„Sie ist wie deine Schwester", sagte die Frau, „sie hat das alles von deiner Schwester. Erinnerst du dich, wie schön deine Schwester singen konnte?"

„Andere Mädchen rauchen auch", sagte die Mutter.

„Ja", sagte er, „das habe ich auch gesagt."

„Ihre Freundin hat kürzlich geheiratet", sagte die Mutter.

Sie wird auch heiraten, dachte er, sie wird in der Stadt wohnen.

Kürzlich hatte er Monika gebeten: „Sag mal etwas auf französisch." – „Ja", hatte die Mutter wiederholt, „sag mal etwas auf französisch." Sie wusste aber nichts zu sagen.

Stenografieren kann sie auch, dachte er jetzt. „Für uns wäre das zu schwer", sagten sie oft zueinander.

Dann stellte die Mutter den Kaffee auf den Tisch. „Ich habe den Zug gehört", sagte sie.

Projekt 6: Wir produzieren ein Hörspiel

Georg Britting
Brudermord im Altwasser

Das sind grünschwarze Tümpel, von Weiden überhangen, von Wasserjungfern übersurrt, das heißt: wie Tümpel und kleine Weiher, und auch große Weiher, ist es anzusehen, und es ist doch nur Donauwasser, durch Steindämme abge-
5 sondert vom großen, grünen Strom, Altwasser, wie man es nennt. Fische gibt es im Altwasser, viele; Fischkönig ist der Bürstling, ein Raubtier mit zackiger, kratzender Rückenflosse, mit bösen Augen, einem gefräßigen Maul, grünschwarz schillernd wie das Wasser, darin er jagt. Und wie
10 heiß es hier im Sommer ist! Die Weiden schlucken den Wind, der draußen über dem Strom immer geht. Und aus dem Schlamm steigt ein Geruch wie Fäulnis und Kot und Tod. Kein besserer Ort ist zu finden für Knabenspiele als dieses gründämmernde Gebiet. Und hier geschah, was ich
15 jetzt erzähle.
Die drei Hofberger Buben, elfjährig, zwölfjährig, dreizehnjährig, waren damals im August jeden Tag auf den heißen Steindämmen, hockten unter den Weiden, waren Indianer im Dickicht und Wurzelgeflecht, pflückten Brom-
20 beeren, die schwarzfeucht, stachlig geschützt, glänzten, schlichen durch das Schilf, das in hohen Stangen wuchs, schnitten sich Weidenruten, rauften, schlugen auch wohl einmal dem Jüngsten, dem Elfjährigen, eine tiefe Schramme, dass sein Gesicht rot beschmiert war wie eine Men-
25 schenfressermaske, brachen wie Hirsche und schreiend durch Buschwerk und Graben zur breitfließenden Donau vor, wuschen den blutigen Kopf, und die Haare deckten die Wunde dann, und waren gleich wieder versöhnt. Die Eltern natürlich durften nichts erfahren von solchen Streichen,
30 und sie lachten alle drei und vereinbarten wie immer: „Zu Hause sagen wir aber nichts davon!"
Die Altwässer ziehen sich stundenweit der Donau entlang. Bei einem Streifzug einmal waren die drei tief in die grüne Wildnis vorgedrungen, tiefer als je zuvor, bis zu einem
35 Weiher, größer, als sie je einen gesehen hatten, schwarz der Wasserspiegel, und am Ufer lag ein Fischerboot angekettet. Den Pfahl, an dem die Kette hing, rissen sie aus dem schlammigen Boden, warfen Kette und Pfahl ins Boot, stiegen ein, ein Ruder lag auch dabei; und ruderten in die Mitte
40 des Weihers hinaus. Nun waren sie Seeräuber und träumten und brüteten wilde Pläne. Die Sonne schien auf ihre bloßen Köpfe, das Boot lag unbeweglich, unbeweglich stand das Schilf am jenseitigen Ufer; Staunzen fuhren leise summend durch die dicke Luft, kleine Blutsauger, aber die ab-
45 gehärteten Knaben spürten die Stiche nicht mehr.
Der Dreizehnjährige begann das Boot leicht zu schaukeln. Gleich wiegten sich die beiden anderen mit, auf und nieder; Wasserringe liefen über den Weiher, Wellen schlugen platschend ans Ufer, die Binsen schwankten und wackelten.
50 Die Knaben schaukelten heftiger, dass der Bootsrand bis zum Wasserspiegel sich neigte und das aufgeregte Wasser ins Boot hineinschwappte. Der Kleinste, der Elfjährige, hatte einen Fuß auf den Bootsrand gesetzt und tat jauchzend seine Schaukelarbeit. Da gab der Älteste dem Zwölf-
55 jährigen ein Zeichen, den Kleinen zu schrecken, und plötzlich warfen sie sich beide auf die Bootsseite, wo der Kleine stand, und das Boot neigte sich tief, und dann lag der Jüngste im Wasser und schrie, und ging unter und schlug von unten gegen das Boot, und schrie nicht mehr und poch-
60 te nicht mehr und kam auch nicht mehr unter dem Boot hervor, unter dem Boot nicht mehr hervor, nie mehr.
Die beiden Brüder saßen stumm und käsegelb auf den Ruderbänken in der prallen Sonne; ein Fisch schnappte und sprang über das Wasser heraus. Die Wasserringe hatten
65 sich verlaufen, die Binsen standen wieder unbeweglich, die Staunzen summten bös und stachen. Die Brüder ruderten das Boot wieder ans Ufer, trieben den Pfahl mit der Kette wieder in den Uferschlamm, stiegen aus, trabten auf dem langen Steindamm dahin, trabten stadtwärts, wagten nicht,
70 sich anzusehen, liefen hintereinander, achteten der Weiden nicht, die ihnen ins Gesicht schlugen, nicht der Brombeersträucherstacheln, die an ihnen rissen, stolperten über Wurzelschlangen, liefen, liefen und liefen.
Die Altwässer blieben zurück, die grüne Donau kam, breit
75 und behäbig, rauschte der Stadt zu, die ersten Häuser sahen sie, sie sahen den Dom, sie sahen das Dach des Vaterhauses.
Sie hielten, schweißüberronnen, zitterten verstört, die Knaben, die Mörder, und dann sagte der Ältere wie immer
80 nach einem Streich: „Zu Hause sagen wir aber nichts davon!" Der andere nickte, von wilder Hoffnung überwuchert, und sie gingen, entschlossen, ewig zu schweigen, auf die Haustüre zu, die sie wie ein schwarzes Loch verschluckte.

Otto Heinrich Kühner
Das Wort

Atmosphäre und Stimmung des Hörraums werden in erster Linie vom Wort getragen. Das *Wort* muss eine Welt beschwören und verdichten. […]
Dabei sollte man sich immer vor Augen halten, dass sich
5 das Wort zwar an eine Vielzahl von Hörern wendet, dass es sie aber nicht als Masse, sondern getrennt voneinander jeweils als Einzelne antrifft. Szenen im Kammerton werden also den Hörer mehr berühren als groß angelegte.
[…]
10 Auf der Bühne unterstützt die Geste das Wort oder hält einen ganzen Satz innerlich zusammen, etwa mit einer abweisenden Handbewegung: „Gehen wir jetzt zu etwas anderem über." Im Hörspiel aber muss dies in sprachlichen Ausdruck umgesetzt werden, in einen entsprechenden
15 Klang und Rhythmus.
[…]
Überhaupt ist bei einer Sprache, die für den Funk gedacht ist, das laute Lesen dessen, was man geschrieben hat, unentbehrlich. Was man schreibt, muss man sich immer als
20 gesprochen vorstellen. Dabei ergeben sich von selbst einige wesentliche Forderungen:
Ein Satz, der nur gehört wird, muss schon in seinem Aufbau anders sein als der, der zum Lesen bestimmt ist. Kunstvoll aufgebaute und „konstruierte" Sätze lassen sich nur
25 *schwer sprechen und wirken überdies im Munde eines Sprechers unnatürlich und unecht. Man sollte sie nur verwenden, wenn sie eine Person charakterisieren sollen.*
Die Sprache soll konzentriert, zwingend, treffsicher im Ausdruck und knapp formuliert sein, ohne dass sie aber da-
30 *durch an Farbe verlieren darf. Sie soll leicht fasslich und in sich schon dramatisch sein, weil die Handlung und die Personen nicht sichtbar sind.*

Projekt 6: Wir produzieren ein Hörspiel

Die Sprache sollte wenig an allgemeinen abstrakten Begriffen, um so mehr aber an prallem, bildgefülltem Ausdruck enthalten. […]
Der Dialog soll bewegt sein und soll bewegen – indem er Gefühle, Leidenschaften und Gemütsbewegungen zum Ausdruck bringt.
Er soll durch Einwürfe und Ausrufe unterbrochen und belebt werden, er soll in schlagenden Formulierungen Schwerpunkte setzen.
Je präziser und gedrängter der Dialog ist, desto wirksamer ist er im Hörspiel. Flüssig und pointiert soll er ablaufen, alternierend, im ständigen, schnellen Wechsel von Rede und Gegenrede. […]

Heinz Schwitzke
Das Spiel hören

Im Hörspiel aber resultiert, wie im Roman, in der epischen Kunst überhaupt, aus dem Wort nicht nur der gesamte Handlungsablauf, es muss auch daraus resultieren: das Bild der Personen, die handeln, und der Umwelt, in der sie sich bewegen. Innere und äußere Vorgänge sind nicht mehr genau unterscheidbare Schichten.
Nun ist der epische Tonfall breit und er lässt dem Autor Zeit, Bilder zu malen und zu schildern. Zwischen den direkten Reden seiner Gestalten kann der Dichter selbst sich mit Mitteilungen an den Leser wenden und er macht davon vielfältigen Gebrauch.
Auch im Hörspiel gibt es gelegentlich Beispiele, dass der Autor als „Erzähler" oder „Sprecher" zwischen den Szenen selbst in Erscheinung tritt. Die Methode wird bisweilen durch die Etikettierung als „Funkerzählung" entschuldigt. […]
Was geschieht, wenn im Hörspiel eine Blende aufgeht, d. h. der Tontechniker den Regler öffnet? Ein Nichts, ein akustischer Raum, der leer ist, den man aber gleichwohl mit den Ohren wahrnehmen kann, ist da – und damit ein potentieller Raum für Stimmen und Sprache, der dem potentiellen Raum für Bilder in unserer Phantasie seltsam genau entspricht. Jedes Wort, das in diesen Raum fällt, füllt ihn nun mehr und mehr, ähnlich wie sich im Traum der leere Raum bewusstlosen Dämmerns mit Licht und Bewegung zu füllen vermag; aber jedes Schweigen lässt diesen Raum auch sogleich wieder dunkler und leerer werden, sein Inhalt fließt sozusagen immerfort auseinander.
Dieses Sich-Füllen und Leerwerden ist der Atem des Hörspiels. Das Schließen des Reglers aber, bei dem dann nicht nur die Inhalte des Raums verschwinden, sondern der Raum selber, ist der Hörspielschluss – oder es ist nur ein Durchgangspunkt zum sofortigen Öffnen eines neuen Raums, ein Umkippunkt von einer Szene zur andern. Etwa am Stückbeginn: man hört nach dem Öffnen der Blende aus dem Munde eines Mädchens die hastige Anrede: „Großvater!" Wie viel ist bereits da? Die Umrisse zweier Menschen und ihre Beziehung zueinander. […]

Lotte Betke
Mamma mia, ein Groschen

Regie: Überlaute Radiomusik, Folksong. Tür wird aufgestoßen. Frau Kühl tritt ein.

FRAU KÜHL: Michael! Wie oft hab' ich dir gesagt, wenn du schon rauchen musst, dann tu's in deinem Zimmer.

Regie: Sie reißt das Fenster auf.

FRAU KÜHL: Man kriegt ja kaum Luft. Kannst du nicht wenigstens mal das Fenster aufmachen?
MICHAEL: Konnte ja nicht ahnen, dass du so früh aus'm Geschäft kommst.
FRAU KÜHL: Immer dasselbe. Alles liegt rum. Überall Asche. Und dieser Krach. Mach gefälligst das Radio leiser!

Regie: Musik, leiser
Regie: Sie geht zur Tür.

FRAU KÜHL: Thilo!
MICHAEL: *(lässig)* Schon deine Stimmbänder. Der ist nicht da.
FRAU KÜHL: Wo steckt der denn wieder?
MICHAEL: Wie soll ich das wissen?
FRAU KÜHL: Das ist vielleicht 'n Zustand. Im Geschäft nichts wie Ärger. Und dann kommt man nach Haus und kann sich weiterärgern.
MICHAEL: Du bist einfach gesteigert nervös, Mama. Na, ich geh denn.
FRAU KÜHL: Kaum ist man da, dann rennst du schon wieder weg. Darf man wenigstens wissen, wo du hingehst?
MICHAEL: Wir haben heute Aktion „heißer Juli".
FRAU KÜHL: Wie bitte? Ist das wieder so 'ne Protestaktion?
MICHAEL: Ja. Aufmarsch beim Kiliansbrunnen. Wir fordern mehr Mitbestimmung bei den Zeugnissen. Die ganze Notengeberei ist ein einziger gesteigerter Quatsch.
FRAU KÜHL: So. Und ich finde, diese Mitbestimmung ist ein heller Wahnsinn. Wenn es keine Zeugnisse mehr gibt, werdet ihr überhaupt nichts mehr tun.

Regie: Radiomusik geht über in die Ansage „und nun hören Sie Musik für unsere italienischen Landsleute"; dahinein lautes Lachen von Giulia, entferntes Gemurmel von Thilo und Marcello, die deutschen Text lesen – aber undeutlich

FRAU VESPUCCI: Piano, Piano. Giulietta! Sie lernen.
GIULIA: *(jubelt)* Mamma mia, ein Groschen! Du hast gesprochen italienisch. Du mussen in Kasse tun ein Groschen!
FRAU VESPUCCI: *(ebenfalls lachend)* Und du? Auch ein Groschen.
GIULIA: Ich? Warum?
FRAU VESPUCCI: Du haben gesagt: Mamma mia!

Projekt 6: Wir produzieren ein Hörspiel

GIULIA:	Deutsche Kinder auch sagen Mamma.
MARCELLO:	*(aus dem Hintergrund)* Aber du hast gesagt Mamma mia. Das sagen deutsche Kinder nicht. Los, Giulietta! Ein Groschen!
FRAU VESPUCCI:	Also Giulietta. Ich ein Groschen *(es macht „Klick")*, du ein Groschen! *(Es macht noch einmal Klick)*
GIULIA:	Die Büchse macht voll.
MARCELLO:	*(aus dem Hintergrund)* Falsch! Sprich nach: Die Büchse ist voll.
GIULIA:	*(lachend)* Die Büchse ist voll.

Regie: Es klopft.

Christian Bock/Herbert Reinecker
Vater braucht eine Frau

1. Szene

Man hört wüsten Lärm, vorwiegend eine Frauenstimme, zwischendurch Türenschlagen und heftig aufgesetztes Geschirr.

PORTIERSFRAU:	Hörst du, Thorwald?
PORTIER:	*(fast schläfrig)*: Was?
PORTIERSFRAU:	Was! Den Lärm – den Krach! Hörst du das gar nicht?
PORTIER:	Nee –
PORTIERSFRAU:	Das ist bei Naumanns. Ich wette, da kündigt wieder das Dienstmädchen. Wirst sehen. Die geht –
PORTIER:	Die Blonde?
PORTIERSFRAU:	Nicht die Blonde! Die ist doch längst weg. So 'ne Schwarze ist es. – Oder nein, die ist ja nur drei Tage geblieben. Die n a c h der kam, die meine ich.

Lärm hört auf.

	Hörste? Jetzt ist es ruhig – jetzt packt sie.
PORTIER:	Die Blonde?
PORTIERSFRAU:	*(ärgerlich)*: Nicht doch die Blonde! – Die sie j e t z t haben, meine ich. Die ist mit den Kindern nicht fertig geworden. *(Fast mit echter Anteilnahme)*: O nee – jetzt steht der arme Mann wieder ganz allein –
PORTIER	*(trocken)*: Mit vier Kindern –? Da steht er doch nicht allein!
PORTIERSFRAU:	Mein Gott, verstehst du denn nicht? –

Man hört eine Tür knallen.

Moment! – Jetzt kommt sie runter. – Ich m u s s wissen, was da wieder los war.

2. Szene

Man hört das Dienstmädchen schimpfend herunterkommen.

PORTIERSFRAU:	Na, g e h e n Sie?
DIENSTMÄDCHEN:	Das tu ich, Frau Matschke! Mit Koffer und allem! Keine Stunde bleibe ich da länger – Das ist ja 'n – 'n Tollhaus ist das –
PORTIERSFRAU:	Der Regierungsrat ist doch nett –
DIENSTMÄDCHEN:	D e r ja. Nichts gegen d e n – den kann man schon in die Tasche stecken – Gott ja, wenn einer Witwer ist – aber die Kinder –!
PORTIERSFRAU:	Lebendige Kinder sind es, das ist wahr – und dann vier –.
DIENSTMÄDCHEN:	Vier? – Ich will Ihnen was sagen: d i e vier, das sind zwölf!
PORTIERSFRAU:	Ja, und was macht er nun, der Regierungsrat?
DIENSTMÄDCHEN:	Das ist m i r doch egal. Da bin ich g e w e s e n, Gott sei Dank g e w e s e n! Da ist man ja nie fertig geworden mit Flicken und Waschen und weiß ich was. Nee, Frau Matschke, man will doch auch mal zum Tanzen gehen – schließlich bin ich ja 'n Mensch mit Interessen, nich? Und der Regierungsrat, der ist keine Stütze im Haus, das kann man nicht sagen, der kann ja nicht mal für Ruhe sorgen.

3. Szene

Rasch aufblenden: Die Kinder lärmen und reden durcheinander.

REGIERUNGSRAT:	Kinder, hört zu.

Aber die Kinder lärmen weiter.

REGIERUNGSRAT:	Martin, sorg' für Ruhe.
MARTIN	*(wie ein Feldwebel, Schlag auf Schlag)*: Ulla, halt deine Klappe! Tom, ruhig! – Philipp!!

Mit jedem Befehl wird es ruhiger, zuletzt herrscht fast absolute Stille.

MARTIN	*(„meldet" dem Vater)*: Alles ruhig, Vater.
REGIERUNGSRAT:	Danke. Also, das Mädchen ist gegangen. Nach Lage der Dinge ist uns nun der Haushalt allein ausgeliefert – oder vielmehr: sind w i r jetzt dem H a u s h a l t allein ausgeliefert – jedenfalls, wir müssen uns selbst helfen, bis ein neues Mädchen gefunden ist. Das heißt, dass der für diese Fälle …

Philipp schnieft laut.

Projekt 6: Wir produzieren ein Hörspiel

... Philipp, schnief nicht! – – das heißt, dass der für diese Fälle vorgesehene Arbeitsplan, Flurdienst, Küchendienst und so weiter in Kraft tritt. Ihr wisst, was zu tun ist. *(Seinem Tonfall nach ist er zu Ende. Die Kinder diskutieren sofort lärmend und laut durcheinander redend die Situation).*

PHILIPP: So'n Käse! *(Schnief – Er hat die Angewohnheit, dauernd die Nase hochzuziehen. Der Schnief folgt meist, wenn er einen Satz beendet hat, wie zur Bekräftigung).*

TOM: Au fein! Ich pansche!

ULLA: Immer kündigen sie vor dem Abwaschen!

MARTIN: Klarer Fall. Los, anfangen!

PHILIPP: Jetzt kann man nicht mal mehr Fußball spielen! *(Schnief)*

ULLA: Macht ihr den Flur, ich geh' in die Küche!

Marie Luise Kaschnitz
Wer fürchtet sich vorm schwarzen Mann?

SPRECHER: Die folgenden Szenen spielen in einem Mietshaus am Rande der Stadt. Das Haus ist alt und verwahrlost. Seine Bewohner sind kleine Angestellte, die eine bessere Wohnung nicht bezahlen können. Im Parterre wohnt links der Hausverwalter, rechts der Kriegsbeschädigte Wendland mit seiner Frau, im ersten Stock rechts der Handelsschullehrer Rübsamen und Frau Rübsamen, links das Ehepaar Redlich. Die Mieter des zweiten Stockwerks sind der Kaufmann Müller mit Familie und Witwe Schwerbruck mit ihren Kindern. Im dritten Stock wohnt die Büroangestellte Nelly Dietrich mit ihrer Mutter, die vorübergehend verreist ist. Auf demselben Stockwerk hat der Student Georgi bei der Familie Hörnle ein Zimmer gemietet. Es ist ein dunkler Tag im Herbst. Auf einem nahen Schulhof spielen Kinder.

KNABENSTIMME *(aus voller Kraft)*: Wer fürchtet sich vorm schwarzen Ma-ann?

VIELE KINDER *(rennend, laut durcheinander schreiend)*: Nie-mand...

SPRECHER *(wie durch ein Sprachrohr)*: Erster Stock rechts!

1. Szene

Geräusch von Tellern und Bestecken.

ANNI: Schmeckt dir das Essen nicht?

RÜBSAMEN: Doch. Aber ich muss bald gehen. Ich habe heute noch drei Privatstunden zu geben.

ANNI: Und wann kommst du nach Haus?

RÜBSAMEN: Ich weiß noch nicht, Anni. Warum?

ANNI: Wir wollten heute ins Konzert.

RÜBSAMEN: Hab' ich das gesagt? Heute? Nein, heute geht es nicht. Ich muss am Abend noch Hefte korrigieren.

Man hört von weit weg Klavierspielen, langsam, stümperhaft: Schumann: „Von fremden Ländern und Menschen".

Vielleicht morgen.

ANNI: Immer morgen. *(Pause)* Wo ist das?

RÜBSAMEN: Wo ist was?

ANNI: Das Klavierspielen.

RÜBSAMEN: Ich weiß nicht. Irgendwo im Haus.

ANNI: Bei uns im Haus hat niemand ein Klavier.

RÜBSAMEN: Vielleicht doch. Wo ist meine Mappe?

ANNI: Nur Wendlands im Parterre haben ein Klavier. Aber sie spielen nicht. Sie haben gar keine Noten. Sie sind auch den ganzen Tag nicht zu Haus. Gehst du schon? Du musst deinen Schirm nehmen. Es regnet.

RÜBSAMEN: Es regnet und ist kalt. – Macht dich das nervös, das Klavierspiel?

ANNI: Ich weiß nicht. Es klingt so sonderbar. Wie wenn ein Kind spielt. Ohne Noten. So aus der Erinnerung. Ich möchte gern wissen, woher es kommt.

RÜBSAMEN: Vielleicht haben Wendlands Besuch?

ANNI: Ich kenn' das Stück. Ich weiß, wie es heißt.

RÜBSAMEN *(zerstreut)*: Ja? Und wie heißt es, Anni?

ANNI: „Von fremden Ländern und Menschen".

RÜBSAMEN: Den Regenmantel zieh' ich lieber auch noch an. Eine Reise, sagst du?

ANNI: Eine Reise, die nie gemacht wird.

SPRECHER *(wie durch ein Sprachrohr)*: Auf dem Speicher!

2. Szene

FRAU HÖRNLE: Kalt ist's da, auf dem Speicher, und riecht nach Winter. Spannen wir die Leine?

FRAU REDLICH: Ja. So – und so – und so. Und jetzt dort hinüber.

FRAU HÖRNLE: Da ist nichts. Der Haken ist abgebrochen.

FRAU REDLICH: In dem Haus ist alles entzwei.

FRAU HÖRNLE: So ein alter Kasten ist das. Wenn der Wind geht, klappern die Ziegel. Wohin jetzt?

FRAU REDLICH: Dort in der Ecke ist noch ein Haken.

FRAU HÖRNLE: Dorthin geh' ich nicht. Da ist es zu finster. Da könnt' einer stehen.

FRAU REDLICH: Wer?

FRAU HÖRNLE: Irgendeiner, der was im Schilde führt.

Projekt 6: Wir produzieren ein Hörspiel

	Der von unten vielleicht. Von Wendlands. Wissen Sie nichts?
90 FRAU REDLICH:	Ich weiß nichts.
FRAU HÖRNLE:	Auch nicht, dass die Wendlands Besuch haben?
FRAU REDLICH:	Besuch ist doch was Schönes. Eine Abwechslung. Vorige Woche …
95 FRAU HÖRNLE:	Es kommt darauf an, wo er herkommt, der Besuch. Ob er aus Amerika kommt, mit Gepäck. Oder –
FRAU REDLICH:	Oder was?
FRAU HÖRNLE:	Es gibt auch welche, die bringen nichts
100	mit. Die muss man noch auffüttern. Weil sie so lang nichts zu essen bekommen haben als Suppe und Brot.
FRAU REDLICH:	Suppe und Brot gibt's im Zuchthaus.
FRAU HÖRNLE:	Ich hab' nichts gesagt. Aber begegnet bin
105	ich ihm, dem Besuch. Auf der Treppe. Gestern.

Otto Heinrich Kühner
Der Erzähler

Eines der epischen Elemente im Hörspiel stellt *der Erzähler* dar. *Als Berichter einer Handlung hat er eine dramaturgische Funktion innerhalb des Hörspiels zu erfüllen.* Er kann zwischen Handlung und Hörer vermitteln oder als
5 überpersönliche Stimme des Geschehens wirken; er erweitert das Spannungsfeld zwischen Handlung und Hörer um eine dritte „Instanz". Er schafft Zwischenräume.
Er kann auch zunächst handelnde Person sein und aus dem Geschehen heraustreten oder umgekehrt in das Kleid eines
10 der Handelnden schlüpfen. […]
Damit durchbricht er die Illusion und steigert sie zugleich. Er setzt dem dramatischen Raum den epischen gegenüber und schafft so zwei Ebenen und eine Spannung, die der Hörer miterlebend ausgleichen muss. Diese Wirkung wird
15 vom Formalen her noch unterstützt, weil der Sprachton des Erzählers sich deutlich von der Sprache des Dialogs abhebt.
Dies setzt voraus, dass der Erzähler von Anfang an als wesentlicher Bestandteil in das Hörspiel aufgenommen wurde
20 und dass sich seine Textteile nicht aus dem Ganzen herauslösen lassen. In einem Spiel, das von Anfang an dramatisch angelegt ist und nur auf dem Dialog aufbaut und in dem plötzlich ein Erzähler oder ein „Sprecher" eingeführt wird, kommt allzu offensichtlich die mangelnde Phantasie
25 und das Unvermögen zum Ausdruck, dem Hörer einen bestimmten Vorgang weiterhin mit den gleichen, rein szenischen Mitteln klarzumachen. In solchen Fällen wirkt der „Erzähler" nur als Behelf, als Ersatz, nicht aber als dramaturgisches Stilmittel. […]
30 Im Grunde ist es möglich, dass im Hörspiel jede handelnde Person einfach aus dem dramatischen Raum heraustritt, die Szene hinter sich versinken lässt und erzählend oder betrachtend eine neue Szene aufbaut. Hierin erweist sich wieder der Vorzug der lockeren Szenenverknüpfung im
35 Hörspiel.

H. W. Krautkrämer
Geräusche im Hörspiel

Geräusch ist im Hörspiel alles, was nicht klangliche Lebensäußerung eines Menschen ist. Damit ist über die Aufgabe, die dramaturgische Funktion der Geräusche noch nichts gesagt. Man muss aber zuerst die Aufgabe sehen, die
5 ein Geräusch innerhalb des Wortkunstwerkes Hörspiel erfüllt. […]
Geräusche lassen sich in ihrer ursprünglichen Qualität speichern und ins Spiel einbeziehen. Es ist möglich, wenn in einem Stück als Ort der Handlung ausdrücklich ein be-
10 stimmter Platz in einer bestimmten Stadt angegeben ist, mit einem Aufnahmeteam die Geräusche dieses Platzes aufzunehmen und sie im Studio der Sprech-Szene unterzulegen. Es leuchtet ein, dass eine solche „Geräuschkulisse" ungleich echter ist als jede noch so originalgetreue
15 Bühnenkulisse es sein könnte.
Nun können allerdings solche „authentischen Geräusche" im Hörspiel wieder verschiedene dramaturgische Funktionen erfüllen. Stellen wir einige Überlegungen an und bleiben wir bei dem Beispiel von dem bestimmten Platz in
20 einer bestimmten Stadt. Es sei Sonntagmorgen: Glockengeläut, eilige Passantenschritte, ein Automotor, entferntes Hupen, Kinderlachen; das seien die Geräusche, die wir bei den Außenaufnahmen auf Tonband genommen hätten. Nun gibt es Regisseure, die solche „Konserven" ablehnen. Sie
25 ziehen es vor, sich ihre Kulissen selbst zu bauen. Es wird im Studio irgendeinem Glockengeläut irgendein Autogeräusch beigemischt, ein paar Statisten laufen über eingelassene Steinplatten, Kinder lachen, der Inspizient betätigt irgendeine Hupe. Das Resultat ist das gleiche wie die
30 Außenaufnahme an Ort und Stelle.
Hier ist mit dem Einwand zu rechnen, das ändere nichts an der Tatsache, dass diese Geräusche „echt" seien. Zugegeben, darüber könnte man diskutieren. Gehen wir aber noch einen Schritt weiter: In vielen Hörspielstudios stehen selt-
35 same Geräte: Eine mit Leisten benagelte, drehbare Holztrommel mit einer Leier, darüber gespannt die Unterseite eines alten Teppichs. An der Wand hängt ein dünnes, zerknittertes Blech. In diesem Studio arbeitet gerade ein Regisseur an einem Hörspiel, indem der Autor angegeben
40 hat, es spiele im Unwetter – sagen wir – auf dem Feldberg. Nun wird der Regisseur kaum auf die Idee verfallen, auf dem Feldberg akustische Außenaufnahmen zu machen. Das wäre ohnehin unnötig, denn im Geräuscharchiv eines jeden Funkhauses finden sich Originalaufnahmen von
45 Stürmen, geordnet nach Windstärke und Aufnahmeort. Auch Donnerschläge jeder Qualität sind vorhanden. Daraus ließe sich unschwer eine leidlich „echte" Geräuschkulisse zusammenbauen, an der lediglich der genaue Ort der Aufnahme nicht stimmen würde. Aber der
50 Regisseur verzichtet auf diese Konserven. Stattdessen wird die Holztrommel gedreht, die Leisten schaben an der Unterseite des Teppichs, und über Mikrophon hört sich das Ganze wie der wildeste Sturm an, dessen Böen zudem durch schnelleres Drehen an der Leier beeinflusst werden
55 können. Donnerschläge werden erzeugt, indem das zerknitterte Blech durch heftiges Schütteln in Schwingungen versetzt wird. Wird diese Kulisse sorgfältig hergestellt, ist sie kaum von einer Originalaufnahme im Hochwald bei Gewitter zu unterscheiden. Das Regenrauschen steuert zer-

Projekt 6: Wir produzieren ein Hörspiel

knittertes Cellophan bei. Aber niemand wird behaupten können, dieses Geräusch sei noch echt. Vielmehr ist es die genaue Entsprechung der mit Pappe und Farben hergestellten Bühnenkulisse im akustischen Raum. […]
Wir können uns also getrost von der Betrachtung der Art und Weise, in der realistisch gemeinte Geräusche erzeugt werden, lösen. Bedeutsam bleibt lediglich, dass sie realistisch *gemeint* sind, weil sich daraus erst einwandfrei ihre dramaturgische Aufgabe erklärt.
Die Aufgaben solcher realistisch gemeinter Geräusche können nun wieder verschieden sein. Einmal sind sie – wie bisher schon dargetan – Hintergrund, vor dem die Stimmen hörbar sind und vor dem die Handlungsereignisse ablaufen.
Aber mittels der Geräuschkulisse macht sich auch der Hörspielautor die Assoziationskraft seiner Hörer nutzbar. Sie kann z. B. Zeitvorstellungen wecken. Original aufgenommenes Rabengekrächz in einer Szene weckt die Vorstellung „Herbst", Amselschlag „Sommer".

Erwin Wickert
Die innere Bühne

Was ist das Hörspiel?

Nun kann und soll eine auch nur einigermaßen umfassende Charakteristik des Hörspiels oder gar eine Hörspieldramaturgie hier nicht gegeben werden. Aber einige der wichtigsten Züge, die es vom Schauspiel trennen, lassen sich andeuten, zum Beispiel:
Das Hörspiel kann die äußere Zeit der Handlung zu einer inneren umwandeln.
Das Hörspiel kann die Handlung assoziativ verbinden, vorantreiben und vertiefen.
Die Handlung des Hörspiels spielt auf einer inneren Bühne.

Die innere Zeit

Mit der ersten Möglichkeit ist folgendes gemeint: Zwar kann auch im Hörspiel die Handlung zeitlich ununterbrochen und logisch geradlinig verlaufen wie im klassischen Schauspiel; aber ein solches Hörspiel nützt seine Möglichkeiten nicht aus. Daher sind Hörspiele, ebenso wie Filme, nach Schauspielen, mit enger Bindung an Akt- und Szeneneinteilung, mit den im Rundfunk konstruiert und errechnet wirkenden Auftritten und Abgängen, Ersatzkunst, die die Phantasie lähmt, aber nicht beflügelt. Die Zeit im Hörspiel ist von der Zeit im Bühnenspiel verschieden. Sie wird aufgelöst in viele Einzelelemente, die dann nicht in ihrem äußeren, sondern in ihrem Zusammenhang aneinandergesetzt werden können, so dass die Einheit der Handlung hergestellt wird. Dieses Spiel mit Mosaikstücken der Zeit geschieht durch die Rück- und Vorblende, die auf der Bühne in dieser Freiheit nie angewandt werden kann, ohne Unbehagen zu bereiten. […]
Das Hörspiel kann den Menschen in einem entscheidenden, existentiellen Augenblick zeigen, diesen Augenblick in eine reale oder irreale Handlung ausweiten, die fast das ganze Hörspiel erfüllt, und dann wieder zum Ausgangspunkt zurückkehren. Oder es kann eine Handlung geradlinig vorwärtsführen, die Schürzung oder Auflösung des Konflikts aber plötzlich durch eine Handlung der Vergangenheit einleiten.
[…]

Die Assoziationskraft

Ein anderes Wesensmerkmal des Hörspiels ist die starke Assoziationskraft, die von seinen Worten und Geräuschen ausgeht. Das Wort, das uns in der privaten Umwelt unseres Zimmers anspricht, regt in uns weitgreifendere Assoziationen an als das gelesene Wort oder das Wort von der Bühne.
Noch bedeutungsvoller als das Wort kann das Geräusch sein, wenn es richtig und sparsam, nicht als überflüssige Begleitung des Dialogs, sondern als key sound angewandt wird: Zu Beginn einer Hörspielszene hören wir eine Schiffssirene und sofort stellen sich in unserer Phantasie, ohne dass sie im einzelnen bewusst zu werden brauchen, Bilder ein wie Schiff, Nebel, Reise, Hafen, Meer, Wellen, Horizont, Wind, ferne Küste, Insel. […]
Der Dialog kann die Assoziationen aber auch in eine bestimmte Richtung lenken. Bekannt ist folgendes Experiment: Man zerdrückt vor dem Mikrophon langsam ein Stück Zellophanpapier, während eine Frau ruft: „Das Haus brennt!" – Der Hörer glaubt, die Flammen zu hören, ja, zu sehen. Man zerdrücke das Papier vor dem Mikrophon nun in der gleichen Weise und dieselbe Stimme sage dazu: „So regnet es schon den ganzen Tag." Am Lautsprecher hört, ja, sieht man den Regen unaufhörlich auf die Dächer prasseln, selbst wenn das Geräusch schon längst verstummt ist. Und wenn der Regen aufhören soll, muss man das Prasseln noch einmal „heraufholen" und ganz deutlich ausblenden. Es gibt Hörspiele, die ihre Handlung ganz auf die Suggestivkraft eines Geräusches, eines Tons aufbauen.

Die innere Bühne

Das Hörspiel spricht nur den Einzelnen an. Gemeinschaftsempfang eines Hörspiels, was sich immer wieder bei Pressevorführungen erweist, verfälscht den Eindruck. Die Technik, das sei den Gebildeten unter ihren Verächtern gesagt, durch die das Hörspiel ja nur möglich wird, hat hier also eine Form entstehen lassen, durch die zwar viele Menschen gleichzeitig angesprochen werden können, aber nie als Masse, sondern nur als Einzelne, nur in ihrem Innern.
Das Hörspiel schließt den Augenmenschen aus; es wirkt daher auch im abgedunkelten Raum stärker als im hellen. Es erregt die Phantasie nur durch das Ohr…
[…]
Es eignet sich vor allem dazu, die *verborgensten Erzitterungen* vernehmbar zu machen. Haupt- und Staatsaktionen sind nicht seine Sache. Historische, bunte, weit verzweigte Handlungen sind selten mit Glück im Hörspiel behandelt worden… […]
Ein historisches oder soziales Thema wird den Hörer nur ansprechen, wenn es an einem beispielhaften Fall gezeigt wird, der die inneren Regungen der Personen deutlich werden lässt. Die Handlung wird daher meist ins Innere der Personen gelegt, in dem der Konflikt wächst und aus dem heraus er gelöst wird. Äußere Handlungsmomente, wie sie

Projekt 6: Wir produzieren ein Hörspiel

sich im Schauspiel etwa aus verlorenen oder gewonnenen Schlachten, missglückten oder erfolgreichen Aktionen ergeben, wirken im Hörspiel zufällig, nicht schlüssig und verstimmend. Die Handlung, die Stimmen müssen enger geführt werden. [...]

Die Bühne, auf der das Hörspiel handelt, ist so weit wie die Phantasie des Hörers. Die Beschränkung auf das Akustische ist eher ein Vorteil als ein Nachteil. Sie ist eine Chance, die wir ergreifen müssen.

Heinz Schwitzke
Formen der Blende

1. Der Übergang von einem Ort zum andern, die *Schauplatzblende*. Sie ist beim Theater nur dann geräuschlos möglich, wenn sie mit Licht oder mit Film gemacht wird oder wenn es sich um imaginäre Schauplätze handelt. Sonst sind Umbauten oder technische Vorgänge nötig, die über die Blende hinaus noch als Einschnitte anderer Art und als Pausen wirken. In den Künsten des bewegten Lichtbilds sind Schauplatzwechsel als rein technische Vorgänge spielend leicht zu vollziehen. Sie werden deshalb immerfort verwendet, auch innerhalb einer Szene als Schnitte von einer Kameraeinstellung zur andern, was natürlich gleichfalls Wechsel der „Schau" bedeutet. Im Hörspiel ist die reine Schauplatzblende, der Sprung von Ort zu Ort, keineswegs leichter als ein Sprung über beliebige Zeitabstände, er hat außerdem immer zugleich auch starken Zeitsprung-Charakter. Doch gibt es im Hörspiel etwas, was auf dem Theater und im Film stets nur mit dem Aufwand besonderer bühnenarchitektonischer und technischer Mittel möglich ist: echte Simultaneität. Verschiedene Orte und Wirklichkeitsschichten können kontrapunktiert werden und damit gleichzeitig sein. [...]

2. Das Überspringen von Zeit nach vorwärts oder nach rückwärts, der *Zeitsprung* und die *Rückblende*. Hier ist anzumerken, dass in der epischen Dichtung das Verkürzen der Zeitabläufe gegenüber der Realität immer eine selbstverständliche und notwendige Möglichkeit war. [...]

Aber das Hörspiel kann nicht nur Zeitabläufe verkürzen, sie umkehren und vor- und zurückspringen, es hat auch die Möglichkeit der *Zeitdehnung*, kann Sekunden und Augenblicke in die Breite spreizen. [...]

Auch der *Zeithalt* spielt gelegentlich eine Rolle. [...]

3. Der Übergang von einer Wirklichkeit zur andern, die *Realitätsblende*. [...] (Es) bedarf eine solche Realitätsblende durchaus nicht generell einer Geräusch- oder Musikstütze.
[...]

4. Die *Stilblende*. Darunter soll ganz allgemein der Übergang von einer Darstellungsart zur andern, von einem Stilmittel zum andern verstanden werden, z. B. Sprünge zwischen episch, dramatisch und lyrisch – hier also das Problem des Erzählers im Hörspiel –, aber auch zwischen objektiver Erzählung und Ich-Erzählung, zwischen Erzählung und Dokumentarbericht und viele andere Möglichkeiten.

Die wichtigste Blende ist die Zeitblende, denn auch die Realitätsblende und die Stilblende (die es in ausgeprägter Form wohl nur im Hörspiel gibt) sind eine Art Zeitblende, insofern epische Zeit eine andere als dialogische, Phantasiezeit eine andere als reale ist. [...]

Projekt 6: Wir produzieren ein Hörspiel

Entwerfen: Aufbau

1. Euch stehen verschiedene Texte zur Wahl, die die Grundlage für euer Hörspiel sein können. Lest zuerst alle Texte durch und entscheidet euch für einen Text. Ehe ihr euch in eine Gruppenliste eintragt, sollte jeder für sich überlegen:

   a) Was hat mich an dem ausgewählten Text besonders beeindruckt?

   _____
   _____

   b) Warum würde ich gern gerade aus diesem Text ein Hörspiel machen?

   _____
   _____

   c) Wie stelle ich mir die einzelnen Figuren vor?

   _____
   _____

   d) Wie beurteile ich die Verhaltensweisen der Figuren?

   _____
   _____
   _____

2. Findet euch nun in Gruppen zusammen und sprecht über euren Text (noch nicht über das zu planende Hörspiel!). Geht dabei von euren Notizen aus und notiert euch wiederum Stichpunkte. Vielleicht macht ihr euch auch einmal Gedanken zur Frage: Was wollte eigentlich der Autor bzw. die Autorin mit dem Text? Welches Problem spricht sie/er an? Welche Lösung(en) werden angeboten? Sind noch andere Lösungen denkbar?
   Notiert euch auch zu diesen Fragen Stichpunkte. Ihr könntet vielleicht beim Entwurf eures Hörspiels wieder darauf zurückgreifen.

   Problem?

   _____
   _____

   Lösung?

   _____
   _____

   Absicht des Autors?

   _____
   _____

   Ehe ihr den Aufbau eures Hörspiels diskutiert, solltet ihr euch überlegen: Welche Wirkung wollt ihr erreichen? Welche Aktionen/Reaktionen wollt ihr bei euren Hörern auslösen?

   a) Wollt ihr dokumentieren bzw. einen Fall darstellen?
   Wollt ihr eine Stimmungslage bzw. eine Situation schildern und erklären?
   Wollt ihr Hintergründe und Zusammenhänge darstellen?
   Wollt ihr darstellen, was mit einer Figur los ist, was in ihr abläuft, was sie umtreibt?

   b) Wollt ihr eure Hörer miterleben lassen?
   Wollt ihr eure Hörer durch spannende Unterhaltung fesseln?
   Wollt ihr eure Hörer informieren?
   Wollt ihr eure Hörer zum Nachdenken etwa über gewisse Zusammenhänge und Hintergründe bringen?
   Wollt ihr euren Hörern Zusammenhänge und Ursachen erklären?
   Wollt ihr Mitleid oder Verständnis erreichen?

3 Blatt 1

Projekt 6: Wir produzieren ein Hörspiel

4 Diskutiert jeden der hier angesprochenen Punkte ausführlich und führt zu jedem Punkt eine begründete Entscheidung herbei. Haltet das Wichtigste in Stichpunkten fest.

5 ✎ Überlegt, welche Mittel und Wege es geben könnte, um die festgelegten Ziele zu erreichen. Haltet fest:

Ziel	Mittel und Wege
An Stimmung beteiligen	*Musik, Sprechweise…*

6 Überlegt, welche Konsequenzen sich für den Aufbau eures Hörspiels ergeben.
Beispiel: Wenn man die Ursachen einer Situation bzw. eines Geschehens darstellen will, wird man zuerst die Situation darstellen und dann nach und nach die Dinge ins Gespräch bringen, die dazu führten. Man wird sich also nicht an die zeitliche Abfolge des Geschehens halten.

7 Nehmt jetzt eure Geschichte vor und überlegt nochmals:
a) Was ist das Thema bzw. das zentrale Problem?
b) Wie entstand das Problem?
c) Wer ist beteiligt?

8 Untersucht euren Text: Lässt sich das Geschehen in einzelne Geschehensteile unterteilen, die
– in verschiedenen Räumen,
– zu verschiedenen Zeiten spielen oder
– an denen verschiedene Personen beteiligt sind?
Hinweis: Gliedert zunächst einmal den Text nach Handlungsschritten. Möglicherweise solltet ihr euch aber auch überlegen, welche Handlungsteile vor dem bzw. außerhalb des Geschehens liegen, das der Text darstellt, und trotzdem gewisse Auswirkungen auf das Textgeschehen haben.

9 Schaut euch nochmals die Ergebnisse der Überlegungen und Diskussionen von Aufgabe 3 an und überlegt, wie ihr eure Ziele anhand des konkreten Textes und eurer neuen Kenntnisse verwirklichen könntet.

Projekt 6: Wir produzieren ein Hörspiel

Legt nun das Gerüst für den Gesamtaufbau fest:
- Einigt euch über den Kern, das Ziel eures Hörspiels.
- Ordnet die einzelnen „Szenen" bzw. Handlungsteile diesem Ziel zu.

Hinweis: Bedenkt dabei, was ihr schon zu Fragen des Aufbaus überlegt habt.
Vorschlag: Ergänzt die folgende Skizze (neue Kästchen, Benennung der Pfeile usw. werden wohl nötig!)

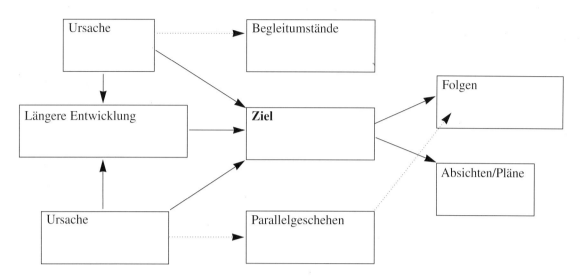

Entwerft jetzt einen Gesamtübersichtsplan für euer Hörspiel. Ihr könnt euch am folgenden Schema orientieren:

Szene	Thematik	Figuren	Raum	Akustik/Geräusche
1				
2				
3				

Projekt 6: Wir produzieren ein Hörspiel

Entwerfen: Drehbuch

1. Ihr habt nun im vorausgehenden Arbeitsblatt eine Szenenübersicht erarbeitet. Das genügt allerdings nicht, um ein Hörspiel sach- und fachgerecht zu produzieren. Ihr solltet nun ein detailliertes Drehbuch ausarbeiten. Ein solches Drehbuch muss alles enthalten, was bei der Aufnahme berücksichtigt werden soll bzw. alles, was dann eine Rolle spielen wird. Am besten geht ihr so vor, dass ihr zunächst jede Szene ausarbeitet nach dem folgenden Muster (Es ist empfehlenswert, zunächst einmal die zentrale Szene gemeinsam auszuarbeiten, dann die übrigen Szenen zu verteilen und getrennt zu erarbeiten, ehe sie wieder zusammengefügt werden.):

Szene Nr.

Sprecher/-in	Hinweise zum Sprechen	Sprechtext	Geräusche	Akustik

2. Ein eigenes Problem ist die Darstellung der Räume. Ihr habt schon einiges zu diesem Problem gehört bzw. erarbeitet. Ihr habt euch wohl auch schon über die Räume Gedanken gemacht, die ihr braucht. Macht euch jetzt nochmals klar, wie man jeden der Räume charakterisieren könnte. Haltet fest:

Raum	Merkmale	Darstellung durch typische Geräusche	Darstellung durch Akustik	Darstellung durch Hinweise im Text

3. Ergänzt euer Drehbuch entsprechend.

4. Wenn ihr euer Drehbuch fertiggestellt habt, solltet ihr es überarbeiten und Überlegungen zur konkreten Umsetzung anstellen. Am besten fügt ihr eure neu hinzukommenden Anmerkungen in einer zweiten Farbe ein. Die Anmerkungen könnten betreffen: Art und Weise des Sprechens, Lautstärke, Pausen, aber auch die besonderen Geräusche, die benötigt werden, akustische Besonderheiten, Musikteile usw.

Projekt 6: Wir produzieren ein Hörspiel

Produktion

1. Legt euch eine Liste der Geräusche an, die ihr für euer Hörspiel benötigt.
   Nehmt diese Geräusche auf, so dass ihr ein kleines Tonarchiv zusammenstellt. Bei der endgültigen Produktion könnt ihr dann bei Bedarf auf die einzelnen Geräusche direkt zugreifen.

2. Nicht alle Geräusche hat man immer „im Original" zur Verfügung. Es gibt zwar Kassetten bzw. CDs mit ganzen Geräuschsammlungen zu kaufen, aber es macht mehr Spass, die Geräusche selbst „herzustellen". Hier findet ihr einen Überblick über Möglichkeiten, bestimmte Geräusche künstlich zu erzeugen. Sucht die Geräusche aus, die ihr braucht, und ergänzt euer Geräuscharchiv.

Brandung	*Erbsen in einer Schachtel hin- und herrollen*
Bremsen (Auto)	*mit einer Gabel auf einem Teller kratzen*
Donner	*dünnes Blech in der Luft schütteln*
	oder: Murmeln in einem aufgeblasenen Luftballon gegeneinander schlagen lassen
Feuer	*Zellophan dicht vor dem Mikrofon zerknüllen*
	oder kleine Hölzchen vor dem Mikrofon zerbrechen
Flugzeug	*Föhn vor dem Mikro anstellen, dazwischen Pappe bewegen*
Regen	*Reis in eine Pappschachtel rieseln lassen*
Pferdegetrappel	*zwei Kokosnusshälften abwechselnd am oberen oder unteren Rand gegeneinander schlagen*
Pistolenknall	*mit einem Lineal auf die Tischplatte schlagen*
Schritte auf Sand	*einen Beutel mit Reis vor dem Mikro im Schrittrhythmus aufstampfen*
Sprung ins Wasser	*einen Stein in einen Eimer mit Wasser werfen*
Telefonstimme	*Nase zuhalten und in ein kleines Gefäss (Dose) hineinsprechen*
Wellen	*Wasser in eine Plastikschüssel füllen, mit der Hand das Wasser bewegen, dass es an den Rand platscht*
Wind	*mit einer Bürste über ein Stück Stoff oder Pappe reiben*

3. Macht zu den wichtigsten akustischen Besonderheiten (z. B.: geschlossener Raum – im Freien; Blendentechniken) Probeaufnahmen. Probiert auch anderes von dem aus, was ihr im ersten Teil dieses Projekts über das Hörspiel gehört und erfahren habt. Überlegt, wo ihr in eurem Regiebuch Hinweise für den Einsatz der einzelnen Möglichkeiten anbringen müsst.

4. Nun solltet ihr auch den Sprechtext proben. Wählt zunächst geeignete Sprecher/-innen aus. Beachtet dabei, dass man die Sprecher später nicht sieht, sondern nur hört, d.h. die Stimmen müssen sich deutlich voneinander unterscheiden.

5. Probt den Sprechtext. Die Sprecher machen sich im Text Betonungs- und Pausenzeichen. (Vielleicht macht ihr euch auch Notizen zur Lautstärke.)

6. Es wird euch jetzt aufgefallen sein, dass die Übergänge zwischen den einzelnen Szenen nicht immer ganz gleich gestaltet werden sollten. Lest nochmals nach, was ihr euch zum Thema Blendentechnik notiert habt. Geht euer Drehbuch durch und diskutiert die Szenenverbindungen. Entscheidet jeweils, welche Blendentechnik ihr verwenden wollt.

7. Nun könnt ihr an die eigentliche Produktion gehen. Eigentlich genügt ein einfacher Kassettenrekorder mit Mikrofon. Vielleicht habt ihr aber auch ein Mischpult und könnt so mehrere Tonquellen mischen. So könnt ihr dann auch die verschiedenen Blendentechniken einsetzen.

Projekt 7:

Erzählen – Erfinden – Ausdenken – Unterhalten

Projekt 7: Erzählen – Erfinden – Ausdenken – Unterhalten

Anekdoten: Lesen, analysieren

Text 1:
Berthold Auerbach
Besonderer Tisch

Herzog Karl hatte einmal im heißen Sommer in dem Städtchen Nagold zu Mittag gegessen oder eigentlich gespeist, wie die großen Herren tun. Kommt eine Unzahl von Fliegen und speist mit, uneingeladen, und summen miteinander und laufen hin und her und gehören doch gar nicht an eine fürstliche Tafel. Da wird der Herzog bös und sagt zu der Wirtin: „In's Teufels Namen, deck Sie den Mücken besonders."
Die Wirtin ist still und tut wie ihr befohlen. Nach einer Weile tritt sie wieder vor den Herzog, macht einen Knicks und sagt: „Gedeckt ist, befohlen jetzt auch Eure Durchlaucht, dass sich die Mücken setzen." –
Hier kannst du selber die Anwendung machen.

1. Was bedeutet der letzte Satz? Formuliert eure Meinung schriftlich.

2. Gliedert den Text und sagt genauer, welche Aufgabe die einzelnen Abschnitte im Erzählzusammenhang haben.

Inhalt	Aufgabe
Herzog Karl beim Speisen	*Darstellung der Ausgangslage*

3. Beschreibt die Ausgangssituation der Geschichte genauer:

   a) Wer ist beteiligt?

   b) Worum geht es eigentlich?

Projekt 7: Erzählen – Erfinden – Ausdenken – Unterhalten

4. Beschreibt die Beteiligten. Begründet eure Aussagen vom Text her.

die Wirtin Merkmal	Textbegründung

der Herzog Merkmal	Textbegründung

5. Wie sind die Rollen verteilt?

a) Was ist und will der Herzog?

_____

_____

b) Was ist und will die Wirtin?

_____

_____

c) Was bedeutet der letzte Satz, den die Wirtin sagt?

_____

_____

Text 2:
„Ich bin der Freiherr von Dorth!"
Als der Freiherr von Dorth, der auf einer der Burgen des Neckartals seinen Wohnsitz hatte, einmal mit seinem Wagen durch Neckarsteinach fuhr, schlossen sich vor ihm die Bahnschranken. Das gefiel ihm nicht. „Öffnen Sie sofort die Schranken", befahl er dem Bahnwärter. „Des kummt garnet in Froog", antwortete dieser. „Wissen Sie nicht, wer ich bin", entgegnete der Freiherr zornig, „ich bin der Freiherr von Dorth!" „Un ich bin der Herr vun hier, die Schranke bleiwe zu", sagte der Bahnwärter.

Bearbeitet den Text in gleicher Weise wie Text 1.

Vergleicht den Text mit dem vorigen. Welche Ähnlichkeiten könnt ihr feststellen?

Blatt 1 / 2

Projekt 7: Erzählen – Erfinden – Ausdenken – Unterhalten

> Die wichtigsten Teile einer Anekdote:
>
> 1. Thema: Das Thema enthält einen Gegensatz, der zum Auslöser einer Auseinandersetzung wird.
>
> 2. Handlung: Der Gegensatz wird offen gelegt und gesteigert. (Die Handlung kann auch in Form einer sprachlichen Auseinandersetzung [Dialog!] ablaufen.)
>
> 3. Zuspitzung/Pointe: Der kurze Schluss einer Anekdote erhellt blitzartig das, was hinter dem Gegensatz steht: die Situation, den Charakter eines Beteiligten, eine Eigentümlichkeit einer Volksgruppe.

Blatt 1 / 3

Text 3.

Alexander und Diogenes

Diogenes, der Philosoph, hielt nichts von Reichtum und war Geschenken gegenüber äußerst skeptisch. Er hatte seine Bedürfnisse möglichst weit zurückgeschraubt und lebte, um zu zeigen, wie wenig er brauchte, in einem Fass. Alexander der Große hörte von diesem Sonderling und wollte nicht glauben, dass jemand so einfältig sei, ein Geschenk zurückzuweisen, wenn es nur entsprechend großzügig war. Also ging er zu Diogenes, der gerade vor seinem Fass in der Sonne lag. „Du lebst so gänzlich ohne Luxus. Wahrscheinlich kannst du ihn dir nicht leisten!", sprach Alexander ihn an und trat näher, so dass sein Schatten auf die etwas zerlumpte Gestalt am Boden fiel. „Ich möchte dir einen Gefallen erweisen. Äußere einen Wunsch und er soll dir in Erfüllung gehen." Verdrießlich wandte sich Diogenes zur Seite und knurrte unwillig: „Geh mir aus der Sonne!" Alexander war mächtig beeindruckt von dieser Antwort und rief aus: „Wahrlich, wäre ich nicht Alexander, ich möchte Diogenes sein!"

8 Bearbeitet den Text und überprüft die bisherigen Erkenntnisse.

a) Beschreibt den im Thema angelegten Gegensatz. (Was ist überhaupt das Thema?)

b) Welche Rolle spielen die Personen und ihre Eigenschaften?

Person	Eigenschaft	Bedeutung der Eigenschaft für die Handlung

c) Wie wird der Gegensatz entfaltet?

d) Inwiefern spitzt sich der Gegensatz zu?

e) Worin liegt die Pointe?

Projekt 7: Erzählen – Erfinden – Ausdenken – Unterhalten

Anekdoten: Was ist denn das?

Die folgenden Texte sagen einiges aus über die Anekdote.

Text 1:
Anekdote ist die einen Einzelmenschen behandelnde, kurze Geschichte ohne Nebenhandlung, in der durch individuelle Züge des Handelns und Sprechens die Charakteristik einer Persönlichkeit oder Kennzeichnung einer gemeinsamen, womöglich allgemein menschlichen Eigenschaft einer Gruppe von Menschen geboten wird. Dabei ist wesentlich, dass diese Geschichte entweder tatsächlich auf eine historische Begebenheit zurückgeht oder wenigstens den Anspruch erhebt, für historisch genommen zu werden in bezug auf das zu charakterisierende Individuum.
(Max Dalitzsch)

Text 2:
(Eine Anekdote ist) heute (eine) kurze, schmucklose, oft in einem heiteren Ausspruch gipfelnde Erzählung zur scharfen Charakterisierung einer historischen Persönlichkeit, merkwürdigen Begebenheit, Zeitepoche, Geistesrichtung, Gesellschaftsschicht oder Charaktertype in ihrer besonderen Eigenart an einem […] typischen Fall […]. Ihre innere Wahrheit beruht weniger auf der Wirklichkeit als auf der historischen Möglichkeit…
(Gero von Wilpert)

Text 3:
Entsprechend ihrer ursprünglichen Bedeutung prägt die Anekdote das Ungewöhnliche, das Herausragende, das Außerordentliche, das Sinnfällige, das Noch-nicht-Dagewesene. Diesem Stoffangebot entspricht die erzählerische Form.
Die knappe, auf eine Pointe zugeführte Erzählung, die in eigenwilliger, meist geschliffener Form eine bemerkenswerte, unbekannte Begebenheit in erstaunlicher Zuspitzung erzählt. Sie kann für einen Menschen, eine Persönlichkeit, einen Stand, eine Gesellschaftsschicht, für eine Überzeugung, für eine Idee, für einen Zeitzustand eine blitzartige Erhellung bedeuten.
(Heinz Grothe)

Text 4:
Damit wäre der Stoff, der Leib der Anekdote vorläufig umschrieben: Es ist ein „kleines Ereignis" außerhalb der historischen Verkettungen und auch ohne Schicksalsfolgen für den einzelnen…
Vier wesentliche Merkmale scheint mir nun die Erzählung eines solchen anekdotischen Ereignisses, die Anekdote, zu besitzen: Erstens, was den Stoff angeht, Faktizität, zweitens, was ihren Gehalt angeht, Repräsentanz, das heißt Spiegelung eines Großen im Kleinen, drittens, was die Form angeht, Kürze und äußerste Sachlichkeit der Darbietung, und viertens, was die Wirkung betrifft, die Haltung der Nachdenklichkeit.
(Hans-Peter Neureuther)

Text 5:
Die Anekdote „erzählt jene unscheinbaren Begebenheiten so, dass das Wesen einer Person, einer Menschengruppe, einer Situation usw. blitzartig erhellt wird."
(Jürgen Hein)

Projekt 7: Erzählen – Erfinden – Ausdenken – Unterhalten

1. Bearbeitet die Texte und fasst knapp zusammen (Tragt eure Ergebnisse in die folgende Übersicht ein!):
   a) Was ist eine Anekdote?
   b) Was kann Thema einer Anekdote werden?
   c) Worauf kommt es besonders an?
   d) Worin besteht die Wirkung einer Anekdote?

2. Gebt bei euren Aussagen an, auf welche Textstelle (Text Nr. und Zeile) ihr euch bezieht. Belegt die Aussagen durch Beispiele aus den Anekdoten, die ihr kennt bzw. hier abgedruckt findet.

	Textbelege	Beispiele
a)		
b)		
c)		
d)		

Projekt 7: Erzählen – Erfinden – Ausdenken – Unterhalten

Carl Weiskopf
Kannitverstan
Ein holländischer Pfeffersack, der sich einbildete, viel von Kunstdingen zu verstehen, weil er einen erklecklichen Teil seiner – aus dem Handel mit den Kolonien stammenden – Profite in Bildern und Plastiken anlegte, ließ sich durch einen Pariser Kunsthändler bei Picasso einführen und sagte nach einem Rundgang durch das Atelier des Malers diesem: „Sie entschuldigen schon, Meister, ich verstehe alle Ihre Werke, mit einer Ausnahme."
„Und die wäre?"
„Ihre Taube. Die ist mir zu primitiv. Die verstehe ich nicht."
Und Picasso darauf, ohne seine Miene zu verziehen: „Verstehen Sie chinesisch, mein Herr ?"
„Chinesisch?", entgegnete, indem er verdutzt die Augen aufriss, der Holländer. „Nein, aber… "
„Aber sechshundert Millionen verstehen es", bemerkte Picasso, öffnete die Tür und komplimentierte den kunstverständigen Pfeffersack hinaus.

Orgel oder Spritzenwagen
In einem kleinen südpfälzischen Dorf lebten Pfarrer und Bürgermeister in ständigem Kampf. Regelmäßig zog der Bürgermeister den kürzeren, schließlich hatte der Pfarrer die besseren Beziehungen „nach oben". So war es dann auch, als es darum ging, ob für die Feuerwehr ein neuer Spritzenwagen oder für die Kirche eine neue Orgel angeschafft werden sollte. Alle Argumente des Bürgermeisters halfen nichts. Der Gemeinderat stimmte, eingedenk der letzten Sonntagspredigt, für eine neue Orgel.
Nach einem halben Jahr etwa, die Orgel war schon in Dienst gestellt und erfreute die Gemeinde immer wieder, gab es nachts Feueralarm. Der Blitz hatte in den Dachstuhl der Kirche eingeschlagen und nun war der Feuerwehrhauptmann ratlos. Er rief beim Bürgermeister, seinem Vorgesetzten an, und fragte, was zu tun sei. „Holt den Pfarrer. Er soll die Orgel spielen und beten!", knurrte der Bürgermeister ins Telefon und legte auf.

Projekt 7: Erzählen – Erfinden – Ausdenken – Unterhalten

Anekdoten: Verfassen

Hier ist eine kurze Geschichte. Die folgenden Hinweise können euch Schritt für Schritt anleiten, wie ihr aus dem Stoff eine Anekdote machen könnt.

Egon und der Direktor
In meiner Internatszeit hatten wir einen Mitschüler, Egon war sein Name – oder nannten wir ihn nur so? –, der war nicht nur sehr intelligent, sondern auch noch äußerst schlagfertig. Er geriet allerdings häufig mit der Hausordnung in Konflikt und wurde so regelmäßig zum Direktor des Internats zitiert. Dieser wiederum war leicht erregbar, hatte eine leichte Tendenz zum Jähzorn und schrie und tobte bisweilen schon bei recht nichtigen Anlässen. Einmal wurde Egon dieses Geschrei zu viel und er erinnerte sein Gegenüber daran, dass man eigentlich keinen Grund zum Schreien hat, wenn man im Recht ist.

1. Beschreibt den im Stoff angelegten Gegensatz.

   _____
   _____

2. Formuliert das Thema (nicht: den Titel!) so, dass dieser Gegensatz angedeutet wird.

   _____
   _____

3. Benennt die konkreten (hier wohl: gegensätzlichen!) Eigenschaften der Figuren. (Beachtet auch, in welchem Verhältnis beide zueinander stehen!)

Egon	Direktor

4. Überlegt: In welcher konkreten Situation könnten beide aufeinander treffen?

   _____

5. Denkt euch einen konkreten Anlass für das Aufeinandertreffen aus.

   _____

6. Entwerft einen kurzen Dialog, in dem der Gegensatz zwischen beiden offen gelegt und vielleicht noch gesteigert wird.

7. Der Stoff enthält einen Hinweis auf die Pointe. Formuliert einen kurzen Ausspruch, den ihr Egon in den Mund legen könntet, in dem
   – klar wird, dass Egon ruhig bleibt,
   – Egon seinem Gegenüber überlegen ist,
   – Egon seinem Gegenüber klar macht, dass Lautstärke kein Argument ist.

Projekt 7: Erzählen – Erfinden – Ausdenken – Unterhalten

Wie kommt man zu einer Pointe?
„Pointe" nennt man den Überraschung auslösenden Höhepunkt einer Geschichte. In der Anekdote handelt es sich meist um eine Äußerung einer beteiligten Figur. Durch die Äußerung wird die Situation, der Charakter der Figur, das Verhältnis der beteiligten Figuren oder der zentrale Gegensatz, um den es geht, schlagartig erhellt.
Deshalb überlegt man:
- Welches ist der Gegensatz?
- Wie könnte man den Gegensatz zuspitzen?
- Wer könnte (aufgrund seiner Eigenschaften) ein Wort äußern, das die Situation und bzw. oder den Charakter der Beteiligten offenbart?

Dieser Satz wird dann möglichst knapp und klar formuliert.

8   Die folgenden Texte bieten Stoff für Anekdoten. Versucht eure bisher erworbenen Kenntnisse anzuwenden.

Auch ein Prinz braucht Geld
Vom englischen Thronfolger wird erzählt, er sei während seiner Internatszeit recht kurz gehalten worden und deshalb oft knapp bei Kasse gewesen. So habe er auch einmal seine Oma, die Königinmutter, in einem Brief um etwas Geld gebeten. Aber statt des erhofften Geldes erhielt er einen Brief, in dem ihm die Vorzüge des Sparens erläutert wurden. Der junge Prinz verkaufte den Brief. Der Erlös war um ein Vielfaches höher als der Betrag, um den er seine Oma gebeten hatte.

Paracelsus und der Kaiser
Kaiser Karl V. war so krank geworden, dass ihm keiner seiner Hofärzte mehr helfen konnte. Der berühmte Arzt Paracelsus aber erklärte sich bereit zu helfen und mixte eine äußerst bittere Medizin. Er überreichte sie dem Kaiser und verschwand unverzüglich. Kaum hatte der Kaiser den ersten Löffel der Medizin geschluckt, wurden seine Schmerzen so stark, dass man glaubte, er sei einem Mörder in die Hände gefallen. Man suchte nach Paracelsus, fand ihn aber nirgends. Erst nach zwei Tagen tauchte er wieder auf und erklärte, er habe befürchtet, als Mörder hingerichtet zu werden, deshalb habe er gewartet, bis die Genesung des Kaisers weit genug fortgeschritten gewesen sei.

Es gibt bestimmt genügend Leute in eurer Umgebung, die Stoff liefern könnten für eine Anekdote. Vielleicht versucht ihr es einmal?
Ihr könntet ja in der Klasse ein Anekdotenbuch zusammentragen, in dem ihr diejenigen charakterisiert, die in eurem Leben eine Rolle spielen oder gespielt haben (Lehrer, Klassenkameraden, Eltern ...).

Wenn eine Anekdote wirklich treffend sein soll, muss sie
- wirklich geschehen oder zumindest möglich sein („wahr oder doch gut erfunden");
- mit den Eigenschaften der Beteiligten in Einklang stehen (ein bedächtig Handelnder kann nicht plötzlich als schlagfertiger Tausendsassa agieren!);
- eine knappe Handlung (auch mit Sprache kann gehandelt werden!) enthalten;
- mit einer Pointe schließen.

Projekt 8:

Der Richter und der Skateboard-Dieb

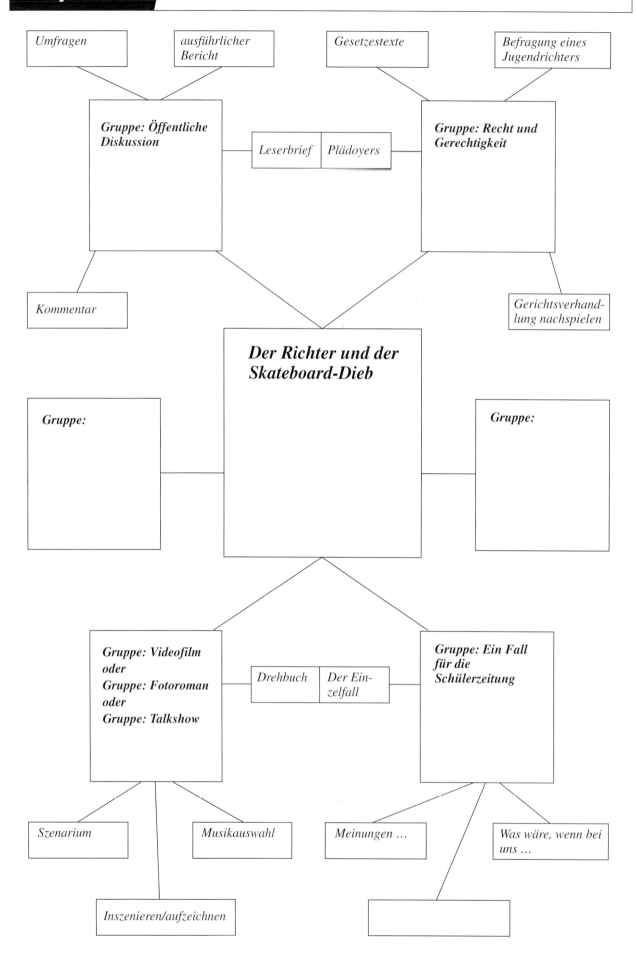

Projekt 8: Der Richter und der Skateboard-Dieb

Ehe ihr euch für eine Projektgruppe entscheidet, solltet ihr euch mit diesem Arbeitsblatt befassen.

Mildes Urteil für Skateboard-Dieb

Augsburg – **Ein Richter mit Herz.**
Der Fall: Schüler Christian (16) **klaut das nagelneue Skateboard** eines Jungen. Wert: 110 DM.
Verhandlung vor Richter Helmer Haaks. Christian (hat schon 2 Skateboards): Ich bin Skate-Fan. Ich hab's getan, falls die mal kaputtgeh'n...
Eigentlich Raub (Mindeststrafe 6 Monate). **Das Urteil sehr weise:** Christian muss in 60 Arbeitsstunden eine hölzerne Skateboard-Rampe fürs Kinderzentrum bauen. Und dann Schwamm drüber.
Zur Einweihung kam auch Richter Haaks. Skateboard unterm Arm – ein Geschenk für die Kinder.

1. Lest den Zeitungstext genau durch und überlegt:
Was ist das Besondere an dieser Meldung?

_____
_____
_____
_____
_____
_____
_____

Blatt 1

Was ist am Inhalt erfreulich?

_____
_____

Was ist eurer Meinung nach weniger erfreulich?

_____
_____

Wie steht ihr zu dem Urteil des Richters?

_____
_____

Wie würdet ihr das Urteil begründen?

_____
_____

Projekt 8: Der Richter und der Skateboard-Dieb

6 Was kann man mit einem solchen Text bzw. einer solchen Meldung alles anfangen?

Wir haben hier einiges zusammengestellt. Euch fällt aber bestimmt noch einiges mehr ein.

a) Gerichtsverhandlung rekonstruieren …

b) Jugendrichter zur Sache befragen …

c) Leserbrief schreiben …

d) Diskussionsrunde zum Thema …

e) _____

f) _____

g) _____

h) _____

7 Seht euch auch den Organisationsplan an. Was könntet ihr da ergänzen?

8 Wähl eine Projektgruppe, deren Thematik euch besonders interessiert, und überlegt, ehe ihr mit der Arbeit in der Gruppe beginnt:

a) Was könntet ihr ganz konkret zum Projekt beisteuern?

_____

b) Was erwartet ihr von den anderen Gruppenmitgliedern?

_____

c) Welche Probleme seht ihr auf euch zukommen?

_____

Wenn ihr kein Thema findet, das euch besonders interessiert, versucht doch, eine Gruppe zusammenzubekommen für ein Thema, das ihr vorschlagt!

Projekt 8: Der Richter und der Skateboard-Dieb

Zeitung: Vorüberlegungen

Ihr habt euch entschlossen, einen Teil der Schülerzeitung bzw. eine Wandzeitung zum Problem „Richter und Skateboard-Dieb" zu gestalten. Ehe ihr euch an die konkrete Arbeit macht, solltet ihr einige Vorüberlegungen anstellen:

1. Welche Textarten kommen überhaupt in Frage?

a) Geht Tageszeitungen und Magazine bzw. Illustrierte durch und sammelt Beispieltexte, die ihr vielleicht als Vorbilder heranziehen könnt. Ihr solltet euch die Arbeit nach einem ersten Sammeln aufteilen. Notiert, wer wofür zuständig ist.

_____

_____

_____

_____

_____

b) Sammelt Inhaltsangaben bzw. Inhaltsverzeichnisse verschiedener Tageszeitungen, Illustrierten usw. Kreuzt die Textarten, Sparten usw. an, die für euer Vorhaben in Frage kommen könnten.

Hinweis: Wir haben hier Arbeitsblätter für einige Textarten zusammengestellt. Ihr könnt sie benutzen und euch bei der Arbeit an ihnen orientieren. Ihr könnt aber auch entsprechend euren bisherigen Überlegungen eigene Arbeitsblätter entwerfen und bearbeiten. Ihr könnt euch dabei an unsere Vorschläge anlehnen. Wenn ihr eigene Vorstellungen entwickeln wollt, besprecht das mit eurem Lehrer/eurer Lehrerin.

2. Ihr richtet euch mit euren Texten unmittelbar an Leser. Überlegt:

a) Was wollt ihr bei euren Lesern erreichen?

_____

_____

_____

b) Welche Kenntnisse zum Thema könnt ihr voraussetzen?

_____

_____

_____

c) Mit welchem Interesse rechnet ihr? Wo könntet ihr anknüpfen?

_____

_____

_____

2 Blatt 1

Projekt 8: Der Richter und der Skateboard-Dieb

Zeitung: Meinungsumfrage

I **Was ist das, eine Meinungsumfrage?**

1 Ihr habt bestimmt schon von Meinungsumfragen gehört. Nennt bzw. sammelt Beispiele und erläutert mit ihrer Hilfe genauer, was man unter einer Meinungsumfrage versteht. Haltet eure Ergebnisse in Stichpunkten fest. (Ihr sollt später euren Klassenkameraden erläutern, was eine Meinungsumfrage ist, wie sie zustande kommt und was man besonders beachten muss!)

2 Die folgenden Ergebnisse kamen bei einer Meinungsumfrage in allen siebten Klassen einer Schule heraus.
Leseverhalten: Bücher pro Monat

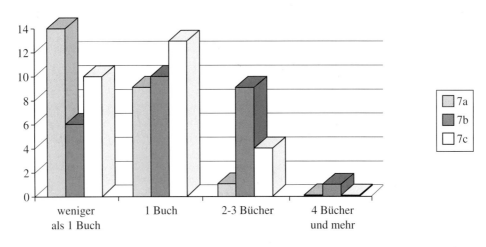

Freizeitgestaltung: Sport und Spiel (Zeit pro Tag)

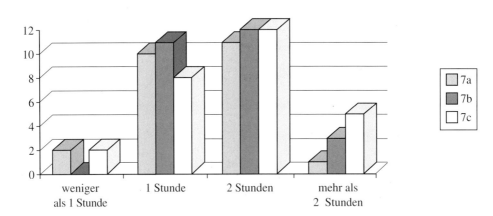

Bewertung des Deutschunterrichts (Noten 1–6)

7a: 3,6   7b: 2,2   7c: 2,8

Projekt 8: Der Richter und der Skateboard-Dieb

a) Beschreibt das Ergebnis, indem ihr
   – die wichtigsten Fakten benennt:

   _____

   _____

   – Beziehungen zwischen auffallenden Werten herausstellt und ausformuliert:

   _____

   _____

   _____

b) Überlegt: Wie könnte die Umfrage ausgesehen haben, die zu diesen Ergebnissen führte?

II   Erste eigene Versuche:

1. Wenn man wissen will, was mehrere Leute zu einem Problem denken, muss man sie gezielt nach ihrer Meinung fragen. Wählt fünf Klassenkameraden aus und befragt sie nach ihrer Meinung zum Problem „Richter und Skateboard-Dieb". (Bleibt bei einer ganz allgemeinen Fragestellung!) Haltet die Antworten in Stichpunkten fest:

   a) _____

   b) _____

   c) _____

   d) _____

   e) _____

Die Antworten gehen vermutlich weit auseinander. Manche kann man vielleicht gar nicht miteinander vergleichen. Woran könnte das liegen? Macht euch Notizen zu euren Überlegungen!

_____

_____

_____

Blatt 2 / 3

Projekt 8: Der Richter und der Skateboard-Dieb

3. Überlegt: Wenn man ein Meinungsbild einer größeren Gruppe von Menschen haben möchte, genügt es nicht, die Meinungen aller zu erfassen. Sie müssen auch miteinander verglichen und gewissermaßen „auf einen Nenner gebracht" werden. Was könnte man als Fragender tun, damit die Antworten der Befragten sich besser miteinander vergleichen lassen? (Notiert Stichpunkte!)

_____

_____

_____

4. Stellt die folgenden Fragen drei bis fünf Testpersonen und notiert die Antworten.

   a) Was meinst du zum Problem „Richter und Skateboard-Dieb"?

   _____

   _____

   _____

   _____

   b) Wie hättest du geurteilt?

   _____

   _____

   _____

   _____

   c) Hätte es für dich einen Unterschied in der Beurteilung gemacht, wenn der Dieb noch kein Skateboard besessen hätte?

   _____

   _____

   _____

   _____

5. Versucht, die Antworten der Testpersonen miteinander zu vergleichen. Wo fällt das leichter? Warum? Versucht nun die übrigen Fragen so zu formulieren (oder auch in Teilfragen aufzulösen), dass ähnliche vergleichbare Antworten zusammenkommen. (Probiert immer wieder, ob ausgewählte Testpersonen auch entsprechend antworten!) Ergänzt eure Überlegungen in Aufgabe 3 mithilfe der neuen Erkenntnisse aus Aufgabe 4/5.

Projekt 8: Der Richter und der Skateboard-Dieb

Hinweise: Was sollte man bei Umfragen beachten?

1. Wenn man Fragen für eine Umfrage formuliert, sollte man eindeutig fragen, um auch möglichst eindeutige Antworten zu erhalten. Allgemeine, umfassende Fragen löst man besser in Teilfragen auf. (Beispiel: Statt „*Wie beurteilst du das Problem?*" sollte man fragen: „*Findest du, dass Person A sich richtig verhalten hat?*" und „*Bist du mit der Lösung, wie sie Person B vorschlägt, einverstanden?* und …)
2. Wenn man Fragen für eine Umfrage formuliert, darf man den Befragten nicht zu stark „steuern".
   a) Man muss darauf achten, dass man nicht schon Teile einer möglichen Antwort in der Frage vorgibt. (Beispiel: „*Findest du das Urteil des Richters nicht ungerecht, da er einen Dieb davonkommen lässt?*")
   b) Man muss darauf achten, dass man keine „Suggestivfragen" formuliert und dem Befragten dadurch eine ganz bestimmte Antwort nahe legt. (Beispiel: „*Du bist doch auch der Meinung, dass der Richter vernünftig geurteilt hat, oder?*")
3. Man kann Umfragen auch so anlegen, dass man dem Befragten zu einer gestellten Frage mehrere Antworten anbietet, aus denen er eine auswählen und ankreuzen kann. Beispiel: „*Warum kritisierst du das Urteil? a) weil es sich nicht streng an die gültigen Gesetze hält; b) weil es noch immer zu streng ist; c) weil ich die Strafe für unzumutbar halte; d) weil ich die Strafe für zu leicht halte.*"
4. Ein ähnliches Verfahren wendet man an, wenn man eine Bewertungsskala vorgibt, auf der der Befragte seine Beurteilung eintragen soll. (Beispiel: „*Wie findest du das Verhalten des Richters? Kreuze eine Note an, wobei 1= sehr gut und 10 = miserabel bedeutet.*" 1 2 3 4 5 6 7 8 9 10)

III **Jetzt wird's ernst:** Entwerft einen Fragebogen, der es euch erlaubt, ein Meinungsbild eurer Mitschüler zum Problem „Richter und Skateboard-Dieb" zu erfassen. Ihr solltet aber, ehe ihr euch mit dem fertigen Fragebogen auf eure Mitschüler stürzt, die einzelnen Fragen bzw. Fragenblöcke testen, um zu überprüfen,
– ob die jeweilige Frage zu einer sinnvollen Teilaussage zum Problem führt;
– ob die Frage zu vergleichbaren Teilaussagen führt.

Projekt 8: Der Richter und der Skateboard-Dieb

Zeitung: Kommentar

1 Sammelt aus Tageszeitungen und Illustrierten Kommentare zu Themen, die euch interessieren.

2 Bearbeitet die Kommentare nach folgenden Gesichtspunkten:
   a) Unterstreicht grün die Teile, die reine Informationen zur Sache enthalten. Markiert blau die Teile, die Hintergrundinformationen bieten.
   b) Fasst die Sachinformationen in einem kurzen Text zusammen.
   c) Unterstreicht gelb die Teile, die Bewertungen, Beurteilungen und Meinungen enthalten.
   d) Unterstreicht rot die Wörter, aus denen hervorgeht, dass eine persönliche Meinung geäußert, ein Urteil abgegeben oder etwas bewertet wird.
   e) Formuliert in einem knappen Text die Meinung des Kommentators.
   f) Welche Schwerpunkte hat der jeweilige Verfasser gesetzt? Wie hat er das bewerkstelligt? Welche Wirkung hat sein Text bei euch hinterlassen?

   Hinweis: Falls ihr keine Kommentare gefunden habt, solltet ihr den hier abgedruckten Text bearbeiten!

Reform anpacken

Die vorgeschlagene Erhöhung der Rundfunkgebühren kommt zu einem denkbar ungünstigen Zeitpunkt. Die Bürger stöhnen zu Recht unter der viel zu hohen Last durch Steuern, Abgaben und Gebühren. Jede weitere Mark, die abgeführt werden muss, tut weh. Deshalb ist der Aufschrei der zahlenden Zuschauer und Hörer über 4,45 Mark mehr im Monat auch deutlich zu vernehmen, zumal sie gar keine andere Möglichkeit haben, als zu zahlen. Niemand kann in der heutigen Mediengesellschaft auf das Fernsehen verzichten. Und wer die Flimmerkiste anschaltet, muss seinen Beitrag für die öffentlich-rechtlichen Anstalten entrichten. Für 28,25 Mark monatlich liefern die 12 Fernseh- und 52 Hörfunksender von ARD und ZDF aber auch ein Programm, das in seiner Vielfalt noch immer unübertroffen ist. Zum Vergleich: Der Pay-TV-Kanal „Premiere" verlangt 44,50 Mark für ein paar werbefreie Spielfilme und Sportübertragungen.

Die Gebührenerhöhung ist unvermeidbar, wenn die Arbeitsfähigkeit von ARD und ZDF erhalten bleiben soll. Gleichzeitig müssen die Sender jetzt endlich mit dem Sparen Ernst machen. Hier ist vor allem die ARD gefordert. Sie hat es in der Vergangenheit, im Gegensatz zum ZDF, versäumt, Strukturen zu straffen und Personal abzubauen. Ein gangbarer Weg zu einer schlanken ARD ist die stärkere Zusammenarbeit der einzelnen Landessender, die auch vor einer Fusion nicht Halt machen darf. Doch dies scheiterte in der Vergangenheit am Widerstand von Verwaltung und Politik. Wer allerdings die öffentlich-rechtlichen Sender erhalten will, der muss die Reform jetzt anpacken.

Stephan Wolf

3 Bearbeitet den Text:
   a) Unterstreicht die Teile, die euch wichtig erscheinen.
   b) Bearbeitet die folgenden Fragen möglichst ohne nochmals in den Text zu schauen. Wenn ihr eine Frage nicht beantworten könnt, lest den ganzen Text nochmals durch.
      – Um welchen Zusammenhang geht es überhaupt?
      – Was ist die wichtigste Absicht des Schreibers? Was will er eigentlich? Wie lautet seine Forderung?
      – Welche Fakten werden von ihm genannt?
      – Welche Meinung(en) gibt er wieder?
      – Welche Gründe nennt er für seine Meinung bzw. Forderung?
   c) Verfasse einen eigenen kurzen Text zum Thema: Was ist ein Kommentar? Was will der Schreiber eines Kommentars? Welcher Mittel bedient er sich?

4 Stellt ein Info für eure Klassenkameraden (Informationsbrett, Handzettel) zusammen zum Stichwort „Kommentar".

5 Verfasst einen Kommentar zum Problembereich „Richter und Skateboard-Dieb".
   Vorarbeiten:
   a) Welche Fakten sind interessant und wichtig für eure Meinung?
   b) Welche Hintergrundinformationen müssen einbezogen werden? (z. B. Gesetzestexte …)
   c) Welchen Schwerpunkt wollt ihr setzen?
   d) Wie wollt ihr eure Leser für eure Meinung interessieren? (Einstieg …)
   e) Mit welchem Appell wollt ihr schließen?

Projekt 8: Der Richter und der Skateboard-Dieb

Zeitung: Interview

I   Vorklärungen:

1. Ihr habt bestimmt schon das eine oder andere Interview gelesen bzw. gehört. Es wäre gut, wenn ihr einige Beispiele aus Zeitungen und Illustrierten heranziehen könntet, um die folgenden Aufgaben zu erledigen.

   a) Um was geht es in einem Interview?

   b) Wer ist am Interview beteiligt? Warum ist der Interviewte gerade für dieses Interview der geeignete Partner?

   c) Welche Form hat ein Interview?

In der Publizistik gibt es verschiedene Formen von Interviews. Entsprechend dem Zweck, der mit einem Interview verfolgt wird, unterscheidet man:

1. Klärung eines Sachverhalts durch einen Fachmann: Die Befragung richtet sich an einen Gesprächspartner, der auf dem angesprochenen Gebiet Bescheid weiß und bereit ist, sein Wissen mitzuteilen.

2. Erfassen einer Meinung: Das Interview dient der Erfragung der Meinung einer Person zu einem bestimmten Problem. Dabei ist es nicht erforderlich, dass der Interviewpartner Fachmann im angesprochenen Bereich ist. Wohl aber kann er mit dem Bereich zu tun haben. Interessant wird seine Meinung natürlich, wenn er/sie selbst bekannt ist, oder – wie man sagt – „im Rampenlicht steht".

3. Persönlichkeitsinterview: Dabei geht es darum, durch die Befragung die Persönlichkeit vorzustellen und den Leser mit ihren wichtigsten Eigenschaften, Meinungen usw. bekannt zu machen.

---

2. Sucht für jede der genannten Interviewarten ein Beispiel und beschreibt die jeweiligen Eigenarten.

Blatt 7

Projekt 8: Der Richter und der Skateboard-Dieb

II Wer – wen – wozu?

1. Überlegt, welche der Interviewarten für euch und euer Problem in Frage kommen könnten. Notiert auch gleich, was ihr mit dem jeweiligen Interview erreichen wollt.

2. Überlegt, welche Personen ihr als Fachleute zu einzelnen Teilbereichen des Problems befragen könntet. Stellt zusammen:

Welche Teilprobleme könnten interessant sein oder werden?	Wen könnte man dazu befragen?
Diebstahl	Polizist
Urteil	Richter; Rechtsanwalt

3. Wählt besonders interessante Teilbereiche aus und überlegt, ob und wie ihr an geeignete Interviewpartner kommt. (Ihr könnt ja auch mal eure Eltern „einspannen"!)

III Vorbereitung des Interviews

1. Sammelt zuerst alle Fragen, die euch zum (Teil-)Thema einfallen. Notiert auch die ungewöhnlichen Fragen. Streichen könnt ihr sie später immer noch.

2. Ordnet die Fragen:
   a) Bildet Gruppen mit zusammengehörenden Fragen.
   b) Versucht, zu den Gruppen jeweils eine übergeordnete, allgemeine Frage zu formulieren, in der gewissermaßen alle Teilfragen enthalten sind. (So gebt ihr später eurem Interviewpartner die Möglichkeit, sich zunächst einmal umfassend zu äußern, ehe ihr nachhakt und Details genauer wissen wollt.)
   c) Legt eine sinnvolle Reihenfolge fest, in der ihr die verschiedenen Fragenblöcke ansprechen wollt. Es wäre z. B. möglich: Allgemeine Einschätzung – Klärung der rechtlichen Grundlagen – Überlegungen zu möglichen Folgen – Würdigung des konkreten Falls – …

3. Notiert in Stichpunkten: Wie wollt ihr in das Interview einsteigen?
   a) Was muss zu Beginn geklärt werden?
   b) Welche Sachinformationen müsst ihr eurem Partner mitteilen?
   c) Wie könnt ihr sicher stellen, dass sich euer Partner als Fachmann/-frau angesprochen fühlt?

2 Blatt 8

Projekt 8: Der Richter und der Skateboard-Dieb

Gerichtsverhandlung: Stegreifspiel

Ihr kennt den Fall. Ihr habt euch erste Gedanken gemacht. Wie mag es zu der Lösung gekommen sein, von der in dem Zeitungsartikel die Rede ist?

1. Besprecht diese Frage in eurer Gruppe und macht euch Notizen.

2. Spielt ohne weitere Vorbereitung die Gerichtsverhandlung. Geht dabei so vor:
   a) Verteilt die Rollen.
   b) Überlegt gemeinsam, wie die einzelnen Rollen anzulegen sind.
   c) Sortiert eure Gesprächsnotizen so, dass jeder, der eine Rolle zu spielen hat, alle ihn betreffenden Punkte in Händen hat.
   d) Verteilt Beobachtungsaufträge an die, die keine Spielrolle übernehmen.
   e) Spielt die Gerichtsverhandlung. Die Beobachter notieren die Stellen, an denen es Schwierigkeiten gibt. (Vielleicht halten sie auch gleich fest, woran das möglicherweise liegt.)

3. Besprecht euer Spiel. Hört dabei vor allem auf die Beobachter. Die folgenden Fragen solltet ihr besonders gründlich durchdenken, da sie die Grundlage für eure weitere Arbeit sind.
   a) Wie habt ihr die Verhandlung angelegt? Welche Schritte bestimmten den Ablauf?
   b) Wer war alles in welcher Form an der Verhandlung beteiligt?
   c) Wie seid ihr darauf gekommen, eine Gerichtsverhandlung müsse genau so ablaufen?
   d) Welcher Probleme gab es bei der Verhandlung? (Unterscheidet nach Problemen sachlich-fachlicher Art – etwa: Was ist Raub? – und Problemen formaler Art – etwa: Wer eröffnet wie eine Gerichtsverhandlung?)

4. Stellt euch vor, ihr wollt die Gerichtsverhandlung wirklich so nachspielen, wie sie von einem deutschen Jugendrichter durchgeführt werden würde. Wie würde sie dann ablaufen?
   Notiert eure Vermutungen. Haltet aber auch fest, was ihr nicht oder nicht so genau wisst.

5. Nehmt Verbindung mit dem nächsten Amtsgericht auf (eure Lehrerin oder euer Lehrer wird euch bestimmt dabei unterstützen!) und erkundigt euch, ob und wann dort eine Verhandlung stattfindet, an der ihr als Zuschauer teilnehmen könntet. Vielleicht sind Richter und Anwälte auch bereit, nach der Verhandlung mit euch zu sprechen?

6. Bittet euren Schulleiter oder eure Schulleiterin um die Genehmigung, an einer Gerichtsverhandlung teilnehmen zu dürfen.

7. Bereitet die Klasse auf die Gerichtsverhandlung vor, indem ihr die Probleme vorstellt, die euch beim Spielversuch begegnet sind.

3
Blatt 1

Projekt 8: Der Richter und der Skateboard-Dieb

Gerichtsverhandlung: Die Wirklichkeit

1. Ihr wollt eine Gerichtsverhandlung besuchen. Darauf solltet ihr euch in unterschiedlicher Weise vorbereiten:
   – Verteilt untereinander bestimmte Beobachtungsaufträge, so dass ihr später bei Detailfragen auf Experten zurückgreifen könnt.
   – Notiert euch zu eurem Fall Fragen, die ihr, falls ihr Gelegenheit zu einem Gespräch habt, stellen könnt.

2. Während der Gerichtsverhandlung solltet ihr genauer beobachten:
   a) Wie ist der genaue Ablauf der Verhandlung? (Wer beginnt wie? Wer tut was?)
   b) Wer ist beteiligt? Wer hat welche Aufgaben?
   c) Gibt es bestimmte „Rituale", feste Wendungen und Abläufe?
   d) Wie verhält sich der Angeklagte?
   e) Wie verhalten sich Staatsanwalt und Verteidiger?
   f) Wie werden die Zeugen einbezogen?

3. Nach der Verhandlung habt ihr hoffentlich Gelegenheit zu einem Gespräch. Sprecht zunächst über den Fall, der gerade verhandelt wurde. Ihr könnt z. B. folgende Punkte ansprechen:
   a) Hättet ihr ähnlich oder härter oder milder geurteilt?
   b) Welche Unterschiede gibt es zwischen Jugend- und Erwachsenenstrafrecht?
   c) Wonach richtet sich ein Richter? Welche Gesichtspunkte muss ein Richter bei der Urteilsfindung berücksichtigen?
   d) Wie groß ist der Ermessensspielraum eines Richters?

4. Vielleicht ist der Richter oder ein Anwalt auch bereit, über den Fall des Skateboard-Diebs mit euch zu sprechen. Ihr habt sicher einige Fragen vorbereitet. Stellt sie.

5. Versucht auch zu klären,
   – ob das, was in dem Zeitungsbericht steht, so geschehen sein kann,
   – ob euer Gesprächspartner den Fall ähnlich gelöst hätte oder
   – ob er Bedenken hätte (welche?).

Projekt 8: Der Richter und der Skateboard-Dieb

Gerichtsverhandlung: Rollenspiel

Es gab einmal eine Fernsehreihe unter dem Titel „Das Fernsehgericht tagt". Vielleicht kennt der eine oder andere von euch diese Reihe. Berichtet, wie eine einzelne Sendung aufgebaut ist.

Falls keiner die Reihe kennt – hier die wichtigsten Merkmale:
- Rekonstruktion eines wirklichen Falles.
- Der Fall wird realistisch verhandelt. Es sind echte Anwälte und ein echter (pensionierter) Richter beteiligt.
- In Verhandlungspausen werden die Zuschauer nach ihrer Meinung befragt.
- Nach der Verhandlung erläutern Richter und Anwälte das Verfahren.

Versucht selbst, eine solche „Sendung" zu produzieren. Ihr könnt dabei so vorgehen:

1 Vorbereitungen
  a) Bestimmt, wer welche Rolle spielen soll. (Ihr braucht mindestens: Richter, Skateboard-Dieb, Verteidiger, Staatsanwalt, Zeuge[n].)
  b) Besprecht die einzelnen Rollen. Die jeweiligen Spieler sollten sich dabei Notizen machen. Allerdings solltet ihr nicht den Sprechtext festlegen. Der sollte beim Spielen improvisiert werden.
  c) Vielleicht braucht ihr auch einiges Informationsmaterial? (Gesetzbuch ...)

2 Durchführung:
  a) Spielt die Eröffnung des Verfahrens:
     - Anklage
     - erste Äußerung des Angeklagten
     - Befragung des Angeklagten
     - Zeugenvernehmungen
  b) Führt eine erste Befragung unter den Zuschauern (der Klasse ...) durch: Wie schätzt man den Stand der Dinge ein?
  c) Führt das Verfahren weiter:
     - Plädoyer des Staatsanwalts
     - Plädoyer der Verteidigung
  d) Führt eine zweite Befragung durch. Haben sich neue Einsichten und Bewertungen ergeben?
  e) Führt das Verfahren zu Ende:
     - Urteil und Begründung
     - Stellungnahme des Angeklagten
  f) Führt eine Abschlussbefragung durch.

3 Blatt 3

Projekt 8: Der Richter und der Skateboard-Dieb

Talkshow: Einstiegs-Info

1. Ihr kennt vom Fernsehen her sicher Talkshows. Habt ihr aber auch schon mal genauer hingeschaut, wie eine solche Talkshow abläuft?
   Überlegt:
   – Welche Absichten können mit einer solchen Show verfolgt werden?
   – Welche Themen werden behandelt?
   – Wie werden die Themen vorgestellt?
     Wer ist an einer solchen Show beteiligt?
   Wenn ihr nicht so genau Bescheid wisst, zeichnet eine Show zu einem Thema, das euch interessiert, auf und besprecht sie genauer.

2. Stellt euch vor, ihr wollt eine Talkshow in Szene setzen zum Thema: „Jugendgerichtsurteile – Strafe, Vergeltung oder Erziehungsmaßnahme?" Natürlich wird der Fall des Skateboard-Diebs im Mittelpunkt stehen. Aber: Was braucht ihr alles, um die Show nicht nur interessant, sondern auch informativ und sachgerecht gestalten zu können?

3. Ehe ihr so richtig loslegen könnt mit dem „Talk", müsst ihr nun aber eure (gedachten oder wirklichen) Zuschauer informieren über die Sachlage. Am besten, ihr stellt einen kleinen Videofilm her. Überlegt:
   Was muss alles dargestellt werden, damit der Zuschauer gleich zu Beginn der Talkshow im Bild ist?

4 Blatt 1

Projekt 8: Der Richter und der Skateboard-Dieb

4   Bei der Arbeit am Videofilm werdet ihr es zunächst mit drei Problembereichen zu tun haben:
    – Aufbereitung des Stoffes
    – Ausgestaltung der Teile
    – Technik des Aufzeichnens.

Ihr solltet die drei Bereiche in der Gruppe in aller Ruhe gemeinsam besprechen, ehe ihr die Arbeit aufteilt. Wir geben hier einige Anregungen. Ihr könnt auch zu ganz anderen Lösungen kommen.

a) Aufbereitung des Stoffes: Ihr habt euch schon überlegt, was ihr alles darstellen müsst. Greift diese Überlegungen auf und führt sie fort. Bedenkt vor allem:
   – Welche Voraussetzungen (der Tat) müsst ihr mitteilen, damit die Tat bewertet werden kann?
   – Welche Hintergründe und Zusammenhänge werden wichtig, wenn man den Dieb beurteilt?
   – Welche Motive, Absichten usw. sollten dargestellt werden?

b) Ausgestaltung der Teile: Natürlich könntet ihr einfach einen Sprecher vor die Kamera stellen und von ihm die Informationen vorlesen lassen. Aber das würde kaum Anklang beim Zuschauer finden. Wäre es da nicht besser, ihr führt dem Zuschauer vor Augen,
   – was abgelaufen ist (man kann einiges rekonstruieren …),
   – wer beteiligt ist,
   – welche Umstände eine wichtige Rolle gespielt haben?

Jetzt müsst ihr euch auch einige Gedanken über die einzelnen Beteiligten machen.
   – Wie sollen sie aussehen?
   – Wie sind sie gekleidet?
   – Wie sprechen sie?…

c) Wie soll das alles filmisch festgehalten werden? Natürlich, die Figuren sprechen und handeln, das könnte man einfach „abfilmen". Aber: Schaut mal im Material zum Fotoroman nach, was dort über Perspektive und Bildausschnitt gesagt wird. Was für das Foto gilt, gilt in gleicher Weise für den Film!
Entwerft nun ein kleines Drehbuch, ehe ihr mit den Aufnahmen beginnt. Das folgende Raster kann euch als Vorlage dienen.

Szene	Ort/Merkmale	Figur(en)	Aktion	Text	Geräusch	Kamera
1	Spielplatz	Drei Kinder; Dieb	Dieb läuft mit Skateboard weg	(Durcheinander) Haltet ihn! Mein Skateboard …		Spielplatz Totale; Zoom: Dieb; Kamera verfolgt Dieb
2	…	…	…	…	…	…

Projekt 8: Der Richter und der Skateboard-Dieb

Talkshow: Durchführung

1. Ehe ihr nun wirklich mit eurer Talkshow beginnen könnt, solltet ihr die Rollen genauer verteilen und festlegen. Ihr habt euch schon überlegt, wer alles mitspielen sollte. Überlegt jetzt genauer:
   a) Wer sollte sich zu dem Fall äußern?
   b) Wer könnte etwas Wichtiges zu sagen haben?
   c) Wer hat entsprechende Fachkenntnisse und könnte aus der Sicht eines Fachmannes bzw. einer Fachfrau Wichtiges beitragen?
   d) Wer hat oft mit Ähnlichem zu tun und könnte aus seiner Erfahrung berichten?
   e) Wessen Meinung zum Fall würde die Öffentlichkeit besonders interessieren?
   Stellt nun eure „Talk-Runde" zusammen.

2. Nun müsst ihr die Rollen genauer festlegen. Ihr habt euch schon einiges überlegt. Greift diese Überlegungen nochmals auf und vertieft sie. Hier einige Anregungen:
   a) Wie stellt ihr euch den Moderator/die Moderatorin vor?
      – Welches sind ihre/seine Aufgaben?
      – Wie sollte er/sie aussehen?
      – Wie könnte er oder sie die Diskussion eröffnen?
      – Wann sollte sie oder er eingreifen?
   b) Wie stellt ihr euch die Eltern (Vater und/oder Mutter) des „Täters" vor?
      – Wie sollten sie aussehen?
      – Was werden sie zu ihrem Jungen sagen?
      – Wie werden sie ihren Jungen erzogen haben?
      – Was könnten sie zur Bewertung der Tat und des Urteils sagen?
      – Was könnten sie anderen Eltern sagen?
   c) Wie sollte der Täter aussehen?
      – Wie wird er sprechen?
      – Welche Kleidung wird er tragen?
      – Wie wird er sein Verhalten bewerten?
      – Wie wird er das Urteil sehen?
      – Was hat er „gelernt"?
   d) Der Jurist: Was muss er wissen? (Vielleicht habt ihr einen Juristen als fachkundigen Gesprächsteilnehmer vorgesehen. Wenn ihr keinen echten Juristen findet – erkundigt euch mal bei euren Eltern ... – muss einer von euch seine Rolle übernehmen. Er wird sich besonders kundig machen müssen!)
      – Wie wird der Jurist argumentieren?
      – Welche Gesichtspunkte wird er vor allem einbringen?
   e) Der Pädagoge (vielleicht auch der Psychologe): noch ein Fachmann ...
      Vielleicht übernimmt eure Lehrerin oder euer Lehrer diese Rolle? Ihr solltet ihr oder ihm aber schon sagen, mit welchen Fragen sie/er sich vertraut machen sollte!

3. Bereitet euch auf eure Rollen vor. Besprecht in eurer Gruppe die einzelnen Rollen und Standpunkte ausführlich. Dabei sollten nicht die Sprechtexte fixiert, wohl aber Argumente und Gesichtspunkte gesammelt werden. Die Betroffenen machen sich Stichpunkte.

4. Legt den ungefähren Verlauf der Talk-Runde und den zeitlichen Rahmen fest.

Projekt 8: Der Richter und der Skateboard-Dieb

5. Eröffnet die Talk-Runde.
   Vielleicht ladet ihr eure Parallelklasse zu der Runde ein? Denkbar wäre auch, dass ihr euch auf den nächsten Elternabend entsprechend vorbereitet!
   a) Der Leiter eröffnet, indem er ankündigt, was zu erwarten sein wird. Er leitet zur Präsentation des Falles über.
   b) Der „Fall" wird vorgestellt (Video).
   c) Der Gesprächsleiter stellt die Gesprächsteilnehmer vor und eröffnet das Gespräch.
   d) Die Teilnehmer geben erste Statements ab: Sie fassen ihre Meinung zum Fall knapp zusammen.
   e) Der Leiter greift die erste wichtige Aussage auf und bittet den Betroffenen um Details.
   f) Die Fachleute kommen zu Wort.
   g) Die Eltern stellen ihre Sichtweise dagegen.

   Hinweis: Der Gesprächsleiter/die Gesprächsleiterin sollte darauf achten,
   – dass niemand zu lange oder zu oft zu Wort kommt,
   – dass konkret zur Sache gesprochen wird,
   – dass immer die gerade angesprochenen Teilbereiche behandelt werden.
   Sie oder er fasst die einzelnen Gesprächsabschnitte zusammen und formuliert gegensätzliche Standpunkte knapp aus, um die Diskussion voranzutreiben.
   Sie oder er zieht an entsprechenden Stellen die jeweiligen Fachleute ins Gespräch.

6. Wenn ihr wollt, könnt ihr natürlich auch das Publikum an der Diskussion beteiligen. Möglich wäre auch, dass das Publikum an die Experten Fragen zur Sache stellt.

Textquellen:

Projekt 1:
Jakob Wassermann aus: Jakob Wassermann, Das Gold von Caxamalca. Ernst Klett Schulbuchverlag, Stuttgart 1984

Projekt 3:
Wer ist hier der Chef; aus: Zehn Jahre Blasorchester. Gymnasium am Kaiserdom, Speyer
Jutta Gensheimer; Ich hatte die Bläsergruppe ... aus: Speyerer Tagespost. Klambt-Verlag, Speyer vom 14.04.1983
Gute Laune bei beschwingter Blasmusik aus Speyerer Tagespost. Klambt-Verlag, Speyer vom 20.09.1985.
Sporterlebnistag aus: Rheinpfalz. Verlag & Druckerei GmbH, Bonn vom 19.09.1995
Wo wir sind, ist das Chaos aus: Zehn Jahre Blasorchester. a.a.O.

Projekt 4:
Fremdwort aus: Duden, Das große Wörterbuch der deutschen Sprache, Bd 3. Dudenverlag, Mannheim 1953
Lehnwort aus: Duden, Bd. 4. a.a.O.

Projekt 5:
Gottfried Keller; Kleider machen Leute aus: Gottfried Keller, Kleider machen Leute. Ernst Klett Schulbuchverlag, Stuttgart 1996
Mark Twain; Der Neue aus: Mark Twain, Tom Sawyers Abenteuer. Bearbeitet von Karlheinz Berger, Insel Verlag, Frankfurt 1985
Gottfried Keller; Die Lesefamilie aus: Gottfried Keller, Der grüne Heinrich. Deutscher Taschenbuch Verlag, München 1978

Projekt 6:
Reiner Kunze; Clown, Maurer oder Dichter aus: Reiner Kunze, Die wunderbaren Jahre. Fischer Taschenbuch Verlag, Frankfurt 1976
Peter Bichsel; Die Tochter aus: Peter Bichsel, Eigentlich möchte Frau Blum den Milchmann kennenlernen. Suhrkamp Verlag, Frankfurt a.M. 1993
Georg Britting; Brudermord im Altwasser aus: Georg Bitting, Erzählungen 1920-36. Nymphenburger Verlag, München 1938
Otto Heinrich Kühner; Das Wort aus: Otto Heinrich Kühner, Mein Zimmer grenzt an Babylon. Albert Langen Georg Müller Verlag, München 1954, F.A. Herbig Verlagsbuchhandlung, München
Heinz Schwitzke; Das Spiel hören aus: Merkur - Deutsche Zeitschrift für europäisches Denken, Klett Cotta, Stuttgart, Jahrgang 15 (1961)
Lotte Betke; Mamma mia aus: Lotte Betke, Mamma mia, ein Groschen. Hermann Schroedel Verlag, Hannover, 1979
Christian Bock/Herbert Reinecker; Vater braucht eine Frau aus: Hörspielbuch 1953. Europäische Verlagsanstalt, Frankfurt a.M. 1953
Marie Luise Kaschnitz; Wer fürchtet sich vorm schwarzen Mann? aus: Marie Luise Kaschnitz, Hörspiele. Classen Verlag, Hamburg 1962
Otto Heinrich Kühner; Der Erzähler aus: Otto Heinrich Kühner, Mein Zimmer grenzt an Babylon. A.a.O.
H.-W. Krautkrämer; Geräusche im Hörspiel aus: Die Zeit. Zeitverlag, Hamburg 20.03.1964
Erwin Wickert; Die innere Bühne aus: Akzente - Zeitschrift für Dichtung. Carl Hanser Verlag, München, Jahrgang 1 (1954)
Heinz Schwitzke; Formen der Blende aus: Merkur. a.a.O.

Projekt 7:
Berthold Auerbach; Besonderer Tisch aus: Deutsche Anekdoten, hrsg. von Jürgen Hein. Reclam Verlag, Stuttgart 1976
Hrsg. Rudolf Lehr; Ich bin der Freiherr von Dorth! aus: Kurpfälzer Anekdotenschatz. Schimpfer Verlag, Schwetzingen 1978
Max Dalitzsch; Anekdote ist die ... aus: Deutsche Anekdoten. a.a.O.
Gero von Wilpert; Eine Anekdote ist ...- aus: Sachwörterbuch der Literatur. Kröners Taschenausgabe, Bd. 231, 7. Aufl. 1989, Alfred Kröner Verlag, Stuttgart 1969
Heinz Grothe; Entsprechend ihrer ursprünglichen ... aus: Deutsche Anekdoten. Verlag J.B. Metzler, Stuttgart
Hans Peter Neureuther; Damit wäre der ... aus: Deutsche Anektdoten. a.a.O.
Jürgen Hein; Die Anekdote erzählt aus: Deutsche Anekdoten. a.a.O.
Franz Carl Weiskopf; Kannitverstan aus: Franz Carl Weiskopf, Gesammelte Werke, Bd. 6. Dietz Verlag, Berlin 1960

Projekt 8:
Mildes Urteil aus: Bild Zeitung. Axel Springer Verlag, Hamburg vom 31.03.1993
Stephan Wolf ; Reform anpacken aus: Speyerer Tagespost. Klambt-Verlag, Speyer vom 11.01.1996

Trotz intensiver schriftlicher und mündlicher Recherechen konnten einige wenige Quellen nicht eindeutig geklärt werden. Sollte jemand eine Urherberschaft mit Rechtsanspruch nachweisen können, so ist der Ernst Klett Schulbuchverlag bereit, eine angemessene Vereinbarung zu treffen.

Bildquellen:
Fotos: Jürgen Kleine, Ammerbuch
Alle übrigen Abbildungen: Rudolf Hungreder, Leinfelden-Echterdingen